DAVID HAMIDOVIĆ, Docteur en Histoire de l'Antiquité (2003), Université de la Sorbonne, est Professeur de littérature apocryphe juive et histoire du judaïsme dans l'Antiquité à l'Université de Lausanne (Suisse). Il a publié des monographies et des articles sur le judaïsme ancien, notamment les manuscrits de la mer Morte.

Aux origines des messianismes juifs

Supplements

to

Vetus Testamentum

VOLUME 158

The titles published in this series are listed at brill.com/vts

Aux origines des messianismes juifs

Actes du colloque international tenu en Sorbonne,
à Paris, les 8 et 9 juin 2010

Edited by

David Hamidović

BRILL

LEIDEN • BOSTON
2013

Library of Congress Cataloging-in-Publication Data

Aux origines des messianismes juifs : actes du colloque international tenu en Sorbonne, ? Paris, les 8 et 9 juin 2010 / edited by David Hamidovic.
     pages cm. — (Supplements to Vetus testamentum ; Volume 158)
  Includes index.
  ISBN 978-90-04-25166-3 (hardback : alk. paper) — ISBN 978-90-04-25167-0 (e-book) 1. Messiah—Biblical teaching—Congresses. 2. Messiah—Judaism—Congresses. 3. Middle East—Kings and rulers—History—Congresses. 4. Middle East—History—To 622—Congresses. 5. Kings and rulers, Ancient—Congresses. 6. Kings and rulers—Biblical teaching—Congresses. I. Hamidovic, David, editor of compilation. II. Hamidovic, David. Peut-on penser une histoire intellectuelle du premier messianisme juif ? partir des manuscrits de Qumrân?

  BS680.M4A99 2013
  296.3'36—dc23

                                                                                                2013019448

This publication has been typeset in the multilingual "Brill" typeface. With over 5,100 characters covering Latin, IPA, Greek, and Cyrillic, this typeface is especially suitable for use in the humanities. For more information, please see www.brill.com/brill-typeface.

ISSN 0083-5889
ISBN 978-90-04-25166-3 (hardback)
ISBN 978-90-04-25167-0 (e-book)

Copyright 2013 by Koninklijke Brill NV, Leiden, The Netherlands.
Koninklijke Brill NV incorporates the imprints Brill, Global Oriental, Hotei Publishing, IDC Publishers and Martinus Nijhoff Publishers.

This book is printed on acid-free paper.

PRINTED BY DRUKKERIJ WILCO B.V. - AMERSFOORT, THE NETHERLANDS

SOMMAIRE

Avant-propos vii
Abréviations ix

PREMIÈRE PARTIE

AU SUJET DE LA DIVINISATION DU ROI DANS LE PROCHE-ORIENT ANCIEN

La conception égyptienne de la monarchie 3
   Pierre Grandet

Le roi mésopotamien, ou la divinité comme tentation 15
   Maria Grazia Masetti-Rouault

Peut-on parler de legs cananéen à propos de l'idée royale
   israélite ? 33
   Pierre Bordreuil

DEUXIÈME PARTIE

DE L'ÉVOLUTION DE L'IDÉOLOGIE ROYALE ISRAÉLITE VERS LE MESSIANISME ROYAL

Les interrogations sur l'avenir de la dynastie davidique aux
   époques babylonienne et perse et les origines d'une attente
   messianique dans les textes de la Bible hébraïque 47
   Thomas Römer

Messies non-israélites d'après la tradition biblique 61
   André Lemaire

The Royal Psalms and Eschatological Messianism 73
   John J. Collins

TROISIÈME PARTIE

UNE PLURALITÉ DE MESSIANISMES JUIFS, UNE PLURALITÉ D'ÉVOLUTIONS ?

Les débuts de l'idée messianique 93
  Mireille Hadas-Lebel

Peut-on penser une histoire intellectuelle du premier
  messianisme juif à partir des manuscrits de Qumrân ? 101
  David Hamidović

Y a-t-il une composante iranienne dans l'apocalyptique
  judéo-chrétienne ? Retour sur un vieux problème 121
  Frantz Grenet

Jésus : Messie « Fils de David » et Messie « Fils d'Aaron » 145
  Simon C. Mimouni

Croyances et conceptions messianiques dans la littérature
  talmudique : entre rationalisme et utopie 173
  Dan Jaffé

Le Messie judéo-chrétien et les rabbins : étude de quelques
  motifs 203
  José Costa

Index des sources 229

AVANT-PROPOS

Les termes « messie » et « messianisme » recouvrent aujourd'hui une désignation exagérément large au regard de leur sens initial dans le judaïsme et le christianisme. Il n'est pas rare que des mouvements politiques ou religieux sur tous les continents qualifient leur dirigeant de « messie » ou bien qu'eux-mêmes revendiquent une perspective « messianique », sans qu'il soit toujours possible de préciser plus avant le sens donné à cette qualification. Toutefois, ces groupes ou mouvements ont souvent pour point commun d'exister dans un contexte de crise réelle ou perçue, souvent sociale et politique, et de croire en la venue d'un « messie » qui rétablira la situation originelle ou qui établira un nouvel ordre. L'expression de ces croyances emprunte souvent inconsciemment aux modèles rhétoriques à l'œuvre dans le judaïsme ancien et surtout dans le christianisme.

Fort de ces constats, le groupe de recherche « Histoire du judaïsme et du christianisme anciens » établi au Centre Lenain de Tillemont (devenu Centre « Antiquité classique et tardive » dans l'UMR CNRS 8167, « Orient et Méditerranée ») a souhaité développer une recherche sur les messianismes juifs. La première partie de cette recherche était consacrée aux racines des messianismes juifs. La question de la définition même du terme de « messie » dans le judaïsme ancien est vite apparue comme une problématique centrale afin de circonscrire l'objet de recherche. Des questions corolaires apparurent tout aussi rapidement sur les modalités d'expression des attentes messianiques : pourquoi certains textes ne mentionnent qu'une seule figure messianique alors que d'autres en présentent plusieurs, successivement ou simultanément ? Le messianisme évolue-t-il vers la fusion des figures messianiques ou vers la pluralité ? Quelles sont les fonctions de salut attachées à ces figures ? Peut-on parler de l'attente d'un messie sans le terme de *mashiaḥ* ? L'histoire intellectuelle du premier messianisme juif devenait ainsi l'objet de recherche.

Pour répondre à ces questions, même partiellement, nous avons convenu d'organiser un colloque international sur les origines des messianismes juifs. Le colloque s'est tenu les 8 et 9 juin 2010 à l'Université Paris-Sorbonne, Paris IV. Le livre correspond aux actes du colloque, il restitue les communications des participants. Les échanges après chaque communication furent riches en informations complémentaires, en débats aussi reflétant la variété des positions souvent liées à des domaines différents de spécialisation et à des définitions différentes de la nature messianique ou non d'une croyance. Les actes du colloque lus comme un livre reflètent ces approches différentes. Toutefois, il est remarquable que les communications ne sont pas le fruit de simples représentations ou de simples héritages intellectuels voire religieux, mais qu'elles s'appuient à chaque fois sur des textes érigés en sources pour décrire les attentes messianiques de tel ou tel milieu. À cet égard, la question des « origines » des messianismes juifs est davantage celle des « commencements », des « racines ». Il faut peut-être plus prudemment préférer l'expression d'« attentes messianiques » à l'expression « croyances messianiques » au sens d'un système d'idées messianiques faisant naître une véritable pensée messianique. Aussi, le colloque ne prétendait pas couvrir tous les aspects des attentes messianiques réservant les manques à une autre publication, une publication finale de la recherche entreprise. Ainsi, les rapports avec l'apocalyptique, avec l'eschatologie dont la définition est aussi complexe que celle du messianisme, avec le paradigme céleste des attentes messianiques sont autant de thèmes qui ne sont qu'effleurés au détour de tel ou tel article.

L'équipe « Histoire du judaïsme et du christianisme anciens » tient à remercier l'Université Catholique de l'Ouest (IFUCOME) à Angers, l'Université de Paris-Sorbonne, Paris IV, la Maison de la Recherche (Paris IV), le Centre Lenain de Tillemont notamment son directeur François Baratte, Olivier Munnich, Jean-Marie Salamito, Cécile Dogniez, Madeleine Scopello, l'UMR CNRS 8167 « Orient et Méditerranée » notamment son directeur Jean-Claude Cheynet, pour le soutien et le financement du colloque. On associe aux remerciements les personnels administratifs et techniques des différentes institutions nommées. Les organisateurs ont aussi bénéficié du concours précieux d'Apolline Thromas et d'Anthony di Rico lors du colloque. Les actes du colloque n'auraient pu paraître sans l'aide de Charlotte Touati et d'Apolline Thromas pour la mise en page. Nous tenons enfin à remercier les éditions Brill pour avoir accepté le manuscrit, notamment Mattie Kuiper et Liesbeth Hugenholtz pour leur accueil bienveillant, et Christl M. Maier pour nous avoir ouvert les portes de *Vetus Testamentum*, Supplements.

Pour le groupe « Histoire du judaïsme et du christianisme anciens »

ABRÉVIATIONS

Les abréviations suivent le système proposé par P.H. Alexander *et al.* (éd.), *The SBL Handbook of Style. For Ancient Near Eastern, Biblical and Early Christian Studies*, Peabody (Mass.), Hendrickson, 1999, avec quelques ajouts.

AB	Anchor Bible
ABD	*Anchor Bible Dictionary*
AfO	*Archiv für Orientforschung*
ÄgAbh	Ägyptologische Abhandlungen
ALASP	Abhandlungen zur Literatur Alt-Syren-Palästinas und Mesopotamiens
ANRW	*Aufstieg und Niedergang der römischen Welt : Geschichte und Kultur Roms im Spiegel der neueren Forschung*
AOAT	Alter Orient und Altes Testament
AS	Assyriological Studies
ATD	Das Alte Testament Deutsch
AuOr	*Aula orientalis*
BASOR	*Bulletin of the American Schools of Oriental Research*
BBR	*Bulletin for Biblical Research*
Ber	*Berytus*
BETL	Bibliotheca ephemeridum theologicarum lovaniensium
BKAT	Biblischer Kommentar, Altes Testament
BSOAS	*Bulletin of the School of Oriental and African Studies*
BZ	*Biblische Zeitschrift*
BZAW	Beihefte zur Zeitschrift für die alttestamentliche Wissenschaft
BZNW	Beihefte zur Zeitschrift für die neutestamentliche Wissenschaft
CahRB	Cahiers de la Revue biblique
CAT	Commentaire de l'Ancien Testament
CAT	*Cuneiform Alphabetic Texts from Ugarit, Ras Ibn Hani and Other Places*
CBQ	*Catholic Biblical Quarterly*
DJD	Discoveries in the Judaean Desert
DSD	*Dead Sea Discoveries*
EK	*Midrash Ekha Rabba*
FoiVie	*Foi et vie*
FRLANT	Forschungen zur Religion und Literatur des Alten und Neuen Testaments

HSM   Harvard Semitic Monographs
HTR   *Harvard Theological Review*
HTS   Harvard Theological Studies
HUCA   *Hebrew Union College Annual*
ICC   International Critical Commentary
IEJ   *Israel Exploration Journal*
JAOS   *Journal of the American Oriental Society*
JBL   *Journal of Biblical Literature*
JEA   *Journal of Egyptian Archaeology*
JJS   *Journal of Jewish Studies*
JNSL   *Journal of Northwest Semitic Languages*
JSJ   *Journal for the Study of Judaism in the Persian, Hellenistic, and Roman Periods*
JSNT   *Journal for the Study of the New Testament*
JSOT   *Journal for the Study of the Old Testament*
JSOTSup   Journal for the Study of the Old Testament: Supplement Series
JSPSup   Journal for the Study of the Pseudepigrapha: Supplement Series
JTS   *Journal of Theological Studies*
KTU   *Die keilalphabetischen Texte aus Ugarit*
LAPO   Littératures anciennes du Proche-Orient
LumVie   *Lumière et vie*
MdB   *Le Monde de la Bible*
MPAIBL   Mémoires présentés à l'Académie des Inscriptions et Belles-Lettres
ms   manuscrit
NABU   *Nouvelles assyriologiques brèves et utilitaires*
NEchtB   Neue Echter Bibel
NovT   *Novum Testamentum*
NRTh   *La nouvelle revue théologique*
NSK. AT   Neuer Stuttgarter Kommentar. Altes Testament
NTS   *New Testament Studies*
OBO   Orbis biblicus et orientalis
OIP   Oriental Institute Publications
OLA   Orientalia lovaniensia analecta
Or   *Orientalia* (NS)
OTL   Old Testament Library
PRU III   Palais royal d'Ugarit 3
PUF   Presses Universitaires de France

PUP	Publications de l'Université de Provence
PVTG	Pseudepigrapha Veteris Testamenti Graece
RB	*Revue biblique*
REJ	*Revue des études juives*
RevQ	*Revue de Qumrân*
RevScRel	*Revue des sciences religieuses*
RHPR	*Revue d'histoire et de philosophie religieuses*
RHR	*Revue de l'histoire des religions*
RlA	*Reallexikon der Assyriologie*
RS	Ras Shamra
LÄ	*Lexikon der Ägyptologie*
RSR	*Recherches de science religieuse*
RTL	*Revue théologique de Louvain*
SAAS	State Archives of Assyria Studies
SBL	Society of Biblical Literature
SBLMS	Society of Biblical Literature Monograph Series
SHR	Studies in the History of Religions (supplement to *Numen*)
SJLA	Studies in Judaism in Late Antiquity
SNTSMS	Society for New Testament Studies Monograph Series
STDJ	*Studies on the Texts of the Desert of Judah*
StPB	Studia post-biblica
TB	Talmud Bavli
TO I	*Textes ougaritiques I : Mythes et légendes*
TO II	*Textes ougaritiques II : textes religieux et rituels, correspondance*
Transeu	*Transeuphratène*
TY	Talmud Yerushalmi
UF	*Ugarit-Forschungen*
VC	*Vigiliae christianae*
VT	*Vetus Testamentum*
VTSup	Supplements to Vetus Testamentum
WO	*Die Welt des Orients*
WUNT	Wissenschaftliche Untersuchungen zum Neuen Testament
ZA	*Zeitschrift für Assyriologie*
ZABR	*Zeitschrift für altorientalische und biblische Rechtsgeschichte*
ZAW	*Zeitschrift für die alttestamentliche Wissenschaft*
ZRGG	*Zeitschrift für Religions- und Geistesgeschichte*
ZWY	*Zand ī Wahman Yasn*

PREMIÈRE PARTIE

AU SUJET DE LA DIVINISATION DU ROI DANS LE
PROCHE-ORIENT ANCIEN

LA CONCEPTION ÉGYPTIENNE DE LA MONARCHIE[1]

Pierre Grandet

Cette contribution vise à donner un aperçu synthétique de la conception
égyptienne de la monarchie, telle qu'elle peut être dégagée des sources
égyptiennes elles-mêmes, et telle qu'elle ne coïncide d'ailleurs nullement,
comme nous le verrons, avec l'image biblique de « Pharaon », dont l'élaboration relève évidemment bien davantage d'une intention polémique
de la part de ses créateurs que du souci de livrer une image fidèle de
l'institution représentée par ce personnage. Cette mise au point répond
à l'intention de fournir un élément de réflexion dans le débat relatif aux
origines du messianisme juif et à son association originelle avec l'idée
de monarchie : sauf à supposer que cette idée soit, pour ainsi dire, apparue toute constituée pour occuper la place que l'on sait dans la culture
judaïque et sa postérité, comment ne pas supposer qu'elle tire en partie
ses origines d'influences déjà à l'œuvre dans des civilisations antérieures,
mais relativement proches géographiquement et culturellement, comme
l'Égypte et la Mésopotamie anciennes ?

La conception égyptienne de la monarchie est exprimée en ordre
dispersé par d'innombrables sources (en particulier les éléments de la
titulature royale des pharaons)[2], mais elle a connu, à la XVIIIe dynastie
(1550–1292), une mise en forme explicite, cohérente, concise, mais exhaus-
tive, en laquelle je n'hésite pas à voir la « constitution » de l'Égypte du
Nouvel Empire[3]. Il s'agit des deux dernières sections d'un texte en six

---

[1] Pour une version préliminaire de cette communication, cf. P. GRANDET, « Pharaon, le
messie des Égyptiens », *Religions et Histoire* 35 (2010), p. 22–23.

[2] Cf. E. HORNUNG, « Zur geschichtlichen Rolle des Königs in der 18. Dynastie », *Mit-
teilungen des Deutschen Archäologischen Instituts, Abteilung Kairo* 15 (1957), p. 120–133 ;
E. OTTO, « Legitimation des Herrschers im pharaonischen Ägypten », *Sæculum* 20 (1969),
p. 385–411 ; N. GRIMAL, *Les termes de la propagande royale égyptienne, de la XIXe dynastie à
la conquête d'Alexandre – Études sur la propagande royale égyptienne* VI : MPAIBL nouvelle
série VI, Paris, Imprimerie nationale, 1986 ; M.-A. BONHÊME, A. FORGEAU, *Pharaon, Les
secrets du pouvoir*, Paris, A. Colin, 1988 ; J. ASSMANN, *Stein und Zeit : Mensch und Gesells-
chaft im alten Ägypten*, Munich, W. Fink, 1991, chap. IX–XII.

[3] J. ASSMANN, *Der König als Sonnenpriester : ein kosmographischer Begleittext zur kul-
tischen Sonnenhymnik in thebanischen Tempeln und Gräbern*, Abhandlungen des Deutschen Archäologischen Instituts, Abteilung Kairo, Ägyptologische Reihe 7, Glückstadt,
J.J. Augustin, 1970. L'auteur publie sept variantes du texte, dont il suppose, non sans de

parties, dont la version complète la plus ancienne fut gravée au temple de Louqsor (salle XVII, mur est, registre supérieur), sous le pharaon Aménophis III (1388–1350 av. J.-C.)[4]. Ce texte est intégré à un tableau représentant le roi adorant le soleil à l'aube [Fig. 1.]. Il ne donne ni la légende de la scène, ni les paroles d'un discours prononcé par le roi, comme c'est généralement le cas dans ce genre de représentation, mais un court traité théologique exposant les raisons pour lesquelles le pharaon, sachant et comprenant ce qu'il doit à la divinité, est tenu de lui offrir, en contrepartie, des marques d'adoration.

Avant de commenter ce texte en détail, il est indispensable, pour mieux le comprendre, de souligner un trait fondamental du contexte culturel dans lequel il s'insère. Dès l'Ancien Empire (2700–2200 av. J.-C.) et la constitution d'une monarchie absolue de type « pyramidal », une contradiction se manifeste dans la coexistence d'une religion populaire, spontanément polythéiste, et d'une religion officielle d'inspiration monothéiste, posant l'existence d'un dieu suprême et créateur, le soleil Rê, contrepartie divine du souverain terrestre, et dont, à partir de la IVe dynastie (2640–2500 av. J.-C.)[5], celui-ci se dit le fils, en adoptant le titre de « fils de Rê ».

Au cours du Moyen Empire, ou plus précisément de la XIIe dynastie (1987–1785 av. J.-C.), on chercha à réduire cette contradiction en associant délibérément Rê à Amon, dieu de Karnak et patron de la nouvelle monarchie, pour former la divinité composite Amon-Rê, qui ne représente pas deux entités distinctes, mais deux aspects complémentaires du même dieu suprême : le créateur (Rê) et le souverain (Amon) ; le dieu universel et le dieu local ; le dieu des rois et le dieu du peuple. À partir de la XVIIIe dynastie au plus tard (1550–1292 av. J.-C.), les sources attestent que ce dieu suprême fut considéré par les théologiens égyptiens comme un dieu

bons arguments grammaticaux, une composition originale à la fin du Moyen Empire. Les versions postérieures à Aménophis III vont de la XXe à la XXVe dynastie. Deux versions supplémentaires dans R.A. Parker, J. Leclant, J.-C. Goyon, *The Edifice of Taharqa by the Sacred Lake of Karnak*, Brown Egyptological Studies 8, Providence, Brown University, 1979, pl. 18 B et p. 38–40.

[4] J. Assmann, *op. cit.*, et H. Brunner, *Die südlichen Räume des Tempels von Luxor*, Archäologische Veröffentlichungen des Deutschen Archäologischen Instituts, Abteilung Kairo 18, Mayence, P. von Zabern, 1979, pl. 65. Une version plus ancienne, mais fragmentaire, date de la reine Hatchepsout (1479–1458).

[5] Je renvoie, pour le développement qui suit, à l'aperçu synthétique de J. Assmann, *Ägypten, Theologie und Frömmigkeit einer frühen Hochkultur*, Urban-Taschenbücher Bd. 366, Stuttgart *et al.*, W. Kohlhammer, 1984. Pour le titre de « fils de Rê », cf. J. von Beckerath, *Handbuch der ägyptischen Königsnamen*, Münchner ägyptologische Studien 49, Mayence, P. von Zabern, 1999², p. 25–26.

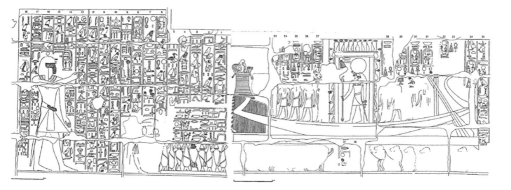

Fig. 1. Aménophis III adore le soleil levant.
Temple de Louqsor, pièce XVII, paroi est, registre supérieur[6].

unique, dont la forme principale est Rê et dont tous les autres dieux traditionnellement vénérés ne sont que des manifestations partielles, quelles que soient l'apparence, les noms qu'ils portent ou les marques de piété qu'ils reçoivent. Cette interprétation était déjà à l'œuvre dès le Moyen Empire, comme en témoigne le processus dit de « solarisation », par lequel, à l'imitation d'Amon-Rê, le nom de tous les dieux d'Égypte ou presque put être doté, tel un suffixe, du nom du dieu Rê (Sobek-Rê, Khnoum-Rê, etc.).

Après l'épisode amarnien (1350–1333 av. J.-C.), qui tira momentanément les conséquences ultimes de cette conception en bannissant le culte de ces avatars, ravalés au rang de simples icônes, ce monothéisme binitaire céda la place, sous la XIXe dynastie (1292–1185 av. J.-C.), à une synthèse trinitaire : « Trois sont tous les dieux : Amon, Rê, Ptah, qui n'ont pas de semblable »[7] [Fig. 2]. Soulignons bien que ces dieux ne forment pas une triade (association lâche de trois dieux indépendants), mais une *trinité* : les manifestations tangibles et complémentaires d'une divinité ineffable, unique et transcendante, qui a créé le monde, le régit et le maintient en vie : le « Seigneur universel » (*Neberdjer*), « l'Unique qui s'est manifesté sous des millions de formes »[8]. Une divinité dont le nom paradoxal est le mot *jmn*, « caché », « inconnu », dont l'apparence est le soleil et la terre la

6 Éd. BRUNNER, *loc. cit.*
7 Chapitre 300 de l'*Hymne à Amon de Leyde*, P. Leyde I, 350, IV, 21 (éd. J. ZANDEE, *De Hymnen aan Amon van Papyrus Leiden I, 350*, Leyde, Brill, 1948).
8 Papyrus magique Harris 4,1 (F. CHABAS, *Le papyrus magique Harris*, Chalon-sur-Saône, J. Dejussieu, 1860).

substance : « Son nom est caché en tant qu'Amon, il est Rê (le soleil) à la vue, son corps c'est Ptah (la terre) »[9].

Le jeu de mots Amon / *jmn* (« caché ») exprime fort adéquatement le caractère ineffable de cette divinité, dont tout essai de définition n'est qu'une approximation :

> On ne connaît pas son aspect. Il est plus éloigné que le ciel. Il est plus profond que la Douat (l'au-delà souterrain). Aucun dieu ne connaît sa forme exacte. Les écrits ne révèlent pas son image. On n'a pas sur lui de témoignage certain. Il est trop mystérieux pour que son prestige se dévoile. Il est plus grand que ce qu'on en imagine, plus puissant que ce qu'on en discerne. Tomber mort de peur sur l'instant est le lot de qui prononcerait son nom secret, inconsciemment ou non. Aucun dieu ne sait le nommer par ce nom, esprit (*ba*) au nom caché, tant il est mystérieux[10].

Texte et commentaire

Revenons maintenant à notre texte. Les deux sections qui nous intéressent sont composées de douze éléments que j'appellerai par convention des « vers », répartis en deux groupes de six, traitant respectivement des devoirs du roi et de sa position dans la hiérarchie des êtres.

Fig. 2. Le roi (Séthi Ier) offre *maât* à la trinité ramesside
(de gauche à droite : Amon, Rê, Ptah)[11].

---

[9] Hymne à Amon de Leyde IV, 21–22 (éd. ZANDEE, *op. cit.*).
[10] *Ibid.*, IV, 17–21 (Chap. 200).
[11] Cintre du décret de Séthi Ier à Nauri (Soudan), Griffith, *JEA* 13 (1927), pl. 39.

A. *Les devoirs du roi*

1. Rê a placé le roi Amenhotpé Héqaouasé (Aménophis III) sur la terre des vivants,
2. jusqu'à la fin des temps et jusqu'aux limites de l'Univers,
3. de sorte qu'il juge les hommes, apaise les dieux,
4. fasse advenir *maât* et détruise *iséfet*,
5. tandis qu'il donne des offrandes aux dieux
6. et des offrandes funéraires aux défunts.

B. *Position ontologique et sociale du roi*

1. Le nom du roi Nebmaâtrê [12] est dans le ciel comme Rê ;
2. il vit d'exaltation comme Rê-Horakhty.
3. A le voir les notables se dressent en exultant,
4. et le peuple l'acclame agenouillé
5. en son apparence d'enfant,
6. (comme) quand Rê vient de se manifester en Khépi (le soleil du matin).

Section A

Lignes 1–2. Le roi d'Égypte est ici défini très clairement comme l'élu personnel du dieu Rê[13], le Créateur, qui lui a confié, pour la gouverner, l'intégralité de sa création, décrite, par référence à la « fin des temps » et aux « limites de l'Univers », comme un espace-temps de nature cyclique, qui a commencé avec la création et prendra fin avec la fin du monde, mais qui recommence à chaque jour et à chaque règne, à l'image du mouvement apparent du soleil. Le souverain apparaît ainsi, tel le roi de notre Ancien Régime, comme le « lieutenant de Dieu sur terre », qualité précisément exprimée en ces termes dans d'autres documents égyptiens : « C'est toi qui m'as établi toi-même sur le trône d'Égypte, en tant que *lieutenant* de ton Double-Pays »[14].

---

[12] « Prénom » (nom de règne) d'Aménophis III.

[13] Il est « l'élu de Rê », comme l'exprime l'expression *Sétepenrê*, qui est un élément du nom de couronnement (prénom) de Ramsès II (*Ousermaâtrê Sétepenrê*) ; cf. J. VON BECKE-RATH, *op. cit.*, p. 154 (t. 9).

[14] Dans un discours de Ramsès III au dieu Amon (H.H. NELSON (dir.), *Reliefs and Inscriptions at Karnak* I, OIP 25, Chicago, University Press of Chicago, 1936, pl. 23, 13 = K.A. KITCHEN, *Ramesside Inscriptions, Historical and Biographical* V, Oxford, B.H. Blackwell, 1983, p. 224, 4). Le terme-clé, *jdnw*, désigne, dans la terminologie administrative égyptienne, le « second » d'un chef militaire ou le « substitut » d'un fonctionnaire civil.

Notons que le texte omet toute allusion explicite au principe de la succession au trône de père en fils par ordre de primogéniture, qui était pourtant de règle en Égypte, bien que la mention d'un roi réel, Aménophis III, identifié par son nom et représentant d'une dynastie, y soit une allusion implicite. Ce silence et cette allusion impliquent qu'être héritier de la couronne qualifie pour occuper la fonction royale, mais que personne ne peut malgré tout régner si ce n'est par la volonté divine, *dei gratia*. Le choix divin est généralement censé avoir été déterminé par les qualités exceptionnelles du futur roi[15], dès la gestation de celui-ci[16], voire dès sa conception. L'idée égyptienne de la théogamie, largement mise en scène par la reine Hatchepsout (1479–1458) dans son temple funéraire de Deîr el-Baharî[17], fait du père du souverain, habité par le dieu au moment de procréer son futur successeur, l'instrument de la volonté divine, permettant ainsi d'associer les idées d'élection divine et de filiation par la chair.

Les vicissitudes de l'histoire égyptienne expliquent sans doute le primat assigné, pendant le Nouvel Empire, au concept d'élection divine, seul susceptible d'autoriser l'élévation au trône de souverains qui n'y étaient pas appelés par la naissance, comme les fondateurs de dynasties, et de vouer à l'oubli des souverains légitimes par le sang, comme Akhénaton (1350–1333), mais dont l'action, rétrospectivement, paraissait avoir été contraire aux intentions divines.

Lignes 2–3. Le pouvoir du roi, quoique absolu puisque issu de Dieu, s'exerce dans le cadre d'un mandat qui confère à son détenteur la qualité de magistrat, d'interprète, d'exécutant de la volonté divine, et non celle d'un simple tyran. Il n'est pas ainsi une autorité de fait, mais un corps constitué. Ce mandat est formulé par deux préceptes fondamentaux imbriqués l'un dans l'autre. Le premier représente les moyens et le second les fins de l'action royale. Le tout assigne au pharaon, envers les hommes, une responsabilité absolue, contrepartie de son pouvoir absolu.

---

[15] « [Ce dieu] a étendu sa main en sorte de choisir Sa Majesté VSF parmi des millions (d'individus), négligeant les centaines de milliers (d'autres) qui étaient devant lui », Stèle éléphantinienne de Sethnakht, 4–5 (= KITCHEN, *op. cit.*, p. 672, 2–3) ; S.J. SEIDLMAYER, « Epigraphische Bemerkungen zur Stele des Sethnachte aus Elephantine », dans H. GUKSCH, D. POLZ (éd.), *Stationen. Beiträge zur Kulturgeschichte Ägyptens Rainer Stadelmann gewidmet*, Mayence, P. von Zabern, 1998, p. 363–386, pl. 20–21, Beilage 3a ; en particulier p. 375 (traduction) et 378 (commentaire).

[16] « C'est alors que j'étais dans l'œuf qu'il m'a confié la terre », Grande Inscription dédicatoire d'Abydos l. 48 (= KITCHEN, *op. cit.*, p. 327, 13).

[17] Cf. H. BRUNNER, *Die Geburt des Gottkönigs. Studien zur Überlieferung eines altägyptischen Mythos*, ÄgAbh 10, Wiesbaden, O. Harrassowitz, 1964.

Le précepte le plus large est de « faire advenir *maât* » et « détruire *iséfet* ». *Maât* (litt. « la règle », « la norme », et innombrables acceptions contextuelles), désigne l'état parfait (« normal ») de la Création originelle[18], caractérisé par la paix, l'harmonie sociale et l'abondance matérielle. Cet état idyllique résultait de la simple présence sur terre du Créateur : un être dont l'omniscience, l'omnipotence et l'ubiquité suffisaient à préserver le monde des atteintes du chaos extérieur à la Création, et à garantir la redistribution équitable des ressources, en imposant aux hommes une discipline sociale permettant de faire prévaloir l'intérêt général sur les intérêts particuliers.

Ce monde ayant été créé parfait, l'imperfection du monde dans lequel vivent les hommes ne peut résulter que du châtiment d'un péché originel, désigné par les Égyptiens sous le nom d'*iséfet* (litt. « la contestation »). Le *Livre de la Vache du Ciel* [19] expose en effet comment les hommes, incapables, pour cause de petitesse de stature et donc d'étroitesse de vue, de distinguer l'intérêt général de leur intérêt particulier, ont contesté l'autorité du Créateur. Celui-ci, pour les punir, s'est élevé au ciel sous la forme du soleil, les abandonnant à leur penchant naturel pour la violence, le vol et, et non sans les avoir condamnés, dans un premier temps, à une extermination presque complète, manifestant ainsi les foudres de sa colère et l'étendue de son pouvoir.

La crise passée, et ne pouvant se résoudre à abandonner complètement sa création, le Créateur octroya aux hommes, dans sa suprême sollicitude, les moyens d'une rédemption collective : l'institution de la monarchie, aux termes de laquelle le pharaon apparaît sans le moindre doute comme le « messie » des Égyptiens, l'élu de Dieu, son fils, choisi par lui pour restaurer sur terre l'Âge d'or des origines en annulant les effets du péché originel.

Les moyens de cette action sont résumés par les expressions « juger les hommes » et « apaiser les dieux », qui équivalent respectivement aux idées de « gouverner » et de « célébrer le culte », c'est-à-dire, d'une part, maintenir l'harmonie sociale, donc la juste répartition des ressources, par l'arbitrage des conflits ; de l'autre, rendre compte à Dieu, par les rites

---

[18] Voir la somme de J. ASSMANN, *Ma'at, Gerechtigkeit und Unsterblichkeit im Alten Ägypten*, Munich, C.H. Beck, 1990 (dont J. ASSMANN, *Maât, l'Égypte pharaonique et l'idée de justice sociale*, Conférences, essais et leçons du Collège de France, Paris, Julliard, 1989, est une version préparatoire abrégée), et l'utile compte rendu de cet ouvrage par S. Quirke, « Translating Ma'at », *JEA* 80, 1994, p. 219–231.

[19] E. HORNUNG, *Der ägyptische Mythos von der Himmelskuh*, OBO 46, Fribourg, Presses universitaires, Göttingen, Vandenhoeck & Ruprecht, 1982.

appropriés, de l'exécution correcte du mandat divin. Cette conception est figurée par une scène fréquemment représentée où le roi offre aux dieux le hiéroglyphe de *maât*, signifiant ainsi qu'il l'a restaurée sur terre [Fig. 2].

Lignes 5–6. La responsabilité du roi envers les dieux s'étend aux défunts, divinisés par leur mort. Leur culte équivaut à la commémoration des hauts faits du passé, qui permet la transmission d'une génération à l'autre des valeurs morales sur lesquelles est fondée la pérennité de la société.

Section B

Lignes 1–2. Le roi domine la société comme Rê domine la terre : sans y toucher, élevé jusqu'aux cieux par le sentiment triomphal de sa propre supériorité, à l'image du soleil qui se lève chaque jour en ayant triomphé des ténèbres. Sa position n'implique aucunement qu'il est un dieu, mais qu'il appartient à une catégorie ontologique *sui generis*. « Seul de son espèce, sans égal »[20], il représente l'association unique d'un corps humain (mortel) et d'attributs divins (immortels), dont il est le dépositaire[21]. Par opposition aux hommes, dont la position inférieure ne leur permet de percevoir que leurs intérêts particuliers, sa position exceptionnelle lui permet à lui seul de discerner l'intérêt général et d'agir en conséquence, aidé des charismes que son élection lui a conférés : les attributs divins *Sia* et *Hou* ; respectivement la « connaissance » et la « faculté de donner des ordres suivis d'effet »[22].

Lignes 3–4. Dominée par le roi, qui en est la pointe, la société est conçue sous la forme d'une pyramide à deux niveaux, stratifiée non pas en classes mais, comme sous l'Ancien Régime français, en ordres fonctionnels : les « notables » et le « peuple », dont la position et la fonction sont exprimées par leur adoption, en présence du roi, de l'une des deux attitudes censées provoquées chez l'être humain par la rencontre face-à-face du pouvoir absolu (la réprobation étant évidemment exclue). D'une part, le fol enthousiasme qui fait acclamer le chef et s'élever comme pour

---

[20] *Urkunden* IV, 1077, 8 (K. Sethe, W. Helck, *Urkunden der 18. Dynastie*, Urkunden des ägyptischen Altertums IV, Leipzig, Berlin, Akademie-Verlag, 1906–1961).

[21] Nous avons ici un lointain prédécesseur de la théorie des deux corps du roi, à laquelle E. Kantorowicz a consacré jadis le célèbre essai *The King's Two Bodies, a Study in Mediaeval Political Theology*, Princeton, University Press, 1957, trad. française *Les deux corps du roi, essai sur la théologie politique au Moyen-Âge, Bibliothèque des Histoires*, Paris, Gallimard, 1987, rééd. dans Kantorowicz, *Œuvres*, Quarto, Paris, Gallimard, 2000, p. 643 et suiv.

[22] W. Helck, E. Otto (éd.), *LÄ* III, Wiesbaden, O. Harrassowitz, 1980, col. 65–68, *s.v. Hu* (l'article traite des deux concepts).

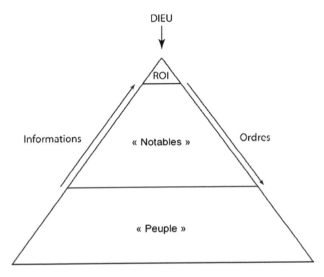

Fig. 3. La pyramide sociale égyptienne.

le toucher ; de l'autre, la soumission, qui conduit à s'agenouiller devant lui en chantant ses louanges comme pour mieux célébrer sa grandeur. La première de ces attitudes symbolise l'adhésion active à sa personne et à sa politique qu'un souverain absolu est en droit d'attendre de ses agents d'exécution ; la seconde, l'obéissance passive propre aux simples exécutants de ses ordres. Dans le cadre de la société égyptienne, cette dichotomie recouvre l'opposition des scribes ou *administrateurs* au reste de la société, confiné dans la fonction de simples *producteurs* de ressources.

Lignes 5–6. Enfin, ces deux lignes servent à mettre en situation l'acte d'adoration que ses sujets doivent au roi, en comparant chacune de ses apparitions au lever du soleil.

L'analyse du texte que nous avons présenté permet de se former une idée assez précise de la conception que les Égyptiens du Nouvel Empire avaient de leur propre monarchie. Le roi y apparaît clairement comme un véritable « messie » : le lieutenant de Dieu, choisi personnellement par celui-ci pour restaurer sur terre *maât*, l'Âge d'or des origines, c'est-à-dire assurer, par les moyens combinés du culte et du gouvernement, la rédemption du genre humain, en annulant les effets du péché originel. Dans ce cadre intellectuel, rien ne permet de différencier l'histoire politique d'un culte et le roi d'un prêtre. Chacun des actes du pharaon, qu'il soit politique, militaire, économique, religieux, équivaut à la célébration d'un rite (restauration de *maât*) qui actualise un mythe (l'institution de *maât*) et sert à accomplir le dessein divin (la rédemption)[23]. Inversement, la célébration du culte conditionne l'avenir de l'humanité : la satisfaction ou « apaisement » des dieux garantit leur retour quotidien sur terre, sous la forme spirituelle (*ba*) qui vient habiter leurs statues de culte ; au contraire, leur insatisfaction les conduirait à demeurer au ciel, laissant l'humanité plonger une nouvelle fois dans les ténèbres de la barbarie, jusqu'au début d'un nouveau cycle de l'histoire humaine :

> Ce pays (…) était dans la confusion, car il s'était écarté de la fidélité au dieu (…) mais, lorsque les dieux se furent (de nouveau) décidés à s'apaiser, pour rendre au pays son équilibre, conformément à son état traditionnel, ils établirent leur fils charnel, comme souverain VSF de tout pays à leur grande place[24].

Le fait que la civilisation égyptienne ait affirmé, à travers l'identification du roi à un fils (métaphorique) de la divinité, l'idée de l'origine divine de la monarchie, et le fait que l'Égypte pharaonique ait contrôlé politiquement, pendant plusieurs siècles le pays de Cana'an (env. 1500–1150 av. J.-C.), conduisent généralement à supposer une influence plus ou moins lointaine de celle-ci et de ses idées dans l'établissement de la monarchie israélite. Adela Yarbro Collins et John Collins, par exemple, défendent ce point de vue[25], qui ne se fonde malheureusement, à défaut de sources explicites, que sur la seule succession chronologique des cultures dominantes dans la région concernée et l'influence quasi-mécanique qu'elles auraient eu l'une sur l'autre : *post hoc ergo propter hoc*. Bien que le présent auteur soit égyptologue et savoure par là même à sa juste mesure l'hommage ainsi rendu au rayonnement culturel de l'Égypte dans le Proche-Orient ancien, il lui faut confesser un certain scepticisme, ne serait-ce qu'à cause du fossé chronologique, institutionnel et culturel, qui sépare, en Cana'an, la fin de tout contrôle significatif de l'Égypte (fin du règne de Ramsès III, 1152 av. J.-C.) de l'établissement de la monarchie (vers 1000 av. J.-C.).

---

[23] La même idée, mais formulée, me semble-t-il, de manière un peu trop restrictive dans l'essai d'E. HORNUNG, *Geschichte als Fest. Zwei Vorträge zum Geschichtsbild der frühen Menschheit*, Libelli Bd. 246, Darmstadt, Wissenschaftliche Buchgesellschaft, 1966.

[24] Récit des troubles ayant marqué la fin de la XIXe dynastie et l'avènement de Sethnakht, fondateur de la XXe dynastie selon la Stèle éléphantinienne de Sethnakht, l. 5 (cf. *supra* n. 15), et le Papyrus Harris I, 75, 6–7 (P. GRANDET, *Le Papyrus Harris I (BM 9999), traduction et commentaire*, 3 vol., Bibliothèque d'études 109 et 129, Le Caire, Institut français d'archéologie orientale du Caire, 1993 et 1999).

[25] A. YARBRO COLLINS et J.J. COLLINS, *King and Messiah as Son of God*, Grand Rapids, 2008, p. 3–7 et 204.

Néanmoins, si nous admettons, pour l'amour de la discussion, la réalité de cette influence, ne doit-on pas alors déduire que l'idée de messianisme, intrinsèquement liée dans la civilisation égyptienne à celle de monarchie (le roi ne règne que pour être le sauveur de son peuple), ait pu, de l'Égypte du Nouvel Empire, se transmettre en Cana'an avec l'idée de monarchie divine ? L'auteur laisse à plus savant et plus compétent que lui le soin d'apporter, s'il y a lieu, une réponse à cette question[26].

---

[26] A. YARBRO-COLLINS et J.J. COLLINS, *ibid.*, p. 1, soulignent que le terme de *mashiaḥ*, qui désigne concrètement les rois d'Israël et de Judée comme « oints » du Seigneur, ne possède pas dans la Bible de valeur eschatologique. Mais n'est-elle pas ici aussi intrinsèquement liée à l'exercice de la fonction royale ?

LE ROI MÉSOPOTAMIEN, OU LA DIVINITÉ COMME TENTATION

Maria Grazia Masetti-Rouault

Introduction : la Mésopotamie et le milieu biblique

Les conceptions religieuses, idéologiques et politiques concernant le pouvoir et la royauté, produites pendant presque trois millénaires dans le cadre de la civilisation syro-mésopotamienne antique, sont parfois évoquées de manière directe ou indirecte dans la reconstruction du milieu intellectuel aux origines des messianismes juifs. Mais les conditions mêmes de cet appel à la culture cunéiforme visant à éclairer des phénomènes, des tendances, des événements apparemment éloignés dans le temps comme dans l'espace – ainsi que sa pertinence et sa valeur – doivent être questionnées et éventuellement justifiées d'un point de vue historique.

Les modifications dans la chronologie des différentes phases de formation des textes bibliques apportées par la critique dans les dernières décennies, ainsi que la vision nouvelle de l'histoire d'Israël étayée par les résultats de la recherche archéologique sont en train de modifier de façon radicale la manière d'interpréter et de comprendre les relations entre, d'une part, la civilisation cunéiforme mésopotamienne et, de l'autre, la culture hébraïque et juive[1]. Dès sa découverte et son apparition dans le monde moderne, rendue possible par le déchiffrement du cunéiforme vers la moitié du XIXe siècle, la civilisation suméro-akkadienne a été reconnue comme ayant un lien direct et immédiat avec le milieu biblique. Le partage, rapidement constaté, de certaines traditions et institutions – par exemple, l'histoire du Déluge, la construction de la grande Tour, le prophétisme, ou les codes des lois – a rendu cette évidence indiscutable[2].

---

[1] Voir par exemple les bibliographies dans I. FINKELSTEIN, N.A. SILBERMAN, *La Bible dévoilée. Les nouvelles révélations de l'archéologie*, Paris, Bayard, 2002 ; W.G. DEVER, *Aux origines d'Israël. Quand la Bible dit vrai*, Paris, Bayard, 2003, p. 269–270.280 ; M. LIVERANI, *Oltre la Bibbia. Storia antica di Israele*, Bari, Laterza, 2003.

[2] Cf. G. SMITH, « The Chaldean Account of Genesis, Containing the Description of the Creation, the Fall of Man, the Deluge, the Tower of Babel, the Time of the Patriarchs, and Nimrod; Babylonian Fables, and Legends of the Gods, from the Cuneiform Inscriptions », *Transactions of the Society of Biblical Archaeology* 2 (1873), p. 213–234; G. WILHELM « La querelle Babel et la Bible », dans *Babylone. Catalogue de l'exposition, Paris, Musée du Louvre 14 mars–2 juin 2008*, B. ANDRÉ-SALVINI (éd.), Paris, Hazan, 2008, p. 526–528.

Ce lien pouvait, et même devait, être utilisé pour fonder l'historicité et la « vérité » des traditions bibliques et, par là, de tout ce qui en a découlé.

Dès lors, l'intérêt et la raison d'étudier et d'approfondir la connaissance de la civilisation mésopotamienne ont trouvé une justification en tant qu'efforts légitimes d'identifier la matrice générale et le milieu humain primitif à partir desquels s'est déclenchée l'évolution vers une forme supérieure de société, de raison et de religion – qui est encore celle du monde occidental. C'est bien de ce moment historique que semble témoigner l'apparition du monothéisme abrahamique, opposé au polythéisme rampant cunéiforme, et plus en général, proche-oriental. Documentée depuis la première moitié du IIIe millénaire par une tradition écrite continue et cohérente jusqu'à la fin de l'âge du fer, vers le IVe siècle av. J.-C., la culture mésopotamienne bilingue sumérienne et akkadienne, avec sa vaste production textuelle, se prête bien à ce rôle d'ancêtre, de paysage archaïque des origines, utile pour fonder et décrire l'orientation évolutive des sociétés humaines[3].

Cette attitude a trouvé, par ailleurs, un puissant appui dans l'image de la civilisation cunéiforme véhiculée par la littérature grecque à partir d'Hérodote[4], du moins comme elle était perçue dans la culture occidentale moderne. Si, dans ce cas précis, l'opposition polythéisme/monothéisme ne peut pas fonctionner, c'est la représentation – formulée après le traumatisme de la guerre contre l'empire des Perses – de l'organisation politique des peuples orientaux, de leur conception de la royauté et de leur modèle impérial, qui a permis d'établir une opposition frontale entre, d'une part, la démocratie athénienne et la pensée grecque, libre et rationnelle et, de l'autre, la nature barbare et primitive des sociétés orientales, gérées par le despotisme des ses rois et de ses reines – des gens excessifs, presque « divinisés »[5].

---

[3] Voir en général M. Van de Mieroop, *Cuneiform Texts and the Writing of History*, Londres *et al.*, Routledge, 1999.

[4] Cf. R. Rollinger, *Herodots Babylonischer Logos*, Innsbrucker Beiträge zur Kulturwissenschaft. Sonderheft 84, Innsbruck, Institut für Sprachwissenschaft der Universität Innsbruck, 1993.

[5] Voir M.G. Masetti-Rouault, « Femmes, mythes et cultes dans la culture mésopotamienne ancienne », dans *Femmes, cultures et société dans les civilisations méditerranéennes et proche-orientales d'hier à aujourd'hui*, F. Briquel-Chatonnet, L. Denooz, S. Fares, B. Lyon, C. Michel (éd.), *Topoi* Suppl. 10, Paris, de Boccard, 2009, p. 129–144.

Les conditions du transfert culturel

Dans ce contexte, le lien unissant le monde mésopotamien et le milieu biblique a pu être défini comme le partage d'un fonds originel largement commun, déterminé par des expériences et des systèmes sociaux et économiques similaires – ce qui les rend d'ailleurs aisément comparables[6]. À partir de ce fonds, se seraient développées, de façon spontanée, naturelle et surtout isolée, mais sans raisons historiques ni programmation (sauf alors par intervention divine), les traditions identitaires israélites et juives, représentant une nouvelle manière de penser. Naturellement, depuis ses débuts, l'assyriologie a beaucoup progressé. Aujourd'hui l'autonomie complète des recherches philologiques et archéologiques concernant le Proche-Orient par rapport aux études vétérotestamentaires est évidente et reconnue, renversant le concept de « milieu biblique »[7] : ce sont plutôt l'histoire d'Israël et de la région palestinienne, ainsi que la critique de leurs productions intellectuelles, qui sont désormais intégrées dans leur contexte syro-mésopotamien et méditerranéen, constituant un secteur particulier de ces études. Toutefois, il a fallu attendre que la critique biblique arrive à définir les dates de la composition ou de la formulation de certaines traditions littéraires et mythologiques pour qu'on en vienne à reconsidérer l'articulation existant entre ce type de textes et leurs possibles sources cunéiformes, et à en comprendre la nature.

Les fouilles archéologiques dans les régions correspondant aux pays d'Israël et de Juda n'ont pas pu y découvrir, au moins pour le moment, les vestiges, ou les signes révélateurs de la présence de grandes bibliothèques cunéiformes, ni à l'âge du bronze, ni à l'âge du fer, – avant que les langues sémitiques occidentales glissent vers l'usage d'un autre type d'écriture. Il est toutefois évident que la culture cunéiforme y était attestée et sans doute bien connue[8]. Non seulement l'utilisation du cunéiforme dans les régions syriennes limitrophes, mais aussi la présence de chancelleries

---

[6] Cf. M.G. MASETTI-ROUAULT, « Du bon usage de la mythologie mésopotamienne », dans *Et il y eut un esprit dans l'Homme. Jean Bottéro et la Mésopotamie*, X. FAIVRE, B. LION et C. MICHEL (éd.), Travaux de la Maison René Ginouvès, Paris, de Boccard, 2009, p. 19–29.

[7] Cf. R. MATTHEWS, *The Archaeology of Mesopotamia. Theories and Approaches*, Londres *et al.*, Routledge, 2003.

[8] Cf. W. HOROWITZ, T. OSHIMA, S. SANDERS, *Cuneiform in Canaan. Cuneiform Sources from the Land of Israel in Ancient Times*, Jérusalem, Israel Exploration Society, 2006 (pour la situation au Bronze récent : p. 15–19) ; M. BONECHI, « Relations amicales syro-palestiniennes : Mari et Haşor au XVIIIᵉ siècle av. J.-C. » dans *Recueil d'études en l'honneur de Michel Fleury*, D. CHARPIN, J.-M. DURAND et F. JOANNÈS (éd.), *Florilegium marianum* 1, Mémoires de *NABU* 1, Paris, Société pour l'étude du Proche-Orient Ancien, 1992, p. 9–22.

royales capables d'envoyer et de recevoir des messages en akkadien standard – comme à l'époque amorrite ou à l'époque amarnienne – indiquent
la circulation de savoirs spécialisés, par exemple dans le cadre des cursus
de formation des scribes, et la perméabilité des frontières linguistiques et
culturelles. La fréquence des contacts politiques et économiques a sans
doute augmenté pendant les poussées impérialistes des états assyrien et
babylonien au premier millénaire, sans qu'on puisse parler pour autant
de phénomènes attestés de colonisation ou de globalisation. Toutefois,
le réseau des échanges intellectuels qu'on peut reconstruire à travers la
documentation disponible n'est pas assez vaste ni extensible sur un arc
temporel suffisamment long pour expliquer, en même temps, d'une part
la prétendue évolution parallèle des deux cultures en contact, et donc le
partage « naturel » des mêmes traditions, et de l'autre, la divergence et la
différence constatées dans leur développement, et dans leur usage dans le
fonctionnement de la société.

C'est depuis qu'on sait qu'une large partie des textes bibliques – et
tout particulièrement les grands cycles narratifs du Pentateuque, justement ceux qui paraissaient ressembler de plus près aux modèles mésopotamiens – a été élaborée pendant ou après l'expérience de l'exil en
Assyrie et à Babylone d'une partie des élites intellectuelles israélites, qu'il
est devenu possible de comprendre comment les deux traditions s'imbri-
quent, se superposent et se succèdent. Si on ne peut pas nier la réalité
et l'importance de contacts et d'échanges anciens, aujourd'hui il apparaît
évident que les traditions bibliques et juives n'ont pas été simplement
« influencées » par la littérature cunéiforme assyro-babylonienne. Elles ne
représentent pas non plus l'aboutissement final et l'évolution naturelle
de modèles et paradigmes générés par l'accumulation du travail millénaire des intellectuels mésopotamiens, ni non plus des écoles scribales
« cananéennes ».

La trame complexe des récits et des discours bibliques, avec leurs propres tensions idéologiques et théologiques et leurs propres finalités péda-
gogiques, résulte plutôt d'un travail très intelligent et très lucide d'analyse,
de critique et de sélection des matériaux cunéiformes, en vue de leur
réélaboration afin de constituer une histoire nouvelle du peuple d'Israël,
ainsi qu'une nouvelle référence identitaire. La production intellectuelle
mésopotamienne a été prise en compte et réutilisée dans l'état où elle
était réunie, étudiée et commentée dans les écoles scribales des grandes
villes, ainsi que dans les chancelleries et les bibliothèques des principales institutions, palais et temples mésopotamiens, à l'époque où elles

étaient fréquentées par des savants qui, par la suite, se sont engagés dans la formation d'une nouvelle tradition juive – naturellement à partir d'une pluralité de sources et de modèles d'origine différente, y compris locale, judéenne et cananéenne[9]. Par ailleurs, des recherches récentes démontrent sans ambiguïté la survie et la continuité des activités de formation des centres où était conservée la culture mésopotamienne, bien au-delà des limites traditionnellement indiquées, de la conquête mède et perse, et de la période de l'expansion hellénistique[10].

Si donc il est légitime de supposer une relation entre les conceptions idéologiques et « religieuses » de la royauté mésopotamienne et le développement ultérieur des messianismes juifs, il me semble évident qu'il ne faut pas la traiter comme une évidence, le fait d'une certaine atmosphère culturelle partagée, ni comme la conséquence naturelle d'une proximité historique ou linguistique – ce qui impliquerait, par exemple, que le modèle de la royauté assyro-babylonienne contenait en soi, déjà, tous les éléments qui se retrouveront ensuite dans l'idéologie messianique et dans les messianismes. Il me semble préférable d'interpréter cette relation surtout comme le résultat d'une stratégie délibérée de sélection, d'appropriation et de réinterprétation d'idées, de concepts, d'images, de structures narratives et de formes littéraires formant le fonds de la culture cunéiforme, et qui avaient déjà été largement utilisées pour formuler et véhiculer l'idéologie politique des différents rois et États mésopotamiens[11]. Le choix a été fait par des intellectuels et des technocrates, experts philologues connaisseurs de ces traditions, devenues désormais la matière première d'une construction nouvelle, et adaptées sans « respect » pour leur sens originel aux besoins expressifs d'une autre idéologie.

---

[9] Cf. P. MACHINIST, « Assyria and its Image in the First Isaiah », *JAOS* 103.4 (1983), p. 720–737 ; voir aussi S. PARPOLA, *Assyrian Prophecies*, State Archives of Assyria vol. IX, Helsinki, University Press, 1997 et, *contra*, J. COOPER, « Assyrian Prophecies, The Assyrian Tree, and the Mesopotamian Origin of the Jewish Monotheism, Greek Philosophy, Christian Theology, Gnosticism, and Much More », *JAOS* 120.3 (2000), p. 430–444.

[10] Cf. M. GELLER, « The Last Wedge », *ZA* 87 (1997), p. 43–95.

[11] Voir en général A.L. OPPENHEIM, *La Mésopotamie. Portrait d'une civilisation*, Paris, Gallimard, 1970, (trad. de *Ancient Mesopotamia. Portrait of a Dead Civilization*, Chicago, Chicago University Press, 1964) ; récemment P. BORDREUIL, F. BRIQUEL-CHATONNET, C. MICHEL (éd.), *Les Débuts de l'Histoire. Le Proche-Orient, de l'invention de l'écriture à la naissance du monothéisme*, Paris, la Martinière, 2008.

L'idéologie de la royauté suméro-akkadienne

Quelles pouvaient être les idées et les formes littéraires disponibles et utiles sur le marché intellectuel, ainsi que dans les bibliothèques d'Assyrie et de Babylonie, dès le VIIIᵉ siècle av. J.-C., quand on voulait penser, évoquer et définir la royauté ou les pouvoirs intervenant dans l'histoire de manière efficace ? Il est difficile de restituer ou même de résumer l'état du répertoire général des concepts, des images, des récits et des textes qu'on pouvait mettre en œuvre et exploiter dans le but de développer un discours ou une version nouvelle de l'idéologie royale répondant à des besoins spécifiques[12]. D'une part, en termes quantitatifs, il faut remarquer que, d'une manière ou de l'autre, une très large partie de la production littéraire, mythologique, hymnique, historiographique, diplomatique, mais aussi sapientielle suméro-akkadienne a comme objet, ou parmi ses objets, l'analyse et la représentation de la royauté. L'institution royale est systématiquement présentée comme la structure soutenant non seulement la société, mais aussi le monde – culture et nature. Cela n'est sans doute pas étonnant, quand on considère que la source principale du financement des institutions et des milieux produisant ces textes est justement le palais, et le pouvoir royal, qui est aussi leur premier utilisateur pour la création de sa propre littérature. Toutefois, les bibliothèques ont aussi conservé des œuvres contenant de sévères critiques envers certaines attitudes et comportements royaux, considérées comme des témoignages importants du savoir traditionnel et canonique.

Affirmer, comme je viens de le faire, que la royauté mésopotamienne transcende nature et culture est déjà une prise de position justifiée bien évidemment par la connotation sacrée, voire divine, ou alors religieuse,

---

[12] Voir par exemple dans P. GARELLI (éd.), *Le Palais et la Royauté. Archéologie et Civilisation. Actes de la XIXᵉ Rencontre Assyriologique Internationale*, Paris, P. Geuthner, 1974, les articles de S.N. KRAMER, « Kingship in Sumer and Akkad: the Ideal King », p. 161–167 ; W.G. LAMBERT, « The Seed of Kingship », p. 427–440 ; M.T. LARSEN, « The City and its King. On the Old Assyrian Notion of Kingship », p. 285–300 ; dans M.T. LARSEN (éd.), *Power and Propaganda*, Copenhague, Akademisk Forlag, 1979, les articles de P. GARELLI, « L'État et la légitimité royale sous l'empire assyrien », p. 319–328 et de M. LIVERANI, « The Ideology of the Assyrian Empire », p. 197–317. Également P. GARELLI, « La conception de la royauté en Assyrie », dans *Assyrian Royal Inscriptions: New Horizons in literary, ideological and historical Analysis*, F.M. FALES (éd.), Orientis antiqui collectio 17, Rome, Instituto per l'Oriente, 1981, p. 1–11 ; J.N. POSTGATE, « The Land of Assur and the Yoke of Assur », *World Archaeology* 23 (1992), p. 247–263. En général, M.-J. SEUX, *Epithètes royales akkadiennes et sumériennes*, Paris, Letouzey et Ané, 1967 et Id., « Königtum » dans *RlA* VI, D.O. EDZARD *et al.* (éd.), Berlin *et al.*, W. de Gruyter, 1981, p. 140–173.

attribuée à son caractère. Ce jugement correspond à un état de la recherche bien établi. En effet, la critique assyriologique a depuis longtemps reconnu la relation associant la conception de la royauté et son idéologie au raisonnement mythologique et religieux, donc à la sphère du divin. L'institution de la monarchie semble avoir manqué d'autonomie juridique et idéologique, et ne pas avoir trouvé au cours de son évolution le support d'un discours politique global susceptible de justifier l'organisation sociale et économique qu'elle établit et légitime. Pourtant, ce type de modèle politique aurait pu être développé, par exemple à partir d'un critère de représentativité des structures claniques et tribales, très importantes dans la société mésopotamienne, réunies en assemblées[13]. Ce modèle est d'ailleurs souvent mis en scène dans la mythologie sumérienne, qui représente le panthéon comme une structure communautaire à base largement familiale, où le père est aussi le roi.

Dans une série de textes littéraires et mythologiques, parmi lesquels la liste royale sumérienne[14] ou le mythe d'Etana[15], la royauté mésopotamienne se présente comme une institution de création et d'essence divines, un cadeau descendu du ciel afin d'améliorer la qualité du service que la société doit aux dieux selon le contrat établi après le déluge. Dans ce système marqué par une dynamique sacrificielle bien établie, le roi, chaque roi, – qui appartient certes à une lignée légitime, mais qui a aussi été aimé et choisi par ses dieux parmi tous les hommes – assume le rôle d'intermédiaire privilégié. Il est le « vicaire », le lieutenant des dieux auprès de la société : il gère et organise son peuple, potentiellement l'humanité entière, pour les tâches les mettant au contact du divin, et relevant principalement de l'exploitation de la nature et du monde pour assurer l'entretien du panthéon[16].

Origine divine, nature religieuse de la royauté mésopotamienne

C'est bien à partir de sa nature et de ses origines « divines », donc religieuses, que la royauté proche-orientale a été décrite dès les premiers travaux

---

[13] Cf. D.E. FLEMING, *Democracy's Ancient Ancestors: Mari and Early Collective Gouvernance*, Cambridge, University Press, 2004.

[14] Cf. T. JACOBSEN, *The Sumerian King List*, AS 11, Oriental Institute of the University of Chicago, Chicago, University Press, 1939.

[15] Cf. J.V. KINNIER WILSON, *The Legend of Etana*, Warminster, Aris & Phillips, 1985.

[16] Cf. A.K. GRAYSON, « The Early Development of the Assyrian Monarchy », *UF* 3 (1971), p. 311–319.

publiés sur ce sujet, œuvres de pionniers qui ont laissé une empreinte très forte dans les sciences humaines et dans l'histoire de l'Antiquité, participant sans doute – quoiqu'involontairement – à la création du phantasme du despotisme et du fanatisme orientaux. Les noms de René Labat, qui en 1938 publia *Le caractère religieux de la royauté assyro-babylonienne*[17], et de Henry Frankfort, dont le *Kingship and the Gods. A Study of Ancient Near Eastern Religion as Integration of Society and Nature* est daté de 1948[18], sont encore parfois cités à ce sujet, surtout dans la littérature indirecte. Même si on peut maintenant reconnaître dans ces ouvrages l'influence (et la recherche à rebours) du modèle biblique et chrétien de la royauté en partie messianique, passant par le filtre frazérien de la royauté sacrée du « *Golden Bough* », ces livres fournissent une interprétation largement acceptée et encore implicitement suivie par la plupart des assyriologues qui ont essayé, même récemment, de reconstituer les premières phases de la royauté documentées par l'interprétation de textes du début du troisième millénaire.

Parmi d'autres, Piotr Steinkeller a proposé, en 1999, un modèle intéressant[19]. Se fondant sur l'hypothèse que le panthéon sumérien archaïque était dominé par des divinités féminines, sans doute des formes de déesses-mères représentant certes la nature et la terre, mais aussi la communauté qui y résidait, il propose de voir s'établir dès la fin du quatrième millénaire, tant dans les textes que dans la représentation iconographique, un personnage masculin, habillé d'un chapeau rond et d'un pagne en forme de filet. Cet homme, défini par le titre sumérien de EN, se présente comme l'époux de la déesse poliade, prenant le contrôle – par exemple dans l'iconographie du célèbre « vase de Uruk »[20] – de la procession qui apporte au temple, qui est aussi le dépôt commun, les céréales et le bétail,

---

[17] R. LABAT, *Le caractère religieux de la royauté assyro-babylonienne*, Paris, A. Maisonneuve, 1939.

[18] H. FRANKFORT, *Kingship and the Gods: a Study of Ancient Near Eastern Religion as Integration of Society and Nature*, Chicago, University Press, 1965². Voir aussi I. ENGNELL, *Studies in divine Kingship in the Ancient Near East*, Uppsala, Almqvist & Wiksells, 1943; C.J. GADD, *Ideas of divine Rule in the Ancient Near East*, The Schweich Lectures of the British Academy, Londres, Oxford University Press, 1948.

[19] P. STEINKELLER, « On Rulers, Priests, and Sacred Marriage: Tracing the Evolution of early Sumerian Kingship », dans *Priests and Officials in the Ancient Near East. Papers of the Second Colloquium on the Ancient Near East – The City and its Life held at the Middle Eastern Culture Center in Japan (Mitaka, Tokyo) March 22–24, 1996*, K. WATANABE (éd.), Heidelberg, C. Winter, 1999, p. 103–137.

[20] Voir par exemple A. BENOIT, *Les Civilisations du Proche-Orient ancien : art et archéologie*, Manuel de l'École du Louvres, Paris, Réunion des Musées Nationaux, 2003, p. 208–211.

propriétés et production de la société locale. Il n'est pas absurde de penser que la rencontre entre le EN et la déesse est déjà formulée rituellement comme un « mariage sacré », le EN étant alors agréé comme amant et comme époux par la déesse[21]. Ce personnage, que rien dans la documentation ne permet de considérer comme un dieu, semble fonder son autorité par son rôle dans la relation avec la déesse, dont il partage la maison. Selon Steinkeller, lorsque, pour des raisons pas tout à fait claires, les divinités féminines perdent leur pouvoir et des dieux mâles prennent leur place dans les panthéons locaux, le pouvoir du EN ne peut plus se fonder sur cette relation de parenté élective. Il perd donc en importance, se profilant progressivement comme détenteur d'une simple fonction sacerdotale et cultuelle, celle d'un « serviteur » de la divinité, qui peut aussi être un dieu. La gestion politique et militaire de la société, dissociée à cette occasion du service divin, est alors assumée par un autre personnage, dénommé ENSIK, et parfois LUGAL, idéogramme qui sera lu *sharru* en akkadien, le vrai « ROI ». Si ce titre connote une fonction « laïque », séparant les deux domaines, le religieux et le politique, en réalité la royauté mésopotamienne demeure pour toujours marquée et dépendante de la relation avec la divinité, vraie propriétaire de la ville et de la terre, dont le roi est le représentant et le gérant.

La production littéraire historiographique et diplomatique, ainsi que l'iconographie royale des siècles suivants, bien mieux documentées et plus compréhensibles, confirment cet état des choses. Ce lien et cette relation entre royauté et dieux sont visibles partout dans la culture écrite et dans l'art mésopotamien. Leur résonance est presque étourdissante dans la rhétorique royale, mais aussi dans l'épopée, dans les hymnes, et en particulier au premier millénaire, dans le discours idéologique et programmatique de la royauté assyrienne[22]. Pourtant la recherche archéologique et la critique historique les plus récentes restent dubitatives par rapport à cette reconstitution de l'origine de la royauté « sacrée » en Mésopotamie. On soulève, par exemple, le problème de l'absence de structures bâties visibles et importantes dans le plan des premières cités sumériennes, qui correspondraient à l'habitation de la déesse et de son époux – sachant que les bâtiments de dimensions démesurées fouillés à Uruk,

---

[21] Cf. J.S. Cooper, « Heilige Hochzeit. B. Archäologisch », dans *RlA, op. cit.* (note 12), p. 259–69 ; P. Lapinkivi, *The Sumerian Sacred Marriage, in the Light of Comparative Evidence*, SAAS 15, Helsinki, The Neo-Assyrian Text Corpus Project, 2004.

[22] Voir par exemple A. Annus, *The God Ninurta in the Mythology and royal Ideology of Ancient Mesopotamia*, SAAS 14, Helsinki, The Neo-Assyrian Text Corpus Project, 2002.

traditionnellement interprétés comme des temples, même en l'absence de tout symbole divin, sont désormais reconnus comme étant des édifices à usage « civil » : des lieux de réunion et peut-être des assemblées réunissant une quantité importante de citoyens[23]. D'autre part, on ne peut pas exclure a priori pour ces grands bâtiments et l'espace qu'ils délimitent, une fonction également cérémonielle et rituelle qui continuerait à être associée dans des formes différentes à toute activité politique et au gouvernement royal ; association qui a été systématiquement interprétée par les historiens modernes comme la démonstration du caractère religieux de cette forme de pouvoir.

La déification des rois du troisième millénaire

Afin d'articuler leur relation avec la sphère divine, les rois sumériens – les premiers pour lesquels on dispose d'une documentation écrite assez étendue[24] –, ainsi que les rois de la dynastie d'Akkad, continuent à utiliser volontiers la métaphore de l'« amour ». Si dans les inscriptions royales on commence à identifier les rois aux enfants chéris d'une ou de plusieurs divinités – tout en reconnaissant par ailleurs leur parfaite traçabilité patrilinéaire dynastique – le thème de la prédilection d'une déesse (qui n'est ni une épouse, ni une mère) est aussi souvent invoqué pour justifier leur autorité et asseoir la légitimité de leur domination. Le succès politique et militaire est présenté comme le résultat non seulement de l'intelligence et de l'héroïsme personnel de ces souverains, mais aussi comme la conséquence de l'appui constant fourni par la complicité de la divinité aimante. L'affirmation de la politique développée par la dynastie akkadienne, qui, révolutionnant les structures politiques et les conventions sociales, créa vers la fin du troisième millénaire le premier empire proche-oriental, a pu ainsi être expliquée par la faveur manifestée de la déesse Inanna/Ish-

---

[23] Cf. J.-D. FOREST, *Mésopotamie. L'apparition de l'État, VIIe–IIIe millénaires*, Paris, Paris-Méditerranée, 1996 ; G. SELZ, « Über Mesopotamische Herrschaftskonzepte. Zu den Ursprüngen mesopotamischer Herrschaftsideologie im 3. Jahrtausend », dans *Dubsar anta-men. Festschrift für Willem K. Ph. Römer*, M. DIETRICH et O. LORETZ (éd.), AOAT 253, Münster, Ugarit-Verlag 1998, p. 281–344 ; J. BRETSCHNEIDER, « The 'Reception Palace' of Uruk and its Architectural Origins », dans *Power and Architecture. Monumental Public Architecture in the Bronze Age Near East and Aegean*, J. BRETSCHNEIDER, G. JANS et K. VAN LERBERGHE (éd.), Louvain, 2007, p. 11–22.

[24] Voir par exemple E. SOLLBERGER, E. et J.-R. KUPPER, *Inscriptions royales sumériennes et akkadiennes*, LAPO 3, Paris, Cerf, 1971.

tar à ses rois[25]. C'est apparemment à ce moment-là et dans ce contexte qu'un souverain, le roi Naram-Sin[26], revendique explicitement et pour la première fois une nature divine dans sa représentation iconographique[27] et dans la façon d'écrire son nom, précédé par le déterminatif indiquant la divinité. L'autopromotion du roi, développée par sa chancellerie, n'est pas justifiée par une éventuelle descendance divine, ni par une parenté directe, mais elle se fonde plutôt sur l'évidence même de sa valeur personnelle, de son succès et de sa fortune, qui font de lui un amant désirable par la déesse, sinon un époux vraiment acceptable dans la famille divine.

Ce processus de déification royale ne semble avoir eu aucune postérité effective, en partie parce que la dynastie et l'empire d'Akkad ont connu une dégradation et disparition rapides. Il fera toutefois à nouveau surface dans l'idéologie royale mésopotamienne à l'époque suivante, dite de la Troisième Dynastie d'Ur, à l'extrême fin du troisième millénaire. Dans le contexte d'une restauration formelle de la civilisation sumérienne, plusieurs rois (Shulgi, Amar-Suena et Shu-Sin) qui héritent du contrôle des restes de l'empire, essaient de renforcer leur autorité et leur contrôle politique en se proclamant dieux. Tout en continuant à manifester la révérence habituelle due au panthéon divin, qu'ils continuent à servir ces rois se présentent désormais aussi comme des dieux, exigeant de la cour et de la société un culte à leurs statues placées dans des temples dotés de personnel propre[28]. A la différence du reste de l'humanité, qui, après la mort, descend aux enfers, pour y rester dans l'obscurité et dans la misère, ces rois, après leur mort, sont montrés en ascension vers le ciel, où ils vont partager la vie éternelle du panthéon.

Précédée sans doute par l'expérience faite par des rois et les membres des élites de la cité d'Ur – pour lesquels avaient été organisées des cérémonies funéraires exceptionnelles, impliquant la mort d'une partie de leurs

[25] Cf. J.S. COOPER, « Sacred Marriage and Popular Cult in Early Mesopotamia », dans *Official Cult and Popular Religion in the Ancient Near East papers of the first Colloquium on the Ancient Near East – the city and its life held at the Middle Eastern Culture Center in Japan (Mitaka, Tokyo) March 20–22, 1992*, E. MATSUSHIMA (éd.), Heidelberg, C. Winter, 1993, p. 81–96.
[26] Cf. J.S. COOPER, « Paradigm and Propaganda. The Dynasty of Akkad in the 21st Century », dans *Akkad, The First World Empire: Structure, Ideology, Traditions*, M. LIVERANI (éd.), History of the Ancient Near East. Studies 5 Padoue, Sargon, 1993, p. 11–23; S. FRANKE, *Königsinschriften und Königsideologie: Die Könige von Akkade zwischen Tradition und Neuerung*, Altorientalistik 1, Münster, LIT, 1995.
[27] Cf. A. BENOIT, *op. cit.* (note 20), p. 260–261.
[28] Cf. N. BRISCH, « The Priestess and the King: The Divine Kingship of Šū-Sîn of Ur », *JAOS* 126.2 (2006), p. 161–176.

serviteurs afin de manifester, et ainsi d'institutionnaliser leurs privilèges de caste et de fonction[29] –, l'idée, défendue par les rois de la période de la Troisième Dynastie d'Ur, de leur survie et de leur apothéose post-mortem est un des aspects les plus importants de leur revendication à la déification. Encore une fois, elle restera sans effet durable en Mésopotamie, à la différence de ce qui arrive dans le monde syrien proto-amorrite et amorrite, sans doute encore fortement structuré par l'autorité des ancêtres, à Ebla[30] comme à Ugarit[31], où les rois morts vont constituer une catégorie d'êtres divinisés bien définis, avec un culte régulier, destiné à obtenir leur bienveillance et leur protection.

Le refus de la divinisation

Malgré les efforts de communication et les investissements faits par les souverains de la Troisième Dynastie d'Ur, cette conception particulière de la nature du roi, qui le distingue et le sépare de la race humaine, ne semble pas s'être imposée dans le monde assyro-babylonien. Au contraire, la culture mésopotamienne du début du deuxième millénaire la rejette tout en acceptant le joug du pouvoir royal qui reste pratiquement illimité, ainsi que l'exaltation du roi. Les raisons de la crise impériale et de la chute d'Akkad peuvent alors être expliquées, dans des textes épiques et sapientiaux, comme l'effet de la condamnation divine frappant l'*hubrys* de Naram-Sin, qui, fort de son armée et de sa relation personnelle avec les dieux, a volontairement ignoré les messages et les révélations divines transmises par les spécialistes de la divination et du culte[32].

C'est sans doute en réaction à la rhétorique idéalisante des chancelleries royales de l'époque de la Troisième Dynastie d'Ur III que, dès l'époque

---

[29] Voir par exemple S. POLLOCK, « The Royal Cemetery of Ur: Ritual, Tradition and Creation of Subjects », dans *Representations of Political Power: Case Histories from Times of Change and Dissolving Order in the Ancient Near East*, M. HEINZ et M.H. FELDMAN (éd.), Winona Lake, Eisenbrauns, 2007, p. 89–110.

[30] Cf. A. ARCHI, « The King-Lists from Ebla », dans *Historiography in the Cuneiform World. Proceedings of the XLVe Rencontre Assyriologique Internationale, Harvard University*, T. ABUSCH, P.-A. BEAULIEU, J. HUEHNERGARD, P. MACHINIST et P. STEINKELLER (éd.), Bethesda, CDL Press, 2001, p. 1–13 ; M. BONECHI, « The Dynastic Past of the rulers of Ebla », *UF* 33 (2001), p. 53–64.

[31] Cf. H. ROUILLARD-BONRAISIN, « L'énigme des *refa'îm* bibliques résolue grâce aux *rapa'uma* d'Ougarit », dans *La Bible et l'héritage d'Ougarit*, Sherbrooke, GGC, 2005, p. 145–182 ; N. WYATT, « Just How Divine were the Kings of Ugarit? », *AuOr* 17–18 (1999–2000), p. 133–141.

[32] Cf. R. LABAT, « Les leçons de l'histoire », dans *Les Religions du Proche-Orient asiatique*, R. LABAT, A CAQUOT, M. SZNYCER et M. VEYRA (éd.), Paris, Denoël, 1970, p. 309–315.

paléo-babylonienne, – celle d'Hammourabi de Babylone –, dans le cadre
nouveau de la société et de la culture amorrites, d'autres textes, de nature
épique et mythologique, commencent à véhiculer des visions radicalement
différentes de la royauté. Certes, on conserve pour le roi, qui reste l'élu et
l'objet par excellence de la faveur des dieux, chefs du panthéon, le rôle
de médiateur et de représentant du pouvoir divin parmi son peuple, mais
désormais la nouvelle idéologie fonde beaucoup plus clairement la légitimation de l'autorité et du pouvoir du roi sur la qualité de sa politique et
des programmes entrepris par son gouvernement afin de garantir la paix
et le bonheur général. Si le style poétique et hymnique accepte encore des
métaphores permettant l'association de l'image royale à des qualités divines – justice, bienveillance, puissance – de fait, la critique intellectuelle,
se fondant sur les expériences passées, condamne désormais tout essai de
diviniser le roi, dénonçant l'absurdité de cette tendance.

Le poème de Gilgamesh[33], le roi d'Uruk qui ne voulait pas mourir – texte
qui a connu un succès international, puisqu'il est attesté dans plusieurs
cours proche-orientales anciennes hors de Mésopotamie et a continué
d'être élaboré et diffusé à l'époque impériale néo-assyrienne et néo-babylonienne – apporte la preuve qu'il n'y a rien à faire : le roi n'est pas un
dieu, et il ne le devient pas plus après sa mort. Comme tous les hommes,
il va mourir, et son corps va se décomposer – même si, comme Gilgamesh,
il a quelques gènes divins. La seule résistance possible au pouvoir de la
mort est la gloire acquise par des actions magnifiques et significatives, de
même que par des réalisations en faveur de la société, reconnues et fixées
dans la tradition historiographique. Le poème dédie justement une longue section narrative à la mise en scène de l'échec d'un « mariage sacré » –
dans la meilleure tradition sumérienne – proposé à Gilgamesh par la
déesse Ishtar, séduite par sa beauté masculine[34]. En échange de l'acceptation du lien matrimonial, elle offre au roi d'Uruk la possibilité d'une vie
éternelle. Gilgamesh la refuse avec mépris, rappelant de façon sarcastique
le sort terrible que la déesse réserve à ses amants éconduits, – la perte
de leur liberté, de leur identité et de leur humanité. Ce thème avait déjà
été exploré dans les textes mythologiques du cycle d'Ishtar, en particulier
dans le récit de sa descente aux enfers[35]. La déesse, revenue à la vie pour

---

[33] Voir par exemple R.J. TOURNAY, A. SHAFFER, *L'épopée de Gilgamesh*, LAPO 15, Paris,
Cerf, 1994.
[34] Cf. R.J. TOURNAY, A. SHAFFER, *L'épopée, op. cit.* (note 33), p. 145–150 (tablette VI).
[35] Voir J. BOTTÉRO, S.N. KRAMER, *Lorsque les dieux faisaient l'homme. Mythologie mésopotamienne*, Paris, Gallimard, 1989, p. 276–295 (version sumérienne) ; p. 318–330 (version
assyrienne).

obtenir le droit de retourner à la surface, n'hésite pas à faire précipiter au pays des morts son époux, le roi Dumuzi, sans qu'il se soit rendu coupable de quelque infraction.

La fragilité du roi

Devant la fragilité de l'institution royale, une autre perspective reste ouverte, celle de renouer un lien fort entre la royauté et le sacré. L'idéologie royale assyrienne, en particulier, s'est efforcée de développer l'image du roi, sans doute à partir du EN « primordial », l'installant non seulement comme administrateur et gérant de la cité et de l'État, c'est-à-dire de la propriété du dieu poliade Assur, mais aussi comme prêtre, son serviteur cultuel, sacrificateur spécialiste du sacré et autorisé à entrer en contact direct avec les dieux sans autre médiation[36]. On peut comprendre la stratégie de la chancellerie, qui souhaite soustraire l'autorité royale au contrôle exercé par le clergé, en particulier par les devins, les prophètes et autres technocrates capables d'interpréter la volonté divine, voire de la modifier par les rites et les cultes. Toutefois, tandis que l'idéologie royale continue à proclamer dans les inscriptions, les reliefs ou encore l'architecture palatiale, la supériorité héroïque et guerrière du roi, de même que le caractère sublime (presque divin) de sa nature, manifestation et ombre de la divinité dans la société[37], la simple consultation des archives royales conservées dans les capitales assyriennes couvrant la dernière période de l'empire, montre la faiblesse de la position du roi qui a besoin d'une protection continue, comme le lui répètent inlassablement les reliefs avec la représentation des génies protecteurs qui l'entourent même dans les espaces les plus privés de son palais[38]. C'est justement sa proximité avec les dieux qui le met en danger : le roi peut devenir ainsi l'objet sur lequel se déversera immédiatement, et

---

[36] Cf. M.G. MASETTI-ROUAULT, « Le roi, la fête et le sacrifice dans les inscriptions royales assyriennes jusqu'au VIIIe siècle av. J.-C. », *Fêtes et Festivités I, Cahiers de Kubaba* 4 (2002), p. 67–95.

[37] Pour une dernière tentative de distinguer la nature « royale » par rapport à celle de l'humanité à l'époque néo-assyrienne, voir W.R. MAYER, « Ein Mythos von der Erschaffung des Menschen und des Königs », *Or* 56 (1987), p. 55–87 ; E. CANCIK-KIRSCHBAUM, « Konzeption und Legitimation von Herrschaft in neuassyrischer Zeit », *WO* 26 (1995), p. 5–20.

[38] Voir par exemple R. LABAT, *Le caractère, op. cit.* (note 17), p. 323–360 ; S. PARPOLA, *Letters of Assyrian Scholars to the king Esarhaddon and Assurbanipal*, AOAT 5, Kevelaer : Butzon & Bercker, Neukirchen-Vluyn, Neukirchener Verlag, 1970, p. 26–27, n°38 ; p. 32–35, n°51 ; p. 46–47, n°70.

presque sans raison, ni culpabilité spécifique, la furie et la colère divines. De sacrifiant à sacrificateur, le roi assyrien, sans le savoir, peut se retrouver à la fin aussi dans le rôle du sacrifié, de la victime, du bouc émissaire – encore un juste souffrant[39].

Conclusions : royauté et messianismes en Mésopotamie

L'idéologie politique mésopotamienne a toujours mis en évidence la vocation du pouvoir royal à imposer et à administrer la justice, tant d'un point de vue légal et juridique qu'en ce qui concerne les équilibres politiques et sociaux. Le roi, tout particulièrement à l'époque amorrite (IIᵉ millénaire), se présente comme un pasteur juste qui, en cas de crise grave, pouvait prendre des décisions extrêmes de « redressement » (*misharum*) et de « retour au statut d'origine » (*anduraru*) qui bouleversaient de façon au moins provisoire le fonctionnement du système économique, afin de remédier à une trop grande injustice sociale. Ce comportement spécifique et, plus généralement, le rôle de législateur et de juge du roi, sont toutefois bien intégrés à sa fonction et ne prennent pas une connotation réellement messianique[40].

Si l'idéologie royale mésopotamienne en tant que telle ne semble donc pas pouvoir fournir des modèles littéraires et rhétoriques immédiatement utiles pour bâtir une image et une perspective messianiques, cela dépend aussi sans doute du fait qu'elle manque, il me semble, d'une vision eschatologique, voire apocalyptique, de l'histoire. La science et l'historiographie mésopotamiennes maîtrisaient bien le concept de crise, et acceptaient l'idée de la fin et de la disparition d'une dynastie pourtant élue par les dieux, tant par l'effet d'une infraction à l'ordre cosmique, que par la simple progression du temps, qui modifie, dans son avancement, la situation et l'histoire[41]. Toutefois, la perspective exprimée par les textes des chancelleries royales reste toujours largement optimiste : le mal annoncé peut être évité grâce aux savoirs rituels et à la force de l'exorcisme[42]; le monde

---

[39] Cf. R. Labat, « La condition humaine », dans R. Labat *et al.*, *Les religions, op. cit.* (note 32), p. 328–341.

[40] Voir dans P. Bordreuil *et al.*, *Les débuts, op. cit.* (note 11), les contributions de M.G. Masetti-Rouault, « Le roi pasteur », p. 126–132 et de S. Démare-Lafont, « Le roi législateur », p. 132–137.

[41] Cf. R. Labat, « Les leçons de l'histoire », *op. cit.* (note 32), p. 306–319.

[42] Voir par exemple J. Bottéro, « L'exorcisme et le culte privé en Mésopotamie », dans E. Matsushima, *Official Cult, op. cit.* (note 25), p. 31–39.

s'améliore, et chaque roi présent est toujours meilleur que son père, le roi
mort, et aussi meilleur que ses ancêtres[43]. Dans cette logique, le roi pro-
chain, le roi futur, sera encore meilleur, surtout s'il est légitime, descendant de la bonne dynastie et bien formé au pouvoir : les dieux eux-mêmes
ont intérêt à ce que le monde persiste et que la société humaine continue
à travailler pour eux, sans fin. Ce débat idéologique et politique, fondé sur
une expérience qui se prolonge sur des millénaires, a sans doute formé
un cadre utile pour réfléchir aussi sur les crises, sur la peur que les conditions changent d'une façon telle que le monde et la société ne soient plus
reconnaissables par l'effet d'une intervention extérieure incontrôlable.

La culture mésopotamienne, qui a connu à plusieurs reprises ces phases, en gardant une mémoire précise de ces événements – vus parfois
comme des périodes de confusion et de panique, où l'image du pouvoir
est en quelque sorte offusquée – a souvent représenté ces situations
dans les textes mythologiques. C'est sans doute là qu'il faut chercher,
pour trouver l'histoire d'un dieu jeune, étranger au panthéon, fils d'une
déesse-mère, qui va prendre sur lui le risque de partir en guerre contre un
ennemi monstrueux, chaotique et sauvage, qui menace l'ordre du monde.
Les récits mythologiques indiquent clairement que, dans cette situation,
les dieux du panthéon, terrorisés, ont renoncé à se défendre et prévoient
déjà la fin de leur règne. Ils attendent leur salut uniquement de l'apparition dans l'histoire de ce héros hors du commun, puisque même le roi du
panthéon et les dieux guerriers se montrent impuissants[44]. Après avoir
tué l'ennemi, sauvé et réorganisé le monde, ce jeune dieu qui, selon l'ancienne tradition syro-mésopotamienne, est presque toujours un « dieu
de l'Orage »[45], tarde toutefois à devenir le nouveau maître de l'assemblée

---

[43] Cf. R. Gelio, *Il motivo della priorità eroica nelle iscrizioni reali assire*, Thèse de Laurea,
Université de Rome, 1976.

[44] Voir par exemple J. Bottéro et S.N. Kramer, *Lorsque les dieux faisaient l'homme*,
op. cit. (note 35), p. 393–396. 406–407 (mythe de Anzû) ; p. 343 (mythe *Lugale*, fuite des
dieux devant la furie de Ninurta) ; p. 614–617 (mythe *Enuma Elish*).

[45] Sur le « dieu de l'Orage », cf. D. Schwemer, *Die Wettergottgestalten Mesopotamiens
und Nordsyriens im Zeitalter der Keilschriftkulturen. Materialen und Studien nach den
schriftlichen Quellen*, Wiesbaden, Harrassowitz, 2001 ; M.G. Masetti-Rouault, « Armes
et armées des dieux dans les traditions mésopotamiennes », dans *Les armées du Proche-
Orient ancien (3e–1er mill. av. J.-C.) : actes du colloque international organisé à Lyon les 1er et
2 décembre 2006, Maison de l'Orient et de la Méditerranée*, P. Abrahami, L. Battini (éd.),
BAR International Series 1855, Oxford, Hedges, 2008, p. 219–230. Pour l'iconographie, voir
A. Vanel, *L'iconographie du dieu de l'Orage jusqu'au VIIe s. av. J.-C.*, CahRB 3, Paris,
J. Gabalda, 1965 ; G. Bunnens, *Tell Ahmar II : A New Luwian Stele and the Cult of the Storm-
God at Til Barsib-Masuwari*, Publications de la Mission archéologique de l'Université de
Liège en Syrie, Louvain *et al.*, Peeters, 2006.

divine. La mythologie syro-mésopotamienne, dont les structures narratives sont aussi attestées au Levant et en Anatolie, indique que ce jeune
dieu a du mal à remplacer définitivement le dieu-père, roi du panthéon
ancien, désormais trop vieux – qui est peut-être aussi son propre père[46].

En Mésopotamie, il faudra attendre, à la fin du IIe millénaire, l'évolution finale de la mythologie de Ninurta, aboutissant au triomphe à Babylone du dieu Marduk dans la composition du poème *Enuma Elish*, pour
voir un jeune dieu guerrier être enfin accepté comme roi du monde et
du panthéon, et inaugurer ainsi une nouvelle ère, qui verra la création
du monde et l'apparition de l'homme[47]. Les mythes du dieu de l'Orage
portent et représentent narrativement l'idéologie royale syro-mésopotamienne et, fournissant le modèle idéal pour tous les rois de l'histoire, ils
permirent aux intellectuels anciens d'analyser et de comprendre l'organisation politique de leur société, les formes du pouvoir et leur évolution. Il
reste à voir si cela est bien une histoire « messianique ».

---

[46] M.G. MASETTI-ROUAULT, « Fathers and Sons », sous presse dans les Actes de la 55[e]
Rencontre Assyriologique Internationale (2009) à Paris, L. MARTI (éd.).
[47] Cf. J. BOTTÉRO, S.N. KRAMER, *Lorsque les dieux faisaient l'homme*, op. cit. (note 35),
p. ???.

PEUT-ON PARLER DE LEGS CANANÉEN À PROPOS DE L'IDÉE ROYALE ISRAÉLITE ?

Pierre Bordreuil

Toute définition du messianisme biblique doit distinguer celui-ci « des représentations religieuses comportant un élément d'espoir en un tournant plus ou moins miraculeux de l'histoire, ou en une « fin de l'histoire », bref, d'une eschatologie collective, voire de ce que d'aucuns ont appelé un « messianisme sans messie ». L'eschatologie biblique (...) va de pair avec un personnage royal dont l'avènement est le signe du salut national à la suite d'une éclipse ou d'une crise insurmontable à vues humaines ». D'autre part, on ne confondra pas, « comme d'autres, messianisme et idéologie royale, quoique celle-ci ait directement fourni les traits et les attributions du souverain à venir »[1].

Avant de rechercher l'existence d'un legs éventuel d'origine cananéenne dans la conception de l'idée royale israélite, on rappellera que les seules données significatives à ce sujet, issues du monde cananéen lui-même, sont jusqu'à présent celles que nous ont livrées les textes mis au jour depuis 1929 sur le site archéologique de Ras Shamra-Ougarit en Syrie. Rappelons ensuite que le nombre de textes actuellement connus issus de ce corpus est incomplet et, on peut l'espérer, provisoire, puisque nous sommes tributaires à cet égard de la plus ou moins bonne fortune des découvertes archéologiques. Il s'agit donc d'un « corpus ouvert », dont la constitution aléatoire est complètement différente de celle du corpus biblique canonique qui est un « corpus clos ».

À titre d'exemple, la présence des *rapa'ūma* est attestée dans les textes religieux depuis le début des années 1930[2], mais c'est en 1973, date de la découverte de la tablette RS 34.126, soit une quarantaine d'années plus

[1] Définition proposée par André Caquot : voir A. SÉRANDOUR, « L'histoire ancienne des idées messianiques selon André Caquot », dans *L'œuvre d'un orientaliste, André Caquot 1923–2004*, J. RIAUD et M.-L. CHAIEB (éd.), Bibliothèque d'études juives 41. Série Histoire 36, Paris, H. Champion, 2010, p. 111–118, sp. 111.

[2] RS 2.019 + 5.155 (= *CAT* 1.21) ; RS 2.024 (= *CAT* 1.22), RS 3.348 (= *CAT* 1.20), dans *The Cuneiform Alphabetic Texts from Ugarit, Ras Ibn Hani and Other Places (KTU: second, enlarged edition)*, M. DIETRICH, O. LORETZ, J. SANMARTÍN (éd.), ALASP 8, Münster, Ugarit-Verlag, 1995 ; également C. VIROLLEAUD, *La légende phénicienne de Danel*, Bibliothèque archéologique et historique 21, Mission de Ras-Shamra 1, Paris, P. Geuthner, 1936, p. 228–230.

tard, que dans la description du rituel de son inhumation le roi défunt (Niqmaddou IV, anciennement Niqmaddou III[3]) et ses prédécesseurs, sont qualifiés de *rapa'ūma* « de la terre » ou de *rapa'ūma* « anciens », vraisemblablement en fonction de leur plus ou moins grande antiquité[4]. Il est donc légitime d'espérer que les données actuellement en notre possession seront complétées, voire modifiées et corrigées dans l'avenir.

Pour reprendre les termes d'André Caquot, on recherchera donc si l'on peut parler à Ougarit d'une idéologie royale qui aurait fourni plus ou moins directement certains traits et attributions à la représentation du souverain telle qu'on la retrouve dans la Bible. Disons d'emblée qu'il serait difficile d'aller plus loin dans la mesure où nos textes, dans l'état actuel des connaissances, sont dépourvus de toute perspective eschatologique liée à un personnage royal ou sacerdotal ayant reçu l'onction d'huile ou d'une espérance en une quelconque fin de l'histoire, qui sont des éléments essentiels du messianisme.

Nous examinerons tout d'abord les données des légendes de Kirta et d'Aqhatou, puis celles des mythes de « Ba'lou et la Mer » et de « Ba'lou et la Mort ». Le monument bien connu appelé « la stèle du Baal au Foudre » sera aussi mis à contribution et l'on comparera l'image qui ressort de ces divers documents littéraires et iconographiques, avec celle que donne un texte juridique récemment découvert.

Les données des légendes

A) Le nom du roi de Khoubour, appelé Keret depuis l'*editio princeps*, est désormais vocalisé Kirta. En effet, cette vocalisation se retrouve sur un sceau dynastique mitannien des environs de 1550 au nom de « šoutarna, fils de Kirta, roi de Maitani »[5]. Nous sommes donc en Syrie intérieure, à

---

[3] Une nouvelle succession des souverains d'Ougarit a été proposée à partir de plusieurs textes syllabiques : RS 88.2012, RS 94.2518, RS 94.2528, RS 94.2401 et du texte alphabétique RS 24.257 (= *CAT* 1.113), cf. D. ARNAUD, « Prolégomènes à la rédaction d'une histoire d'Ougarit II. Les bordereaux des rois divinisés », *Studi Micenei ed Egeo-Anatolici* 41 (1999), p. 153–173. On trouvera un exposé complet dans J. FREU, *Histoire politique du royaume d'Ugarit*, Kubaba. Série Antiquité 11, Paris, L'Harmattan, 2006, p. 23s.

[4] Voir P. BORDREUIL, D. PARDEE, « Les textes en cunéiformes alphabétiques », dans *Une bibliothèque au sud de la ville*, P. BORDREUIL (éd.), Ras Shamra-Ougarit 7, Paris, Éd. recherche sur les Civilisations, p. 139–168 (151–163).

[5] G. WILHELM, « Mittan(n)i, Mitanni, Maitani : A », *RlA* 8, Berlin *et al.*, W. de Gruyter, 1994, p. 286–296, sp. 287 ; D. STEIN, « Mittan(n)i, Mitanni, Maitani : B », *ibid.*, p. 296–299, sp. 296 ; J. FREU, *op. cit.*, p. 40 et 221. Son identification avec le héros de la légende ougaritique avait été proposée par W.F. ALBRIGHT, « Review of Cyrus H. Gordon : *Before the*

une époque bien antérieure au XIIIᵉ siècle av. J.-C. et la légende présente un personnage dont l'historicité peut être comparée à celle de Gilgamesh, roi d'Ourouk[6]. Il faut en même temps constater que, dans l'état actuel du texte, non seulement peu d'éléments ne sont caractéristiques du pays d'Ougarit, mais que d'autres notations vont en direction du nord-est de la Jezireh. Le nom du royaume de Kirta n'est pas Ougarit mais Khoubour ; cette indication pourrait en effet évoquer l'affluent de rive gauche de l'Euphrate dont le nom, connu dès l'Antiquité, est celui de la région qui est appelée jusqu'à présent le Khabour.

Le point de départ du récit est la solitude du roi Kirta[7] qui est dépourvu de descendance. Le dieu Ilou qui est appelé « le taureau son père » lui apparaît en rêve et lui enjoint, après purification et sacrifices à Ilou et à Baʻlou, de lever une armée et de marcher vers la ville d'Oudoum située à sept jours de marche de Khoubour. Sans coup férir, il obtiendra la main de la fille du roi d'Oudoum qui lui assurera une descendance. Plus tard, victime d'une grave maladie, Kirta sera guéri grâce à une nouvelle intervention du dieu Ilou.

Pendant son expédition vers Oudoum, l'armée de Kirta traverse une zone de steppe arborée à bosquets en bordure du désert, puis elle rencontre un groupe de chasseurs appelés « gazelles », qui est un animal des zones semi arides et arides[8]. L'« assemblée de Ditanou »[9], dont fait partie Kirta, peut être identifiée avec « la compagnie de Didanou » dont le nom est cité dans la liste des *Rapaʾūma*, ancêtres historiques ou légendaires de l'avant-dernier roi d'Ougarit qui sont énumérés dans son rituel funéraire[10]. Si, comme certains l'ont supposé, Ditanou/Didanou est l'ancêtre commun

---

Bible », *Interpretation* 18 (1964), p. 191–198, sp. 196 ; cf. Id., *Yahweh and The Gods of Canaan: A Historical Analysis of Two Contrasting Faiths*, Jordan Lectures in Comparative Religion 7, London, Athlone Press, 1968, p. 103, n. 19.

[6] Il ne s'agit donc pas d'un personnage purement imaginaire, *pace* J.J. COLLINS, « The King as Son of God » dans *King and Messiah as Son of God. Divine, Human, and Angelic Messianic Figures in Biblical and Related Literature*, A. YARBRO COLLINS, J.J. COLLINS (éd.), Grand Rapids, W.B. Eerdmans, 2008, p. 9–24, sp. 9.

[7] A. CAQUOT, M. SZNYCER, A. HERDNER, *Textes ougaritiques I : Mythes et légendes* (= *TO* I), LAPO 7, Paris, Cerf, 1974, p. 503–574.

[8] J. SAPIN, « Quelques systèmes socio-politiques en Syrie au 2ᵉ millénaire avant J.-C. et leur évolution historique d'après des documents religieux (légendes, rituels, sanctuaires) », *UF* 15 (1983), p. 157–190, sp. 159.

[9] *TO* I, p. 539.

[10] En dernier lieu D. PARDEE, *Les textes rituels*, Ras Shamra-Ougarit 12, Paris, Éd. recherche sur les Civilisations, 2000, p. 816–825.

de Kirta et de la dynastie d'Ougarit[11], on verra dans le poème de Kirta, enracinée dans le passé lointain de la Syrie intérieure, la légitimation du principe dynastique et du pouvoir royal d'Ougarit dont Kirta vénère déjà les deux principaux dieux : Ilou et Haddou-Ba'lou. Rappelons à ce propos que ce dernier est fréquemment appelé « le fils de Dagan », dieu qui était vénéré sur l'Euphrate, en particulier à Touttoul et à Terqa.

En résumé, la légende de Kirta rappelle la bénédiction particulière du dieu Ilou sur sa maison, d'abord en lui révélant en rêve comment assurer sa descendance, puis en lui accordant la guérison d'une maladie grave. Sur plan de la formulation littéraire, on ne manquera pas de rapprocher le lien filial entre Ilou et Kirta du fameux verset 7 du Psaume 2 : « Il m'a dit : tu es mon fils, c'est moi qui t'ai engendré aujourd'hui ». En un mot, le but de ce poème épique, en montrant l'élection de la maison de Kirta, était certainement de promouvoir, au-delà du principe dynastique qui s'est maintenu à Ougarit pendant un demi-millénaire, le pouvoir royal lui-même[12].

B) Le point de départ de la légende d'Aqhatou, comme de celle de Kirta, est la solitude de Danilou, régent de Harnamou qui est privé de descendance. Grâce à l'intervention de Ba'lou auprès de Ilou, un fils, Aqhatou, va naître. Quelques années plus tard, le dieu artisan Kôtharou wa Ḥasisou remet à Danilou un arc composite fait de bois et de corne, arme magnifique qu'il confiera ensuite à Aqhatou. La déesse Anatou souhaite l'acheter ou même offrir en échange à Aqhatou l'immortalité, mais celui-ci lui oppose une fin de non-recevoir. Furieuse d'être ainsi éconduite, elle menace Aqhatou et va se plaindre devant le dieu Ilou qui la laisse alors agir à sa guise et son action se solde par la mort du héros. Informé de la mort d'Aqhatou, Danilou retrouve le corps de son fils et l'enterre, tandis que Poughatou, sœur d'Aqhatou, s'apprête à le venger. La suite de l'histoire et son dénouement sont hélas perdus ; toutefois, on suppose que l'histoire se terminait heureusement, Danilou connaissant à nouveau les joies de la paternité.

Comme Kirta, Danilou n'est pas désigné comme roi d'Ougarit, mais il exerce une sorte de régence à Harnamou, communément localisé au Hermel dans la haute Beqaa libanaise. Comme Kirta, il entretient des

---

[11] A. CAQUOT, J.-M. DE TARRAGON, J.-L. CUNCHILLOS, *Textes ougaritiques II : textes religieux et rituels, correspondance* (=*TO* II), LAPO 14, Paris, 1989, p. 106, n. 321.

[12] J. PEDERSEN, « Die KRT Legende », *Ber* 6 (1941), p. 63–105, sp. 103s, considère KRT comme le fondateur d'une dynastie. Le cylindre de « šoutarna, fils de Kirta, roi de Maitani », cité *supra* n. 5 pourrait le confirmer.

relations privilégiées avec les dieux ougaritains Ba'lou, Ilou auquel vient s'ajouter Kôtharou wa Ḥasisou ; ce dernier est connu par les textes mythologiques comme l'armurier de Haddou-Ba'lou lors de son combat contre la Mer et comme l'architecte de son palais. En dépit de l'absence d'épilogue, on comparera l'histoire de Danilou d'abord privé d'enfants, mais assuré ensuite d'une descendance, avec le récit biblique relatant le sort cruel de Job qui retrouvera ensuite descendance et opulence matérielle. Le personnage de Danilou est en effet le seul de toute la littérature proche-orientale antique qui soit mentionné dans la Bible hébraïque. À Éz 14, 14, il est un juste comparable à Noé et à Job, deux personnages bibliques qui tous deux ont vu leur descendance assurée, et à Éz 28, 3 sa sagesse est citée en exemple[13].

En résumé, si le personnage de la légende de Kirta a bien quelques rapports avec la préhistoire de la dynastie amorite d'Ougarit, lui, sa maison, et par conséquent le peuple d'Ougarit, sont l'objet de l'élection et de la bénédiction de Ilou. Comme la légende de Kirta, celle d'Aqhatou est « un écrit de propagande en faveur de la royauté »[14]. De plus, ici, la figure de Danilou est exemplaire et la sagesse qui lui est attribuée, ainsi qu'à Job, est une vertu éminemment royale[15].

C) Quelques indications complémentaires apparaissent dans une liste des rois défunts d'Ougarit[16], dont chaque nom est précédé du mot ilou (ʾil)[17]. Il est difficile d'en déduire la signification précise, mais il apparaît nettement qu'après sa mort, un roi n'était pas déifié au plein sens du terme jusqu'à devenir l'un des dieux du panthéon d'Ougarit ; toutefois, il entrait dans le cercle prestigieux des *rapaʾūma* et continuait à vivre dans le monde souterrain[18]. Le parallèle biblique de 1 S 28, 13 où Samuel défunt, évoqué par la nécromancienne d'En Dor, est perçu comme un *élohim* peut

---

[13] P. BORDREUIL, « Noé, Dan(i)el et Job en Ézékiel XIV, 20 et XXVIII, 3 : entre Ougarit et Babylonie », *Le royaume d'Ougarit de la Crète à l'Euphrate : nouveaux axes de recherches. Actes du Congrès international de Sherbrooke 2005*, J.-M. MICHAUD (éd.), POLO II, Sherbrooke, GGC Éd., 2007, p. 567–578.

[14] *TO* I, p. 496.

[15] Voir A. CAQUOT, « Traits royaux dans le personnage de Job », *Mélanges offerts à Wilhelm Vischer*, Montpellier, Causse-Graille-Castelnau, 1960, p. 32–45.

[16] *CAT* 1.113 ; voir D. PARDEE, *Les textes para-mythologiques de la 24ᵉ campagne (1961)*, Ras Shamra-Ougarit 4, Paris, Éd. recherche sur les Civilisations, 1988, p. 165–178.

[17] T.J. LEWIS, *Cults of the Dead in Ancient Israel and Ugarit*, HSM 39, Atlanta, Scholars Press, 1989, p. 47–52 ; en dernier lieu J. DAY, « The Canaanite Inheritance of the Israelite Monarchy » dans *King and Messiah in Israel and the ancient Near East: proceedings of the Oxford Old Testament seminar*, J. DAY (éd.), JSOTSup 270, Sheffield, JSOT Press, 1998, p. 74–90, sp. 82.

[18] J.J. COLLINS, « The King as Son of God », *op. cit.*, p. 9, n. 38.

servir de terme de comparaison. De même, Is 14, 18 : « tous les rois des
nations, tous sont glorieusement couchés, chacun dans sa demeure … tu
ne seras pas uni à eux dans la tombe, car tu as anéanti ton pays, tu as tué
ton peuple ! ».

La stèle du Baal au Foudre

Mis au jour dans un temple d'Ougarit, ce monument (fig. 1) représente un
dieu jeune, barbu, de profil droit, vêtu d'un pagne court et coiffé d'une
tiare à cornes. Ses pieds sont posés sur un double piédestal à corniche
moulurée. Sur la face visible du piédestal, on distingue une ligne ondu-
lée représentant les quatre sommets d'une chaîne montagneuse. Plus bas,
d'autres lignes ondulées de moindre amplitude représentent les vagues
de la mer qui baigne le pied des montagnes. A sa ceinture, l'étui d'une
arme blanche dont la lame paraît légèrement recourbée. Il brandit dans
la main droite au-dessus de sa tête une massue qui illustre le combat de
Haddou-Baʻlou contre Yammou, car dans le mythe de Haddou-Baʻlou et
la Mer, c'est cette arme qui contribue à vaincre le dieu de la Mer. Il tient
dans la main gauche une lance pointée vers le sol, dont l'extrémité supérieure est foliacée. Figurant la foudre annonciatrice de l'orage fertiliseur,
elle illustre le mythe de Haddou-Baʻlou et la Mort. Le dieu est représenté
ici campé sur les sommets du mont Ṣapānou/Gabal al Aqraʻ s'apprêtant
à frapper la mer qui est située à sa droite, c'est-à-dire à l'ouest du massif
montagneux. Le combat de Haddou-Baʻlou contre la Mer doit donc être
certainement localisé dans le décor majestueux du Gabal al Aqraʻ et de
la baie de Ras al Bassit. On en déduit que le dieu est bien tourné vers le
sud, vers le personnage de taille réduite qui figure à droite de la scène et
au-delà, vers la capitale éponyme du royaume de l'Ougarit.

Quel est ce personnage représenté devant le dieu ? Vêtu d'un long cos-
tume liturgique, il n'est pas tourné vers le dieu comme un adorateur, mais
se tient devant lui, comme son représentant. Il est figuré à une échelle
plus petite que le dieu, mais il est lui aussi debout sur un podium, ce qui
le distingue nettement du commun des mortels. Il ne peut guère s'agir ici
que du roi d'Ougarit[19] et on rappellera 2 Rois 23, 3 où le roi Josias, debout
sur une estrade (TM *ʻammūd* / LXX στῦλος), conclut l'alliance en présence
de YHWH. La présence de l'estrade est donc un élément important de la

---

[19] Voir M. Yon, « Baal et le roi », dans *De l'Indus aux Balkans, Recueil Jean Deshayes*,
J.-L. Huot, M. Yon, Y. Calvet (éd.), Paris, 1985, p. 177–190, sp. 180–185.

Fig. 1. La stèle du Baal au Foudre du Musée du Louvre
(photographie Mission de Ras Shamra-Ougarit).

scène, car elle permet de caractériser ce personnage comme royal, à la fois protégé et représentant de Haddou-Ba'lou. Celui-ci est à la fois le dieu des agriculteurs, représenté par la lance foliacée annonciatrice de la pluie, le dieu des marins, représenté par la massue qui a vaincu la mer et le dieu des éleveurs, représenté par la tiare à cornes. « Documentés par des rituels ou des mentions de fournitures pour des cérémonies dans des actes admi- nistratifs, les actes cultuels mettent en scène le rôle de la royauté dans le maintien de la cohésion sociale »[20].

Si, comme il est tout à fait vraisemblable, le combat de Haddou-Ba'lou contre la Mer doit être localisé dans le décor majestueux du Gabal Al Aqra' et de la baie de Ras al Bassit, l'expression littéraire de ce mythe repré- sentait certainement deux sentiments complémentaires profondément ancrés dans la mémoire collective des Ougaritains : d'une part la crainte multiséculaire de tremblements de terre récurrents et des raz de marée qui leur sont fréquemment associés, d'autre part la conviction que le dieu a maintenu et continuera de maintenir dans l'avenir les bornes qui ont été assignées au chaos liquide. On ne parlera donc pas ici de messianisme, mais d'un espoir dans l'action salvatrice du dieu qui a vaincu la Mer dans le passé et qui la manifestera de manière récurrente dans l'avenir.

Sur la stèle du Baal au Foudre, Haddou-Ba'lou est aussi représenté comme dieu de l'orage et de la fertilité en train de brandir son attribut qu'est la lance foliacée. On a certainement ici une référence au mythe de Haddou-Ba'lou et la Mort. Dans ce récit, le dieu de l'orage et de la fertilité, vaincu par Môtou, descend dans le sein de la terre où le retient son geôlier. Après la déroute de ce dernier, il reviendra à la vie grâce aux déesses Shapshou et 'Anatou afin de rendre sa fertilité à la terre culti- vée. Il s'agit ici de « la transposition mythique d'un phénomène naturel : la disparition des pluies en été et leur retour en automne »[21]. Toutefois, une interprétation strictement saisonnière de la résurgence automnale du dieu de la pluie ne suffirait pas à rendre compte de la reprise, au bout de sept années, d'un combat farouche et incertain entre Haddou- Ba'lou et la Mort[22] auquel le dieu Ilou met fin par la bouche de la déesse solaire Shapshou, la messagère des dieux. Ici il ne s'agit pas, au contraire du mythe précédent, d'un avenir plus ou moins indéterminé, mais d'une récurrence septennale, c'est-à-dire d'un avenir à court terme.

---

[20] P. BORDREUIL, H. ROUILLARD-BONRAISIN, A. SÉRANDOUR, *Le royaume d'Ougarit. Aux origines de l'alphabet*, Paris, Somogy, Lyon, Musée des Beaux-arts, 2004, p. 144.
[21] *TO* I, p. 234.
[22] *CAT* 1.6 V 7–VI 35 (*TO* I, p. 266–269).

Le Testament de ʿAbdimilkou

Les quelques données des textes littéraires et de l'iconographie qui ont été exposées ici ont mis en évidence la position exceptionnelle du roi et son lien particulier avec Ilou et Haddou-Baʿlou, sans qu'il soit possible de parler de messianisme. Nous allons voir que le *Testament de ʿAbdimilkou* donne, de la royauté et de la dynastie qui l'incarne, une image sensiblement différente de celle que l'on a discernée en début d'exposé.

Ce texte est déjà connu par quelques commentaires récents. Il s'agit du *Testament de ʿAbdimilkou* mis au jour dans la maison d'Ourtenou (RS 94.2168)[23]. C'est un contrat permettant à *ʿbdmlk* de léguer ses biens au fils qu'il choisira.

Traduction

Recto
 1) Dès ce jour (il est fixé)
 2) devant *ʿAmmiṯtamru*
 3) fils de *Niqmêpaā*,
 4) roi d'Ougarit (que) :

---

 5) (Quant aux) maisons (et aux) champs qu'a donnés
 6) le roi à *ʿAbdimilkou*
 7) et à ses fils, que ce soit aux
 8) fils de la fille du roi,
 9) ou aux fils de ses épouses de naissance libre,
 10) ou aux fils de ses servantes,

---

 11) celui[24] qu'aura beaucoup aimé *ʿAbdimilkou*
 12) parmi ses fils, à ce fils-là
 13) *ʿAbdimilkou* (est autorisé à) donner
 14) ses maisons, ses champs
 15) et ses pâturages.
Tranche inférieure

---

[23] P. BORDREUIL, D. PARDEE, *Manuel d'ougaritique II : choix de textes, glossaire*, Paris, P. Geuthner, 2004, nº 38, p. 105 s ; P. BORDREUIL, D. PARDEE, R. HAWLEY, *Une bibliothèque au sud de la ville***. Textes 1994–2002 en cunéiforme alphabétique de la Maison d'Ourtenou. Ras Shamra Ougarit XVIII*, Lyon, Maison de l'Orient et de la Méditerranée, 2012, p. 135–141.
[24] Le trait horizontal de séparation marque ici l'arrêt entre la protase et l'apodose.

16) Et *'Abdimilkou*, (quant à)

17) ses fils, selon ce que bon

Verso

18) lui semblera, il fera ses dispositions pour eux.

19) Si *'Abdimilkou* désire

20) « libérer » ses fils, selon ce que bon lui

21) semble il les « libérera ».

————————————

22) S'il désire « libérer »

23) ses fils (qui sont) les fils de la fille du roi,

24) selon ce qui lui semblera bon

25) il les « libérera ». Et s'il

26) désire « libérer » les fils de ses épouses de naissance libre

27) ou les fils de ses servantes,

28) selon ce qui lui semblera bon

29) il les « libérera ».

Le document affecte la forme d'un contrat, forme que l'on connaît par quelques textes ougaritiques[25] et par un plus grand nombre en akkadien[26]. Un seul point légal est abordé dans ce contrat : la permission octroyée à *'Abdimilkou* de partager des biens reçus du roi entre ses fils selon son bon vouloir, cette permission étant exprimée de façon positive, à savoir qu'il peut faire d'un de ces fils le principal héritier (l. 11–15), et de façon négative, à savoir qu'il aura le droit d'exclure de l'héritage principal ses fils issus de trois catégories d'épouses (l. 16–29). Ce sont : *bt mlk*, « la fille du roi » (l. 8, 23), *ṣrdt*, terme nouveau qui désigne une catégorie sociale se situant entre la princesse et les servantes, vraisemblablement les femmes de naissance libre (l. 9, 26)[27], et *ǎmht*, « les servantes » (l. 10, 27).

————————————

[25] Voir B. KIENAST, « Rechtsurkunden in ugaritischer Sprache », *UF* 11 (1979), p. 431–452.

[26] Publiés pour la plupart par J. NOUGAYROL (éd.), *Textes accadiens et hourrites des archives est, ouest et centrales*, Palais royal d'Ugarit 3 (=*PRU* III), Mission de Ras Shamra 6, Paris, C. Klincksieck, 1955.

[27] D'après le contexte, il doit désigner des femmes qui sont épouses légitimes de *'Abdimilku* sans être de même rang que la princesse occupant sans doute le rang de « première épouse ». En arabe, *ṣard^un* signifie « pur, sans mélange » ; si cette acception est ancienne, et ne constitue donc pas une simple évolution sémantique du sens de « froid » qui caractérise cette racine en arabe, elle peut servir à éclaircir le terme ougaritique (nous remercions Robert Hawley de nous avoir fait sentir la vraisemblance de cette interprétation). S'agirait-il de femmes de naissance libre ?

L'absence habituelle de patronyme dans les textes juridiques entrave sérieusement le travail prosopographique, mais il paraît légitime de penser que 'Abdimilkou du nouveau texte est identique au récipiendaire de diverses propriétés selon trois contrats en langue akkadienne de l'époque de 'Ammiṯtamrou III (anciennement 'Ammiṯtamrou II) que J. Nougayrol a versés dans un « «dossier» 'Abdimilkou »[28]. Le fait que RS 94.2168 se retrouve dans la maison de 'Ourtēnu plusieurs décennies après sa rédaction[29] indique vraisemblablement que 'Ourtēnu était un descendant du fils de 'Abdimilkou que ce dernier a préféré.

Ce document témoigne de l'écart entre les textes littéraires ou les rituels dans lesquels le rôle du roi, voire celui de la reine[30], est mis en valeur et un contrat tel que celui-ci dans lequel le petit-fils du roi est soumis au même régime successoral que ses demi-frères, sans aucun passe-droit. On ne peut que constater ce décalage entre une littérature qui abonde en notations archaïsantes pluriséculaires et un droit successoral exprimé en temps réel.

Comme l'a très bien dit André Caquot, « toute phraséologie dénote une idéologie » et à cet égard, on ne peut minimiser le rôle religieux des rois d'Ougarit. Toutefois, comme cela vient d'être dit en introduction, des textes dépourvus de toute perspective eschatologique liée à un personnage royal ou sacerdotal ayant reçu l'onction d'huile ou d'une espérance en une quelconque fin de l'histoire, éléments essentiels du messianisme, ne sont pas pertinents. À cet égard, il est donc permis de dire que les textes littéraires et l'iconographie d'Ougarit ne relèvent pas d'une idéologie messianique. De plus, l'image que donne la société d'Ougarit est celle d'une oligarchie de marchands dont le roi, *primus inter pares*, était l'émanation ; en dépit de l'anachronisme, on pourrait peut-être même parler ici de « royauté bourgeoise ». En revanche, on constate aussi que la fonction royale est célébrée dans la littérature et que le roi, représentant de la divinité, y est *magnifié*, comme sur la stèle du Baal au Foudre. La formule suggestive, définissant le monarque assyrien comme « une sorte

---

[28] RS 15.143 + 15.164, RS 15.155, RS 16.204 : *PRU* III, p. 117–20. À ces trois textes, on ajoutera RS 17.039 (J. Nougayrol (éd.), *Textes en cunéiformes babyloniens des archives du grand palais et du palais sud d'Ugarit*, Palais royal d'Ugarit 6, Mission de Ras Shamra 12, Paris, C. Klincksieck, 1970, p 28).

[29] Le texte RS 34.126, qui mentionne les deux derniers rois d'Ougarit, Niqmaddou IV (anciennement Niqmaddou III : voir *supra* n. 3) et Ammourapi, donne 1200 comme *terminus ad quem*.

[30] Par exemple RS 1.2 (= *CAT* 1.40) ; voir *TO* II, p. 140–143.

de marchand magnifié »[31] et reprise à propos du roi d'Ougarit[32], récapitule admirablement la tension entre sa position réelle à la tête de la société d'Ougarit et l'image valorisée qu'en donnent les textes littéraires. Même si l'idéologie royale d'Ougarit et son imagerie témoignent bien du fonds commun qui devait devenir beaucoup plus tard l'une des composantes du terreau de l'idéologie royale israélite, on doit admettre que la distance est grande entre « le premier de ces marchands magnifiés » et le Messie des temps eschatologiques.

[31] P. GARELLI, *Les Assyriens en Cappadoce*, Bibliothèque archéologique et historique de l'Institut français d'Istanbul 19, Paris, A. Maisonneuve, 1963, p. 199.
[32] J. NOUGAYROL, « Guerre et paix à Ugarit », *Iraq* 25 (1963), p. 110–125, sp. 111, n. 11.

DEUXIÈME PARTIE

DE L'ÉVOLUTION DE L'IDÉOLOGIE ROYALE ISRAÉLITE VERS LE MESSIANISME ROYAL

LES INTERROGATIONS SUR L'AVENIR DE LA DYNASTIE DAVIDIQUE AUX ÉPOQUES BABYLONIENNE ET PERSE ET LES ORIGINES D'UNE ATTENTE MESSIANIQUE DANS LES TEXTES DE LA BIBLE HÉBRAÏQUE

Thomas Römer

Qu'est-ce qu'un messie ?

Le mot « messie » dérive, via le latin (*messias*), de l'hébreu *mashiaḥ* qui signifie littéralement l'« oint » (traduit en grec par « *christos* », et appliqué dans le Nouveau Testament à Jésus-Christ, le messie). L'onction d'huile avait une forte valeur symbolique. L'huile, selon Jg 9, 9, appréciée des dieux et des hommes, est signe de santé et de vitalité. Selon les textes de la Bible hébraïque, l'onction s'applique aussi bien aux personnes qu'à des choses, comme une stèle sacrée (Gn 31, 51–53), un bouclier (Is 21, 5), l'autel (Ex 40, 10), la tente de la rencontre (Ex 30, 26), des *mazzot* (Lv 2, 4). Parmi les personnages oints, il s'agit surtout de prêtres, Aaron et ses fils, ou de sacrificateurs en général (Ex 30, 3 ; Nb 3, 3), et de rois. Les rois dont la Bible relate l'onction sont Saül (1 S 9, 16 ; 10, 1...), David (1 S 16, 3.12 ; 2 S 2, 4 ; 2 S 5, 3 ; Ps 89, 21...), Absalom (2 S 19, 10), Salomon (1 R 1, 34.39 ; 5, 1...), Jéhu (1 R 19, 16...), Joachaz (2 R 23, 3). Dans chacun de ces cas il s'agit de rois dont la venue au trône n'allait pas de soi. Leur onction marque ainsi une élection divine qui sert aussi de légitimation. Nous ne savons pas si l'onction royale faisait partie de l'intronisation de chaque roi, où si elle marquait une situation particulière.

En Mésopotamie, existe le titre royal de « oint du dieu X ». Ainsi, le roi Sargon d'Akkad se présente comme « oint de Anum », et Shu-Sin porte le titre de « l'oint aux mains pures de Enlil »[1]. Dans la Bible hébraïque, le Psaume 45, 8 attribue au roi en général le titre de « l'oint de YHWH ». On peut en conclure que le terme de « messie » fut un titre royal, même si l'onction d'un nouveau roi n'était peut-être pas systématiquement pratiquée. Le titre « oint de YHWH » exprime à sa manière la fonction principale du roi : il est le médiateur entre le peuple et son dieu tutélaire.

---

[1] E. SOLLBERGER, J.-R. KUPPER, *Inscriptions royales sumériennes et akkadiennes*, LAPO 3, Paris, Cerf, 1971, p. 97 et 152.

L'idéologie royale

Dans les royaumes d'Israël et de Juda, à l'instar d'autres aires culturelles du Proche-Orient ancien, le roi est le médiateur par excellence entre les dieux et les humains, entre le dieu tutélaire et son peuple. Cette médiation peut s'exprimer par des concepts divers. Ainsi au Psaume 2, 7, Dieu s'adresse au roi (peut-être au moment de son intronisation) et déclare : « Tu es mon fils ; aujourd'hui je t'ai engendré »[2]. Le Psaume 110, 1 fait asseoir le roi à la droite de Dieu, comme un fils préféré prend place à table à la droite de son père. Le lien entre la divinité et le roi est si fort que le roi peut même être appelé *'elohim* (dieu ou être divin) comme c'est le cas dans le Psaume 45, 7. C'est dans ce psaume que le roi, décrit comme aimant la justice et détestant le mal, est « oint d'une huile de joie ». Le roi est également « image de dieu », son reflet face au peuple et son vicaire, garant de l'ordre de la Création en son royaume. Il incombe au roi de faire régner la justice et de protéger son peuple en cas de guerre ou de catastrophes économiques suite aux mauvaises récoltes. C'est pourquoi, dans le Proche-Orient ancien, le roi reçoit souvent le titre de « berger » qui doit faire paître son peuple[3]. Inversement et dans le même esprit d'un lien étroit entre le monarque et la divinité, celle-ci peut recevoir des titres royaux. Ainsi dans le Psaume 23, c'est YHWH qui est présenté comme étant le berger du psalmiste et dans de nombreux autres hymnes, YHWH est appelé « roi ».

Un roi qui accomplit ses tâches fidèlement est donc le garant du bien-être de son peuple. Ainsi le règne du roi assyrien Assurbanipal est décrit d'une manière légèrement flatteuse[4] :

> Celui que ses péchés condamnaient à mort, le roi, notre maître l'a fait vivre.
> Ceux qui depuis de longues années étaient emprisonnés, tu les as délivrés.
> Ceux qui depuis de nombreux jours étaient malades, les voici guéris. Les affamés sont rassasiés, les maigres deviennent gras.

---

[2] G. GRANERØD, « A Forgotten Reference to Divine Procreation? Psalm 2:6 in Light of Egyptian Royal Ideology », *VT* 60 (2010), p. 323–336. La date de ce psaume est très discutée. La majorité des chercheurs le situent à l'époque royale, alors que d'autres pensent qu'il s'agit d'une construction littéraire destinée à ouvrir le « Psautier messianique » (F.-L. HOSSFELD, E. ZENGER, *Die Psalmen. Psalm 1–50*, NEchtB 29, Würzburg, Echter Verlag, 1993, p. 50–51), d'autres encore y voient une légitimation des Hasmonéens : M. TREVES, « Two Acrostic Psalms », *VT* 15 (1965), p. 81–90.

[3] Pour des exemples voir A. DA SILVA, « Les rois au Proche-Orient ancien : leurs rapports avec les dieux et avec leurs sujets », dans *Faut-il attendre le messie ?*, R. DAVID (éd.), Montréal, Paris, Médiaspaul, 1998, p. 15–33 (25–26).

[4] « Lettre d'un scribe assyrien à son roi », cité d'après la traduction française *in* DA SILVA, « Les rois au Proche-Orient ancien », p. 24.

Cette rhétorique, qui n'est pas sans rappeler certains oracles de salut de la deuxième partie du livre d'Ésaïe, fait apparaître une idéalisation de la royauté qui ne correspond pas à la réalité. Une telle attente se trouve évidemment souvent en porte-à-faux avec les règnes réels des rois.

La critique du roi et l'attente d'un roi meilleur

Dans le livre d'Ésaïe, le prophète est dépeint comme ayant une attitude critique à l'égard du roi Achaz. La critique prophétique contre ce roi s'accompagne dès lors de l'annonce de la venue d'un roi idéal : « Voici que la jeune femme est enceinte et elle enfantera un fils, et elle lui donnera le nom d'Emmanuel[5] » (Is 7, 14). Cet oracle que la plupart des commentateurs attribuent au prophète historique[6] et qui, par la suite a connu de nombreux ajouts et réinterprétations visait sans doute à l'origine uniquement le fils d'Achaz, Ézéchias[7], dont le prophète, voire le rédacteur de ce passage, attendait la restoration de l'harmonie entre YHWH et son peuple. Le livre de Jérémie, dont certains passages reflètent les dernières années avant la chute de Jérusalem au VIe siècle av. J.-C., contient également l'annonce d'un roi idéal à l'opposé du roi actuel : « Des jours viennent, oracle de YHWH, où je susciterai pour David un rejeton légitime. Un roi régnera avec compétence, il défendra le droit et la justice dans le pays. En son temps, Juda est sauvé, Israël habite en sécurité. Voici le nom dont on le nomme : YHWH est notre justice » (Jr 23, 5–6). Le nom hébreu *Yahu tsidqenu* fait allusion au roi Sédécias (en hébreu : *Tsidqiyahu*) duquel le prophète attend la réalisation des idéaux de la royauté[8]. Pourtant c'est la catastrophe qui arrive : la destruction de Jérusalem et de son temple par les Babyloniens et la déportation de la classe dirigeante en 587 avant notre ère.

---

[5] Autre lecture possible : « tu lui donneras le nom », voir A. MOENIKES, « Messianismus im Alten Testament (vorapokalyptische Zeit) », *ZRGG* 40 (1988), p. 289–306.

[6] Pour un avis opposé voir notamment U. BECKER, *Jesaja – von der Botschaft zum Buch*, FRLANT 178, Göttingen, Vandenhoeck & Ruprecht, 1997, p. 27–42.

[7] BECKER, *Jesaja*, p. 55.

[8] Il est donc possible que cet oracle remonte au Jérémie historique. Ceux qui veulent attribuer ce passage à des rédacteurs du livre, doivent contester le fait qu'il s'agisse d'une allusion au roi Sédécias, voir la présentation de la discussion chez W. MCKANE, *A Critical and Exegetical Commentary on Jeremiah. Volume I*, ICC, Edimbourg, T&T Clark, 1986, p. 559–565. Si on veut situer cet oracle à une époque postérieure, il faut argumenter que le jeu de mots avec Sédécias sert à opposer *post festum* au roi mauvais ce qu'aurait dû être un vrai roi de justice.

La question de la royauté après la destruction de Jérusalem

La politique anti-babylonienne des derniers rois de Juda mena vers deux sièges babyloniens de Jérusalem puis sa destruction. La politique pro-égyptienne de Yoyaqim conduit en 597 avant notre ère au siège de Jérusalem. Le roi mourut durant l'assaut et son fils, Yehoyakin, lui succéda et se rendit, évitant probablement la destruction de Jérusalem. Selon 2 R 24 et Jr 52, les Babyloniens déportèrent la famille royale, la cour et les élites de la société. Yehoyakin conserva apparemment son titre de roi de Juda (comme le montrent aussi les références chronologiques du livre d'Ézéchiel). Ceci implique que le nouveau « roi » de Juda, nommé par les Babyloniens, Sédécias, un fils de Josias, était en fait un gouverneur avec un appareil administratif réduit et privé d'une armée digne de ce nom. En 595, une rébellion advint en Babylonie, ce qui a pu inspirer aux États vassaux occidentaux la constitution d'une coalition anti-babylonienne, qui demanda à nouveau son soutien à l'Égypte. Sédécias et ses conseillers devinrent donc ouvertement pro-égyptiens et rompirent l'alliance avec Babylone. En 589, l'armée babylonienne envahit de nouveau la Palestine et assiégea Jérusalem. La ville fut prise en 587 ou 586 et cette fois en grande partie détruite comme la plupart des forteresses et places fortes judéennes. Le temple et le palais de Jérusalem furent incendiés et ce qui restait des trésors, emportés en Babylonie. Les Babyloniens tuèrent les descendants de Sédécias, qui fut aveuglé et amené à Babylone (2 R 25, 6–7), peut-être en même temps qu'une deuxième déportation de la population judéenne, où ses tracent se perdent. Guedalias, un membre de la famille de Shaphan fournissant des hauts fonctionnaires à la royauté, fut nommé gouverneur de Miçpa, mais fut assassiné quelques années plus tard par la résistance anti-babylonienne.

L'époque dite de l'exil babylonien eut des milieux intellectuels judéens, hauts fonctionnaires déportés à Babylone ou restés dans le pays, pour assurer la gouvernance au service des Babyloniens. Ces milieux s'interrogèrent sur la nécessité de la continuité de la lignée davidique. Le thème de la royauté est central dans les livres de Samuel et des Rois qui, après une première édition au VIIe siècle avant notre ère, connurent une révision à l'époque néo-babylonienne[9]. Le livre des Juges contient une fable sur la

---

[9] Sans doute dans le cadre d'une édition de l'ensemble des livres du Deutéronome aux livres des Rois : « l'histoire deutéronomiste ». Dans la présente contribution, nous n'allons pas discuter le bien-fondé de cette hypothèse élaborée par M. Noth. Pour plus de détails

royauté qui possède un parallèle étonnant avec une fable d'Ésope[10], selon laquelle c'est l'arbre le plus inutile (le buisson d'épines) qui accepte de se faire oindre roi par les autres arbres (Jg 9, 8–15). Les livres de Samuel présentent les origines de la royauté d'une manière ambiguë en faisant alterner dans 1 S 8–12 des récits négatifs et positifs sur la mise en place de la monarchie en Israël[11]. Et même David, fondateur de la « vraie » lignée royale et détenteur de la promesse divine d'une dynastie éternelle (2 S 7), est dépeint dans l'histoire de sa succession comme un roi ne respectant ni le droit ni la justice (voir notamment l'histoire de son adultère et celle de la révolte de son fils Absalon). Même l'arrivée au trône de Salomon (1 R 1) est le résultat d'intrigues et de manigances[12]. Dans les livres des Rois qui relatent l'histoire de la royauté israélite et judéenne, seul le roi fondateur David, ainsi qu'Ézéchias et Josias trouvent grâce aux yeux des rédacteurs. En 2 R 22–23, Josias est même décrit comme un nouveau David : « Il fit exactement ce qui est droit aux yeux de YHWH et suivit exactement le chemin de David son père » (2 R 22, 7). Cette vision positive est peut-être le résultat d'une mise par écrit de la politique de centralisation de ce roi au VIIe siècle. Celle-ci se termina d'une manière abrupte lorsque Josias, pour des raisons quelque peu mystérieuses, se fait tuer par le roi d'Égypte à Megiddo. L'édition babylonienne des livres des Rois explique la mort de Josias comme une mort « en paix » (2 R 22, 19–20), car elle lui évite d'assister à la destruction de Jérusalem.

La question de l'avenir de la dynastie davidique n'est pas ouvertement traitée. La promesse d'une dynastie éternelle (2 S 7) garde-t-elle pour les rédacteurs de l'époque babylonienne sa pertinence ? Espéraient-ils le maintien de la lignée davidique ? La fin mystérieuse de 2 R 25, 27–30 a souvent été interprétée en ce sens. Le texte relate la sortie de Yehoyakin

---

voir T. RÖMER, *La première histoire d'Israël. L'École deutéronomiste à l'œuvre*, MdB 56, Genève, Labor et Fides, 2007.

[10] C. BRIFFARD, « Gammes sur l'acte de traduire », *FoiVie* 101, *Cahiers bibliques* 41 (2002), p. 12–18.

[11] T. RÖMER, « Le mouvement deutéronomiste face à la royauté : monarchistes ou anarchistes ? », *LumVie* 177 (1986), p. 13–27.

[12] John Van Seters, considérant que cette image de David ne correspond pas à la vision deutéronomiste du roi fondateur, veut attribuer ces récits à un rédacteur post-deutéronomiste et anti-messianique (J. VAN SETERS, « The Court History and DtrH: Conflicting Perspectives on the House of David », dans *Die sogenannte Thronfolgegeschichte Davids. Neue Einsichten und Anfragen*, A. DE PURY, T. RÖMER (éd.), OBO 176, Fribourg, Universitätsverlag, Göttingen, Vandenhoeck & Ruprecht, 2000, p. 70–93 ; voir également, Idem, *The Biblical Saga of King David*, Winona Lake, Eisenbrauns, 2009). Pour une vision différente voir S.L. MCKENZIE, *Le roi David. Le roman d'une vie*, Essais bibliques 38, Genève, Labor et Fides, 2006.

de sa prison babylonienne et son ascension à la table du roi babylonien à
laquelle il occupe une place privilégiée. Les informations données en 2 R 25,
29–30 peuvent être mises en rapport avec une tablette babylonienne
de l'époque de Nabuchodonosor II qui mentionne des rations d'huile à
« Yeyohakin, roi du pays de Juda » et aux « cinq fils du roi du pays de
Juda »[13]. L'auteur de 2 R 25, 27–30 savait apparemment que les rois et
notables exilés à Babylone bénéficiaient d'allocations du roi de Babylone,
mais il a donné à cette pratique une nouvelle signification. A la suite de
G. von Rad[14], plusieurs auteurs ont vu dans cette fin une ouverture messianique, l'espoir que la réhabilitation du roi judéen signifie aussi la continuité de sa dynastie[15]. Il faut cependant noter que le roi, selon 2 R 25, reste
en exil « tous les jours de sa vie » et que le texte des Rois, contrairement
aux Chroniques, ne mentionne nullement ses fils et successeurs potentiels.
Une toute autre interprétation serait de s'appuyer sur les motifs littéraires
qui rapprochent ce passage du « roman de la diaspora », les histoires de
Joseph en Gn 37–50, de Daniel en Dn 2–6 et du livre d'Esther. Dans tous
ces cas, un exilé quitte sa prison et devient le « second » auprès le roi
(Gn 41, 40 ; 2 R 25, 28 ; Est 10, 3 ; Dn 2, 48) ; l'accession à ce nouveau statut
étant marqué par un changement de vêtements (Gn 41, 42 ; 2 R 25, 29 ;
Est 6, 10–11 ; 8, 15 ; Dn 5, 29). Tous ces récits insistent sur le fait que le pays
de déportation est devenu celui où des Juifs peuvent habiter et même
mener des carrières intéressantes. On pourrait donc lire le rapport sur
le destin de Yehoyakin, comme une invitation à accepter la situation de
diaspora[16]. On ne se mettra sans doute jamais d'accord sur le sens à donner à la finale des livres des Rois, et on pourrait aussi se demander si

---

[13] Pour une présentation de ce texte voir J. BRIEND, *Israël et Juda vus par les textes du
Proche-Orient ancien*, Supplément au Cahier Évangile 34, Paris, Cerf, 1980, p. 88. Selon J.
Briend, le sens de « fils » serait à comprendre dans un « sens large soit de fonctionnaires
royaux, soit de jeunes gens au service du roi ».

[14] G. VON RAD, « Die deuteronomistische Geschichtstheologie in den Königsbüchern
(1947) », *Gesammelte Studien zum Alten Testament*, Theologische Bücherei 8, Munich, Chr.
Kaiser, 1958, p. 189–204.

[15] E. ZENGER, « Die deuteronomistische Interpretation der Rehabilitierung Jojachins »,
BZ 12 (1968), p. 16–30 ; J. PAKKALA, « Zedekiah's Fate and the Dynastic Succession »,
JBL 125 (2006), p. 443–452.

[16] Voir en ce sens T. RÖMER, « La fin du livre de la Genèse et la fin des livres des Rois :
ouvertures vers la Diaspora. Quelques remarques sur le Pentateuque, l'Hexateuque et l'En-
néateuque », dans *L'Écrit et l'Esprit. Études d'histoire du texte et de théologie biblique en
hommage à Adrian Schenker*, D. BÖHLER, I. HIMBAZA, P. HUGO (éd.), OBO 214, Fribourg,
Academic Press, Göttingen, Vandenhoeck & Ruprecht, 2005, p. 285–294 ; D. JANZEN, « An
Ambiguous Ending: Dynastic Punishment in Kings and the Fate of the Davidides in 2 Kings
25.27–30 », *JSOT* 33 (2008), p. 39–58.

cette ambiguïté concernant l'avenir de la royauté ne reflète pas une réelle hésitation dans le milieu deutéronomiste des VIe et Ve siècles[17].

Autres réponses à l'exil de la royauté judéenne

D'autres milieux attendaient, cependant, la restauration de la lignée davidique. Ainsi, des rédacteurs donnent au livre prophétique d'Amos une nouvelle finale dans laquelle YHWH promet de relever la « hutte de David » (Am 9, 1). D'autres textes de cette époque accentuent les traits fabuleux de l'idéologie royale traditionnelle liés à l'avènement du roi parfait. Ceci est notamment le cas pour Is 9, 1–6, et 11, 1–5 (6–9)[18] qui ont été insérés dans le livre d'Ésaïe comme une relecture de l'oracle d'Is 7. Ces textes constituent une suite messianique, mettant en scène l'annonce (7,14–17), la naissance, les noms (9,1–6) et le règne (11,1–5) du roi idéal. Les noms donnés à ce roi à venir (9,5) « Merveilleux Conseiller, Dieu-Fort, Père à jamais, Prince de la paix, 'Grand-dans-son règne' » sont inspirés de la titulature royale égyptienne[19], et la description de son gouvernement correspond à l'arrivée d'un temps de justice.

Dans des textes du début de l'époque perse apparaît le personnage de Zorobabel qui était apparemment de descendance davidique (selon 1 Chr 3, 16.19, il est le petit-fils du roi Yoyakin qui avait été exilé à Babylone). Le livre du prophète Aggée annonce son intronisation : « Je vais ébranler ciel et terre. Je vais renverser les trônes des royaumes et exterminer la force des royaumes et des nations (…). En ce jour-là, oracle de YHWH des armées, je te prendrai, Zorobabel, fils de Schealthiel, mon serviteur, oracle de YHWH. Je t'établirai comme un sceau ; car c'est toi que j'ai choisi,

---

[17] Puisque les parallèles avec les romans de diaspora se trouvent avant tout (mais pas exclusivement) en 2 R 25, 29, une solution de compromis (diachronique) serait de considérer ce verset comme un ajout dont l'intention aurait été de modifier la teneur « messianique » du texte primitif de 2 R 25, 27–28.30. Cette solution est notamment défendue par E. AURELIUS, *Zukunft jenseits des Gerichts. Eine redaktionsgeschichtliche Studie zum Enneateuch*, BZAW 319, Berlin, New York, W. de Gruyter, 2003, p. 131–132.

[18] En Is 11, 1–9, les v. 1–5 datent peut-être de l'époque babylonienne, alors que les v. 6–9, qui annoncent la paix entre les hommes et les animaux, présentent un ajout bien plus tardif, voir J. VERMEYLEN, *Du prophète Isaïe à l'apocalyptique. Isaïe, I–XXXV, miroir d'un demi-millénaire d'expérience religieuse en Israël*, I, Paris, Gabalda, 1977–1978, p. 275.

[19] Le Pharaon porte cinq noms qui expriment sa personnalité ; en Is 9, le verset 5 ne contient que quatre noms, le cinquième nom est probablement caché au début du verset 6, ce qui pose des problèmes de critique textuelle, voir H. WILDBERGER, *Jesaja 1–12*, BKAT 10/1, Neukirchen, Vluyn, Neukirchener Verlag, 1972, p. 381–384.

oracle de YHWH des armées » (Ag 2, 21–23). On retrouve dans cet oracle quelques éléments de l'idéologie royale, notamment les dimensions cosmiques de l'intronisation d'un nouveau roi, la victoire contre les ennemis et l'élection du roi par la divinité. Aggée représente apparemment un milieu nationaliste croyant que la royauté judéenne pourrait se poursuivre au moment où le Temple serait reconstruit. Éspérait-on que les Perses acceptent un roi judéen de la ligne davidique si celui-ci se comportait de manière loyale vis-à-vis du suzerain perse ? Un tel espoir ne se réalisait pourtant pas. En Za 3, 1–10 apparaît la figure du grand-prêtre Josué. En Za 4, 14, il forme un couple avec Zorobabel, et les deux sont « désignés pour l'huile » (la racine « oindre » est pourtant évitée). Ce texte reflète l'idée d'une dyarchie, d'une séparation des pouvoirs politique et sacerdotal. À la fin du cycle des visions de Zacharie, c'est pourtant seulement le prêtre Josué qui est couronné (Za 6, 11–14). Il est possible que ce texte ait été modifié pour éclipser le personnage de Zorobabel[20]. Sa disparition de l'histoire et des textes biblique est en effet assez intrigante : a-t-il péri lors d'une guerre civile ou a-t-il été condamné à mort par les Perses ?[21]

Transfert et démocratisation de l'attente messianique :
Du Deuxième Isaïe au Troisième Isaïe

Dans le « Deutéro-Isaïe » (nom que l'on donne au(x) rédacteurs(s) responsables de la collection d'oracles qui se trouvent dans les chapitres 40–55 du livre), le titre de messie est transféré au roi perse Cyrus (45,1), vainqueur des Babyloniens dont les prêtres de YHWH (comme d'ailleurs aussi les prêtres de Marduk à Babylone) attendaient la restauration des sanctuaires et des cultes locaux. Cette projection de l'idée du roi élu sur un roi étranger (voir dans le même sens le titre de « serviteur de YHWH » attribué au roi babylonien Nabuchodonosor dans le livre de Jérémie) reflète l'acceptation de l'abandon de la royauté judéenne et de l'intégration des Judéens dans l'Empire perse par le milieu producteur de ce livre.

---

[20] R. MASON, « The Messiah in the Postexilic Old Testament Literature », dans *King and Messiah in Israel and the Ancient Near East. Proceedings of the Oxford Old Testament Seminar*, J. DAY (éd.), JSOTSup 270, Sheffield, Academic Press, 1998, p. 338–364 (346–347). Le verset 13 (« C'est lui qui bâtira le temple de YHWH ; il portera les insignes de la majesté ; il s'assiéra et gouvernera sur son trône. Il y aura aussi un prêtre sur son trône, et il y aura une entente parfaite entre l'un et l'autre ») montre clairement que Za 6 parlait d'abord de l'installation conjointe d'une figure royale et d'une figure sacerdotale.

[21] F. BIANCHI, « Le rôle de Zorobabel et de la dynastie davidique en Judée du VIᵉ siècle au IIᵉ siècle av. J.-C. », *Transeu* 7 (1994), p. 153–165.

D'autres textes de cette collection proposent une « démocratisation » de l'idéologie royale : « Vous tous qui êtes assoiffés, venez vers les eaux, même celui qui n'a pas d'argent, venez ! Demandez du grain et mangez (…) Je conclurai avec vous une alliance pour toujours : les bontés vis-à-vis de David et la fidélité » (Es 55, 1–3). Les promesses divines faites à la dynastie davidique se réalisent directement pour le peuple sans intermédiaire royal[22] ; on pourrait parler ici des débuts d'un messianisme sans messie.

L'idée d'un « messianisme collectif » se trouve dans un passage obscur de la dernière partie du livre de Zacharie : « En ce jour-là, YHWH protégera les habitants de Jérusalem ; s'il y en a un qui trébuche parmi eux, il sera en ce jour-là comme David ; et la maison de David sera comme Dieu, comme le messager de YHWH devant eux » (Za 12, 8). N'importe quel Judéen peut devenir comme David grâce à la protection de son dieu ; la « maison de David » n'a pas de fonction salutaire, elle est au même niveau que les habitants de Jérusalem. On peut se demander si derrière « la maison de David » se cache des personnes se réclamant de la lignée davidique. Les deux groupes se trouvent confrontés à un personnage mystérieux : « Alors je répandrai sur la maison de David et sur les habitants de Jérusalem un souffle de grâce et de supplication, et ils tourneront les regards vers moi – celui qu'ils ont transpercé. Ils se lamenteront sur lui comme on se lamente sur un fils unique, ils pleureront amèrement sur lui, aussi amèrement que sur un premier-né » (12, 10). Cette figure du transpercé (qui est probablement une reprise du motif du « serviteur souffrant » du Deutéro-Isaïe) a donné lieu à des multiples tentatives d'identification. S'agit-il d'un individu ou d'un « messie collectif » auquel se serait identifié le milieu producteur du livre de Zacharie se trouvant peut-être dans une situation critique face aux autorités de Jérusalem[23] ?

Le refus du messianisme dans le Pentateuque

Dans tout le Pentateuque la question de la royauté n'est traitée qu'une seule fois, dans la « loi du roi » en Dt 17, 14–20. Il a été observée souvent

---

[22] G. VON RAD, *Théologie de l'Ancien Testament II*, Genève, Labor et Fides, 1965⁴, p. 210 ; R. ALBERTZ, « Loskauf umsonst ? Die Befreiungsvorstellungen bei Deuterojesaja », dans *Freiheit und Recht. Festschrift für Frank Crüsemann zum 65. Geburtstag*, C. HARDMEIER, R. KESSLER, A. RUWE (éd.), Gütersloh, Chr. Kaiser-Gütersloher Verlagshaus, 2003, p. 360–379.

[23] Voir pour cette interprétation A. LACOCQUE, « Zacharie 9–14 », dans S. AMSLER, A. LACOQUE et R. VUILLEUMIER, *Aggée, Zacharie, Malachie*, CAT XIc, Genève, Labor et Fides, 1988, p. 127–216 (181–193).

et à juste titre que c'est Moïse qui est présenté comme une figure royale et qui, d'une certaine manière, remplace le roi[24] : le récit de sa naissance s'inspire clairement de la légende de Sargon, l'histoire de sa fuite en Égypte emprunte un certain nombre de traits à celle de Jéroboam (Ex 2, 15 et 1 R 11, 26–28), il devient ensuite, après avoir libéré le peuple que YHWH lui a confié, le médiateur par excellence, juge et bâtisseur d'un sanctuaire. Le parcours de Moïse s'inspire largement de certaines conventions de l'idéologie royale, et le rapproche ainsi des gestes héroïques de la cour. Certains de ces thèmes sont repris pour faire de Moïse le médiateur par excellence préfigurant et détrônant la royauté.

Le texte de Dt 17, 14–20 envisage la possibilité d'un roi en « Israël ». Mais les pouvoirs de ce roi sont drastiquement limités, ses pouvoirs et ses richesses sont réduits et la seule prescription positive qu'on trouve dans ce passage sur le roi le transforme en promoteur de la loi divine : « Quand il sera assis sur le trône de sa royauté, il écrira pour lui un deuxième exemplaire de cette *Torah*, du rouleau qui se trouve auprès des prêtres, les Lévites. Elle sera avec lui, et il en lira tous les jours de sa vie afin qu'il apprenne à craindre YHWH, son dieu, à observer toutes les paroles de cette *Torah* et ces prescriptions pour les mettre en pratique, afin que son cœur ne s'élève pas au-dessus de ses frères et qu'il ne se détourne du commandement ni à droite ni à gauche afin qu'il prolonge ses jours sur[25] sa royauté, lui et ses fils, au milieu d'Israël » (Dt 17, 18–20). Dt 17, 14–20 peut se lire d'abord comme une réflexion sur la royauté à l'intérieur de la *Torah* car, sans ce passage, le thème serait quasiment absent[26]. Si l'on doit comprendre le Pentateuque comme un compromis entre des milieux sacerdotaux et des milieux laïques gérant les affaires internes de la province de Yehud (et peut-être aussi de la Samarie), on peut lire Dt 17, 14–20 comme une concession à ceux qui espéraient le retour d'une royauté. Les limites fixées à son pouvoir proviennent notamment d'une connaissance des histoires du début de la monarchie en Samuel et Rois (cf. Dt 17, 14 et 1 S 8, 5 ; Dt 17,

---

[24] Pour plus de détails voir T. RÖMER, « Moïse a-t-il l'étoffe d'un héros ? Observations bibliques et extra-bibliques », dans *Le jeune héros. Recherches sur la formation et la diffusion d'un thème littéraire au Proche-Orient ancien*, J.-M. DURAND, T. RÖMER et M. LANGLOIS (éd.), OBO 250, Fribourg, Academic Press, Göttingen, Vandenhoeck & Ruprecht, 2011, p. 225–241.

[25] Le Pentateuque samaritain ajoute *'sk*, ce qui renforce le parallèle avec le verset 18.

[26] On pourrait penser à la promesse de Gn 17 : des rois sortiront des entrailles d'Abraham. Mais ce texte reflète-t-il l'espoir de la restauration d'une royauté judéenne ou considère-t-il Abraham comme le père de nombreux peuples organisés en royaumes ? La question demeure ouverte.

17 et 1 R 11, 1–3)[27]. Certaines de ces limites ne sont pas incompatibles avec l'idéologie royale du Proche-Orient, qui insiste, elle aussi, sur une certaine « modestie » du roi. Ce dernier ne doit pas exploiter le peuple qui lui est confié par les dieux. Ce qui change, en revanche, radicalement est le fait que le roi, en Dt 17, n'est plus l'autorité suprême ; il est certes choisi par YHWH (v. 15), mais il n'est pas le médiateur de ses commandements. Ceux-ci se trouvent désormais dans un livre qu'il doit respecter et faire respecter. Comme Josué, en Jos 1, 7–8, le roi selon Dt 17 est sous l'autorité de la *Torah*, transmise par Moïse et dont l'observance garantit désormais le respect du droit et de la justice.

L'eschatologisation de l'attente messianique

L'échec de Zorobabel et du compromis proposé en Dt 17, 14–20 marque le début de l'eschatologisation de l'attente messianique. Ainsi, certains textes du livre d'Ézéchiel n'annoncent plus la venue d'un roi de la lignée davidique, mais le retour de David ou un « nouveau David » (Éz 37, 24–25)[28]; la même idée se trouve en Mi 5,1–5 : de Bethléem, ville d'origine de David, sortira un gouverneur mythique : « Ses origines remontent à l'antiquité, aux jours d'autrefois. Il se tiendra debout et fera paître son troupeau par la puissance de YHWH ». En Za 9, 9–10, la venue d'un roi idéal s'accompagne d'un règne universel de paix : « Voici ton roi s'avance vers toi ; juste et plein de secours, humble et monté sur un âne […] Il supprimera d'Éphraïm le char de guerre et de Jérusalem le char de combat. Il brisera l'arc de guerre et proclamera la paix pour les nations ». La vision d'un roi « humble » est-elle une relecture messianique du « serviteur souffrant » qui apparaît dans certains textes d'Is 40–55 ? L'humilité du roi n'est, cependant, pas aussi étonnante qu'on le prétend parfois ; elle fait partie des attributs d'un bon roi et montre sa piété, puisqu'il se soumet à sa divinité tutelaire[29]. Le roi à venir s'est transformé en messie de la fin de temps, en la croyance en un sauveur qui met un terme à l'ordre présent et qui inaugure une nouvelle ère de justice et de paix. Ce qui est plus étonnant, c'est le pacifisme de ce monarque ; il ne s'agit plus d'un roi guerrier, mais d'un roi faisant dispa-

---

[27] Pour plus de détails, voir R. Achenbach, « Das sogenannte Königsgesetz in Deuteronomium 17,14–20 », *ZABR* 15 (2009), p. 216–233.

[28] À noter cependant que la vision du pays restauré en Éz 40–48 ne parle pas d'un roi mais d'un *nasi'*. S'agit-il de l'acceptation du fait que le seul roi est le roi perse ?

[29] H. Graf Reventlow, *Die Propheten Haggai, Sacharja und Maleachi*, ATD 25/2, Göttingen, Vandenhoeck & Ruprecht, 1993, p. 95.

raître toutes les armes. Le roi attendu est ici le messie de la fin des temps instaurant une nouvelle ère de paix.

Le renforcement de l'idée messianique à l'époque des Hasmonéens

C'est sans doute l'époque maccabéenne qui voit la naissance d'un messianisme eschatologique en tant qu'espérance d'un rédempteur inaugurant un nouveau monde de salut[30]. L'influence grandissante de l'idéologie eschatologique se reflète dans la transformation de la *Torah* en une « Bible » bipartite (*Torah* et *Nebiim*) vers 200 avant notre ère. Cette nouvelle « Bible » se termine maintenant par l'annonce du retour d'Élie préparant le « jour de YHWH, grand et redoutable » (Ml 3, 23–24).

Dans la deuxième partie du livre de Daniel, écrit entre la profanation du temple par Onias IV en 167 et la purification du sanctuaire par Judas Maccabée en 164, s'exprime la conviction d'une fin du monde imminente. Selon Dn 7, le jugement final est précédé par l'arrivée d'un fils d'homme à qui sont données une souveraineté et une royauté éternelles (7, 14). Ce personnage n'est pas caractérisé comme un nouveau David ou un davidide. Il peut s'agir d'une figure collective, transférant sur le groupe des « justes » les attributs royaux[31] ou d'une figure céleste, faisant partie de la cour de YHWH[32].

Les troubles du IIe siècle avant notre ère qui menèrent au soulèvement maccabéen renforcèrent et affermirent l'idéologie messianique. L'arrivée au pouvoir des Maccabées provoqua un énorme choc pour le judaïsme. Le peuple n'était pas préparé à retrouver une autonomie politique et se trouva confronté à la dynastie des Hasmonéens, qui, en fin de compte, ne se distinguaient pas vraiment de leurs prédécesseurs grecs. Les livres des Maccabées qui veulent légitimer les Hasmonéens présentent leur règne comme l'accomplissement de l'ère messianique : « On cultivait sa terre en paix, le sol donnait ses produits et les arbres des plaines leurs fruits (…) Il fit la paix et grande fut la joie en Israël. Chacun s'assit sur sa vigne et grande fut la joie en Israël » (1 M 14, 8–13). Cette revendication messianique

---

[30] P. Schäfer, « Diversity and Interactions: Messiahs in Early Judaism », dans *Toward the Millenium: Messianic expectations from the Bible to Waco*, P. Schäfer et M. Cohen (éd.), SHR 77, Leyde, Brill, 1996, p. 15–36, sp. 24–25.

[31] Dans ce sens, A. Lacoque, *Le livre de Daniel*, CAT XVb, Neuchâtel, Paris, Delachaux et Niestlé, 1976, p. 110–116.

[32] D. Bauer, *Das Buch Daniel*, NSK.AT 22, Stuttgart, Verlag Katholisches Bibelwerk, 1996, p. 157–158.

ne fut pas du goût des pharisiens qui accusèrent les Hasmonéens d'avoir
« dépouillé le trône de David » tout en demandant à Dieu : « suscite-leur
leur roi, fils de David, au moment que tu sais, ô Dieu, pour qu'il règne sur
Israël, ton serviteur » (Psaumes de Salomon 17, 21–22).

La communauté essénienne de Qumrân était fortement marquée par
l'attente d'une nouvelle ère promise aux « fils de lumière » après leur victoire contre les « fils des ténèbres ». Les textes de Qumrân témoignent
d'une certaine variété quant à l'attente messianique. On y trouve l'idée
de deux messies, d'un messie d'Aaron et d'un messie d'Israël, d'un messie
sacerdotal et d'un messie royal. Ce « bimessianisme » reprend les attentes
du livre de Zacharie. Dans d'autres textes apparaît un seul messie davidique, appelé « Prince de la congrégation » qui établira le règne de Dieu
pour toujours[33].

Conclusion

Il est apparu que les attentes messianiques, telles qu'elles s'élaborent
dans le judaïsme naissant à l'époque perse, sont multiples. Il faudrait
donc parler de messianismes au pluriel. Les origines de ces messianismes
se trouvent dans l'idéologie royale proche-orientale. Lorsque les auteurs
des Évangiles veulent affirmer que Jésus de Nazareth est le « christ », le
messie, ils puisent largement de cette idéologie, en citant le Psaume 2,
7 lors du baptême de Jésus par Jean (Lc 3, 22), en appelant Jésus le « bon
berger » (Jn 10, 1–10) et en faisant de lui un « fils de David ».

---

[33] Pour plus de détails voir P. PIOVANELLI, « Les figures des leaders "qui doivent venir".
Genèse et théorisation du messianisme juif à l'époque du second Temple », dans *Messianismes. Variations sur une figure juive*, J.-C. ATTIAS, P. GISEL et L. KAENNEL (éd.), Religions
en perspective 10, Genève, Labor et Fides, 2000, p. 31–58.

MESSIES NON-ISRAÉLITES D'APRÈS LA TRADITION BIBLIQUE

André Lemaire

Les rois bibliques

Le titre de cette communication peut surprendre. Le mot français « messie » correspond à l'hébreu biblique massorétique *māšîaḥ*, littéralement « oint », et désigne donc une personne qui a reçu une onction. Suivant la pratique de l'ancien Israël, cette onction avait pour but de consacrer celui qui la recevait pour une haute fonction sociale, en particulier comme roi (par exemple, 1 S 1, 21) ou comme prêtre (par exemple, Lv 4, 3). Le respect pour celui qui a été oint comme une personne sacrée apparaît déjà dans les histoires concernant l'ascension de David. En effet, malgré tous ses défauts et sa volonté de le supprimer, David est présenté montrant l'exemple du respect vis-à-vis de Saül en tant que « oint/messie de YHWH » (1 S 24, 7.11)[1].

La référence à YHWH en tant que divinité nationale auteur de l'onction semble impliquer qu'il s'agit là d'un phénomène qui vise uniquement des personnes assumant une haute fonction à l'intérieur d'Israël. Cependant une lecture attentive des textes bibliques révèle qu'il n'en est rien et que la Bible présente deux cas où le « messie » de YHWH est explicitement un étranger. On peut en rapprocher un troisième cas, où un roi étranger est désigné comme « serviteur de YHWH ». Nous allons les analyser tous les trois avant d'évoquer l'influence qu'ils ont pu exercer indirectement dans la reconnaissance d'un empereur romain du Ier siècle de notre ère.

Hazaël « oint de YHWH »

Le cas le plus ancien de messie non israélite dans la tradition biblique semble dater du milieu du IXe s. avant notre ère, plus précisément vers 845 puisqu'il concerne le grand roi araméen de Damas, Hazaël, qui a

---

[1] Voir par exemple, A. CAQUOT, P. DE ROBERT, *Les livres de Samuel*, CAT 6, Genève, Labor et Fides, 1994, p. 287–294.

probablement régné de *c.* 845–841 à *c.* 805–803[2]. Son onction par YHWH est présentée dans deux passages des livres des Rois.

Le premier est un ordre donné à Élie sur l'Horeb : « Va, reprends ton chemin en direction de la steppe de Damas. Tu oindras Hazaël comme roi sur Aram (*mᵉšaḥtā 'et-Ḥᵃzā'ēl lᵉmelek 'al 'ᵃrām*) » (1 R 19, 15). Cet ordre donné à Élie est d'autant plus surprenant que, du moins en apparence, Élie n'a jamais exécuté cet ordre : il n'est pas dit avoir été dans la steppe de Damas ni avoir oint Hazaël, pas plus d'ailleurs qu'il n'est raconté avoir oint Jéhu (1 R 19, 16). Le commentaire de J. Gray suggère déjà que « the actual commission to anoint Hazael and Jehu was a pious fiction to justify the high-handed methods of Elisha »[3] et c'est probablement un exemple de transfert des histoires du cycle d'Élisée vers celui d'Élie, peut-être lors de la rédaction finale des deux cycles[4].

Le deuxième passage se rattache clairement au cycle d'Élisée : 2 Rois 8, 7–15. Le roi d'Aram Ben-Hadad étant souffrant, il envoie Hazaël comme messager auprès d'Élisée « l'homme de Dieu » pour lui demander si lui, le souverain, sortira vivant de sa maladie. Hazaël se présente donc avec de nombreux cadeaux devant Élisée et celui-ci, assez hypocritement, dit à Hazaël qu'il doit rassurer son roi, tout en lui révélant confidentiellement que ce dernier va mourir. Puis Élisée se met à pleurer en pensant à tout le mal que Hazaël va faire aux Israélites. Et comme son interlocuteur s'étonne, Élisée avoue savoir par YHWH que lui, Hazaël, régnera sur Aram. Le récit se termine par la réalisation de la prophétie : Hazaël retourne auprès de son roi en le rassurant sur sa maladie. Pourtant, le roi araméen meurt le lendemain, tandis que Hazaël était apparemment en train de le soigner. Comme nous l'avons souligné ailleurs[5], ce texte pose de nombreux problèmes d'interprétation :

---

[2] Cf. A. LEMAIRE, « Hazaël de Damas, roi d'Aram », dans *Marchands, diplomates et empereurs. Études sur la civilisation mésopotamienne offertes à Paul Garelli*, D. CHARPIN, F. JOANNÈS (éd.), Paris, Éd. Recherche sur les Civilisations, 1991, p. 91–108 ; E. LIPIŃSKI, *The Aramaeans. Their Ancient History, Culture, Religion*, OLA 100, Louvain, Peeters, 2000, p. 376–390.

[3] J. GRAY, *I and II Kings, A Commentary*, OTL, Londres, SCM, 1970², p. 412.

[4] La fusion des deux cycles avec la mise en valeur de l'onction de Jéhu, remontant à un oracle reçu par Élie, a probablement eu lieu sous la dynastie de Jéhu soit durant le règne de Joas vers 800 (cf. A. LEMAIRE, « Joas, roi d'Israël, et la première rédaction du cycle d'Élisée », dans *Pentateuchal and Deuteronomistic Studies. Papers read at the XIIIth IOSOT Congress Leuven 1989*, C. BRÉKELMANS, J. LUST (éd.), Louvain, Peeters, 1990, p. 245–254), soit durant celui de Jéroboam II, dans la première moitié du VIIIᵉ s.

[5] A. LEMAIRE, « Prophètes et rois dans les inscriptions ouest-sémitiques (IXᵉ–VIᵉ siècle av. J.-C.) », dans *Prophètes et rois. Bible et Proche-Orient*, A. LEMAIRE (éd.), Lectio divina hors-série, Paris, Cerf, 2001, p. 85–115, sp. 90.

1) Contrairement à une interprétation très répandue, le texte ne précise pas que le roi a été assassiné par Hazaël. En effet, le fait de prendre une serviette et, après l'avoir plongée dans l'eau, de l'étendre sur le visage peut très bien être un essai normal de faire baisser la fièvre[6].

2) En fait, le texte ne semble pas préciser le rôle exact de Hazaël auprès du roi d'Aram. Comme il est envoyé en mission par le roi, on peut supposer que celui-ci avait grande confiance en lui et que Hazaël était un des membres de son entourage immédiat, ce que semble aussi confirmer les soins qu'il lui prodigue. Il est difficile d'être plus précis[7].

3) Avec un certain nombre de critiques[8], nous pensons que le récit primitif évoquait simplement un roi d'Aram anonyme qui a été postérieurement identifié avec Ben-Hadad, le fils et successeur de Hazaël, connu par d'autres récits du cycle d'Élisée. À l'origine, le récit de 2 R 8,7–15 visait très probablement le roi de Damas Hadadidri, allié d'Achab à la bataille de Qarqar auquel Hazaël a succédé.

4) Ce texte ne parle pas d'une onction de Hazaël par Élisée au nom de YHWH, mais simplement d'une vision envoyée par YHWH et représentant Hazaël comme roi sur Aram. Il s'agit donc apparemment ici d'une simple prédiction, sans pour autant qu'il y ait élection de Hazaël par YHWH.

Ces deux textes doivent aujourd'hui être confrontés au début de la stèle araméenne fragmentaire de Tel Dan. Comme nous l'avions indiqué dès la publication du premier fragment[9], ce qui est accepté de la plupart des commentateurs[10], le commanditaire de cette inscription, dont le nom devait être dans la lacune du début, n'est autre que le roi Hazaël. Or, ce dernier déclare aux lignes 4' et 5' : « ... [et] Hadad m'a fait roi, moi,

---

[6] Cf. A. LEMAIRE, « Hazaël de Damas, roi d'Aram », *op. cit.*, p. 96.

[7] Cf. récemment S. HAFÞÓRSSON, *A Passing Power. An Examination of the Sources for the History of Aram-Damascus in the Second Half of the Ninth Century B.C.*, Coniectanea Biblica. Old Testament Series 54, Stockholm, Almqvist and Wiksell International, 2006, p. 157.

[8] Cf. déjà A. JEPSEN, « Israel und Damaskus », *AfO* 14 (1941–44), p. 153–172, sp. 158 ; E. LIPIŃSKI, « Le Ben-Hadad II de la Bible et l'histoire », dans *Proceedings of the Fifth World Congress of Jewish Studies*, P. PELI (éd.), Jérusalem, 1969, p. 157–173 ; E. LIPIŃSKI, *The Aramaeans, op. cit.*, 2000, p. 376–377.

[9] Cf. A. LEMAIRE, « Épigraphie palestinienne : nouveaux documents I. Fragment de stèle araméenne de Tell Dan (IXᵉ siècle av. J.-C.) », *Henoch* 16 (1994), p. 87–93.

[10] Cf. A. LEMAIRE, « The Tel Dan Stela as a Piece of Royal Historiography », JSOT 81 (1998), p. 3–14 (avec bibliographie) ; cf. aussi récemment H. HAGELIA, *The Tel Dan Inscription. A Critical Investigation of Recent Research on Its Palaeography and Philology*, Studia Semitica Upsaliensia 22, *Uppsala*, Uppsala Universitet, 2006, p. 224.

(YHMLK.HDD[.]'[YTY.]'NH) et Hadad est allé devant moi...». Comme nous l'avons remarqué ailleurs[11], cet emploi du *haphel* du verbe MLK est semblable à celui de la ligne 3 de la stèle de Zakkour. Dans les deux cas, il s'agit de souligner l'action de la divinité dans l'accession à la royauté quand celle-ci n'allait pas de soi : ni Zakkour, ni Hazaël n'indiquent leur patronyme, probablement parce que leur père naturel n'était pas roi. Dans les deux cas, la prise du pouvoir et l'accession à la royauté ont donc probablement été légitimés par un oracle de la divinité nationale, Hadad dans le cas de Hazaël et Baalshamayin dans le cas de Zakkour.

La présentation que fait Hazaël de lui-même dans sa stèle ne s'oppose peut-être pas tout à fait à 2 R 8, 13 où il n'est question que d'une simple vision, mais s'oppose assez clairement à l'ordre donné à Élie en 1 R 19, 15 qui, en mentionnant l'onction sur l'ordre de YHWH, semble bien indiquer que c'est YHWH et non Hadad qui fait Hazaël roi sur Aram. Il est assez clair que l'inscription de la stèle de Tel Dan, reflète l'interprétation offi-cielle araméenne, c'est-à-dire que la propagande royale tente de légitimer le pouvoir politique de Hazaël. Mais alors que signifie l'ordre donné à Élie (1 R 19, 15b) d'oindre Hazaël ?

Ici, il faut tenir compte de la situation politique à l'époque d'Élisée. Cette époque correspond à celle de la domination de Hazaël sur les territoires israélites en Transjordanie septentrionale, sous le règne de Jéhu (2 R 10, 32–33), puis aussi en Cisjordanie, sous le règne de Yehoakhaz (2 R 13, 3.7). C'est l'époque dite des « guerres araméennes » pendant les-quelles « la colère de YHWH s'enflamma contre Israël qu'il livra tout le temps aux mains de Hazaël, roi d'Aram, et aux mains de Ben-Hadad fils de Hazaël » (2 R 13, 3). Dans un tel contexte politique, Élisée ne semble pas avoir préconisé la résistance armée, mais la reconnaissance de la sou-veraineté d'Aram en tant que suzerain avec lequel on s'efforce de garder de bonnes relations, autant que cela est possible. L'indication que YHWH lui-même, par la bouche de son prophète, avait annoncé la royauté de Hazaël était un bon moyen de légitimer une certaine allégeance à Hazaël. Toutefois, cette ligne politique a certainement dû être contestée et ren-contrer une opposition nationaliste. En effet, l'auteur fusionnant les cycles d'Élie et d'Élisée ne se contente pas de placer une simple prédiction sous l'autorité d'Élisée : non seulement il la fait remonter au grand prophète

---

[11] A. LEMAIRE, « Oracles, politique et littérature dans les royaumes araméens et trans-jordaniens », dans *Oracles et prophéties dans l'Antiquité. Actes du Colloque de Strasbourg 15–17 juin 1995*, J.-G. HEINTZ (éd.), Travaux du Centre de Recherche sur le Proche-Orient et la Grèce Antiques 15, Paris, De Boccard, 1997, p. 171–193, sp. 172–177.

« nationaliste » Élie, mais il révèle en plus qu'Élie lui-même avait reçu l'ordre d'oindre Hazaël à « la montagne de Dieu, l'Horeb » (1 R 19, 8b). La royauté de Hazaël étant explicitement voulue par YHWH, il n'y avait d'autre issue que de la reconnaître ! C'est sans doute pour mieux appeler à la soumission au roi étranger Hazaël qu'Élisée, ou un de ses disciples, a présenté Hazaël comme l'« oint de YHWH ».

Cyrus « oint de YHWH »

Depuis la fin du XVIIIᵉ siècle, l'exégèse critique a généralement reconnu que les oracles prophétiques d'Isaïe 40–55 sont à rattacher, pour l'essentiel, à la seconde moitié du VIᵉ s. avant notre ère, qu'il s'agisse des oracles d'un seul prophète anonyme ou de plusieurs comme on l'a proposé récemment[12] et qu'il s'agisse d'oracles babyloniens ou judéens[13]. Un des arguments classiques en faveur de cette datation est la référence explicite au roi perse Cyrus :

> Je dis de Cyrus : « C'est mon berger » ;
> tout ce qui me plaît, il le fera réussir,
> en disant de Jérusalem « Qu'elle soit rebâtie ! » et pour le Temple : « Sois à nouveau fondé ! » (Isaïe 44, 28)

La référence à Cyrus se fait encore plus précise dans le verset suivant :

> Ainsi parle YHWH à son messie ($m^e\check{s}\hat{\imath}h\hat{o}$),
> à Cyrus que je tiens par sa main droite,
> pour abaisser devant lui les nations
> pour déboucler la ceinture des rois,
> pour déboucler devant lui les battants,
> pour que les portails ne restent pas fermés. (Isaïe 45, 1)

---

[12] Cf. U. BERGES, « Farewell to Deutero-Isaiah or Prophecy without a Prophet », dans *Congress Volume Ljubljana 2007*, A. LEMAIRE (éd.), VTSup 133, Leyde, Brill, 2010, p. 575–595 ; L.-S. TIEMEYER, *For the Comfort of Zion. The Geographical and Theological Location of Isaiah 40–55*, VTSup 139, Leyde, Brill, 2011.

[13] Les essais récents de mettre en avant une origine judéenne (cf. surtout H.M. BARS-TAD, *The Babylonian Captivity of the Book of Isaiah. "Exilic" Judah and the Provenance of Isaiah 40–55*, Oslo, Instituttet for sammenlignende kulturforskning, 1997 ; L.-S. TIEMEYER, *For the Comfort of Zion, op. cit.*) ne nous semblent pas tenir suffisamment compte des recherches et données nouvelles sur la Judée et la Babylonie au VIᵉ s. La localisation primitive en Babylonie nous semble la solution la plus vraisemblable, cf. D.S. VANDERHOOFT, *The Neo-Babylonian Empire and Babylon in the Latter Prophets*, HSM 59, Atlanta, Scholars Press, 1999, p. 169–188 ; A. LEMAIRE, *La naissance du monothéisme. Point de vue d'un historien*, Paris, Bayard, 2003, p. 129–132.

Le livre d'Esdras nous montre comment, peu de temps après être entré à Babylone, Cyrus ordonna qu'on laisse retourner chez eux les Judéens exilés en Babylonie, éventuellement avec les vases du temple de Jérusalem qui avaient été pillés en 587 avant notre ère et qui allaient pouvoir, en quelque sorte, reprendre du service dans le temple à reconstruire (Esdras 1, 1–11).

De fait, le temple de Jérusalem ne fut reconstruit qu'un peu plus tard, sous Darius, en 515 (Esd 6, 15) tandis que la ville de Jérusalem ne le fut que dans la septième année d'Artaxerxès (Ier), c'est-à-dire en 445, sous l'impulsion du gouverneur Néhémie qui rétablit la muraille de Jérusalem et repeupla la ville à l'abri dans ses murailles.

Quel que soit le délai pour la réalisation des deux parties de l'oracle d'Isaïe 44, 28, dont l'exécution ne se réalise que quelques 24 et 94 ans après, donc bien après Cyrus, ce dernier en est crédité[14] parce qu'il rendit possible un retour à Jérusalem. L'oracle prophétique l'appelle donc non seulement « berger », terme imagé à connotation nettement politique, mais aussi explicitement « son oint/messie »[15].

On notera que, à cette époque et selon toute probabilité, le roi Yehoyakin était déjà mort, vraisemblablement à Babylone, et qu'il n'existait pas d'autre roi judéen pour prétendre avoir été oint[16]. L'appellation « oint/messie » adressée à Cyrus avait pour but d'entraîner les exilés à reconnaître dans le roi des Perses qui arrivait aux portes de Babylone celui que YHWH avait oint pour laisser revenir son peuple, du moins ceux qui le voulaient, en Judée et à Jérusalem.

Bien que la désignation « oint/messie » ne soit explicitement adressée qu'à Cyrus en tant que libérateur des déportés, il semble que toute la succession des rois perses jusqu'à Darius III a été généralement bien considérée par les Judéens, en Judée proprement dite, en Babylonie ou

---

[14] Après B. Duhm, plusieurs commentateurs ont proposé d'interpréter le v. 28b comme un ajout (cf. par exemple K. ELLIGER, *Deuterojesaia*, BKAT 11/1, Neukirchen-Vluyn, Neukirchener Verlag, 1978, p. 478). Cependant cette interprétation ne s'impose pas (cf. J. GOLDINGAY – D. PAYNE, *A Critical and Exegetical Commentary on Isaiah 40–55 II*, ICC, Edimbourg, T&T Clark, 2006, p. 16).

[15] Malgré B.J. DIEBNER, « Foreign Rule Without Nasty Taste. The Persian Period Reflected in the Tanak », *Transeu* 38 (2009), p. 131–137, sp. 132, il ne semble y avoir aucune raison de mettre en doute l'historicité de cette appellation contemporaine et de la repousser à l'époque hellénistique.

[16] Cf. déjà K. ELLIGER, *Deuterojesaja*, 1978, p. 492, tandis que C. WESTERMANN (*Das Buch Jesaja. Kapitel 40–66*, ATD 19, Göttingen, Vandenhoeck & Ruprecht, 1976³, p. 129) souligne que « Das Wort wird im Alten Testament immer nur von einem gegenwärtig regierenden König gebraucht ».

quelque part dans la diaspora. La proclamation de Cyrus comme « oint/ messie de YHWH » semble donc avoir eu un effet durable, entraînant le ralliement de la population israélite de la diaspora et de la Palestine pendant deux siècles. Nous n'avons apparemment aucun témoignage d'une révolte quelconque de la part de la population israélite contre les autorités achéménides.

À la différence de l'onction de Hazaël, celle de Cyrus a donc eu une connotation positive et durable dans la tradition biblique.

Nabuchodonosor « mon serviteur »

On sait que, dans la Bible, le titre « serviteur de YHWH » ou « mon serviteur » s'applique à de nombreux personnages importants : Abraham, Moïse, Jacob (Is 41, 1 ; 45, 4 ; Jr 30, 10…), David, Zorobabel (Ag 2, 23 ; cf. Za 3, 8 : Ṣemaḥ)[17], Job (1, 8 ; 2, 3 ; cf. 31, 13 ; 42, 8), à tout Israël (Is 41, 8) ou encore aux prophètes en général. Cependant il y a une personnalité inattendue au sujet de laquelle le livre de Jérémie déclare qu'elle est « serviteur de YHWH » : le « roi de Babylone » Nabuchodonosor (Jr 25, 9 ; 27, 6 ; 43, 10). Le fait a été souligné depuis longtemps par les exégètes[18] qui ont généralement remarqué que les oracles prophétiques de Jérémie désignent Nabuchodonosor comme « le serviteur de YHWH » en vue de souligner la domination universelle (bêtes et gens) que YHWH attribue au roi de Babylone. Cependant, l'absence de cette mention dans la Septante a conduit les exégètes à deux interprétations différentes : il s'agit soit d'un ajout tardif du texte massorétique, influencé éventuellement par Daniel 2, 47 et datant du IIe s. avant notre ère[19], soit d'une appellation primitive

---

[17] Sur ce nom, cf. A. LEMAIRE, « Zorobabel et la Judée à la lumière de l'épigraphie (fin du VIe s. av. J.-C.) », *RB* 103 (1996), p. 48–57.

[18] Cf. par exemple W.E. LEMKE, « Nebuchadrezzar, My Servant », *CBQ* 28 (1966), p. 45–50 ; T.W. OBERHOLT, « King Nebuchadnezzar in the Jeremiah Tradition », *CBQ* 30 (1968), p. 39–48.

[19] Cf. W.E. LEMKE, *op. cit.*, p. 45–50 ; E. TOV, « Exegetical Notes on the Hebrew Vorlage of the LXX of Jeremiah 27 (34) », *ZAW* 91 (1979), p. 73–93, sp. 83–84 ; A. SCHENKER, « Nebukadnezzars Metamorphose – Vom Unterjocher zum Gottesknecht », *RB* 89 (1982), p. 498–527 (= Idem, *Text und Sinn im Alten Testament. Textgeschichtliche und bibeltheologische Studien*, OBO 103, Fribourg, Universitätsverlag, Göttingen, Vandenhoeck & Ruprecht, 1991, p. 136–165) ; W. MCKANE, *A Critical and Exegetical Commentary on Jeremiah I*, ICC, Edimbourg, T&T Clark, vol. 1, 1986, p. 625 ; Idem, « Jeremiah 27,5–8, Especially 'Nebuchadnezzar, my Servant' », dans *Prophet und Prophetenbuch. Festschrift O. Kaiser*, V. FRITZ et alii (éd.), BZAW 185, Berlin *et al.*, W. de Gruyter, 1989, p. 98–110 ; Idem, *A Critical and Exegetical Commentary on Jeremiah II*, ICC, Edimbourg, T&T Clark, 1996, p. 688–689, 701, 1050, 1056 ;

ANDRÉ LEMAIRE

remontant au prophète Jérémie[20] escamotée dans la Septante parce que
le traducteur grec a interprété ce verset à la lumière du livre de Daniel[21],
soit, tout simplement, parce qu'elle était choquante[22]. Cette dernière
interprétation nous semble la plus vraisemblable. En effet, le titre « mon
serviteur » appliqué à Nabuchodonosor ne cesse de surprendre puisque
ce denier est responsable de la ruine de Jérusalem et du Temple. Toutefois, plusieurs oracles de Jérémie nous montrent que Jérémie lui-même
n'a cessé de prêcher la soumission aux Chaldéens (ex. Jr 27, 12). L'attitude prêchée par le prophète est bien exprimée par Jr 28, 14 : « Ainsi parle
YHWH des armées : "C'est un joug de fer que j'impose à toutes ces nations
pour qu'elles servent Nabuchodonosor, roi de Babylone ; elles le serviront ;
et même les bêtes sauvages, je les lui livre" ». Bel exemple d'imbrication
de la politique et de la religion.

Le titre de « serviteur de YHWH » accordé à Nabuchodonosor, selon un
oracle remontant vraisemblablement à Jérémie, a pour but d'entraîner le
peuple du royaume de Juda à reconnaître la royauté quasi-universelle du
roi de Babylone et donc à supprimer toute velléité de révolte. On retrouve
là un dispositif similaire à celui rencontré dans le livre des Rois à propos
de l'onction de Hazaël par YHWH.

Dans les trois cas examinés, deux fois avec le titre de « messie » et une fois
avec le titre « mon serviteur », cette désignation est réalisée par un oracle prophétique et celui qui fait cette déclaration est un prophète. D'une
manière générale, la désignation du « messie » semble donc liée à un oracle de type prophétique.

Ces trois exemples peuvent nous aider à mieux comprendre un problème historique qui se posa au Ier siècle de notre ère : la désignation de
Vespasien comme « empereur » par deux personnalités juives contemporaines : Flavius Josèphe et Rabbi Yohanan ben Zakkay[23].

A. AEJMELAEUS, « "Nebuchadnezzar, my Servant": Redaction History and Textual Development in Jer 27 », dans *Interpreting Translation: Studies on the LXX and Ezekiel in Honour of
Johan Lust*, F. GARCÍA MARTÍNEZ, M. VERVENNE (éd.), BETL 192, Louvain, University Press,
Peeters, 2005, p. 1–18, sp. 13–17.
   [20] Cf. T.W. OBERHOLT, *op. cit.*, p. 39–48.
   [21] Cf. A. VAN DER KOOIJ, « Jeremiah 27: 5–15: How do MT and LXX Relate to Each
Other? », *JNSL* 20 (1994), p. 59–78, sp. 76–77.
   [22] Cf. Z. ZEVIT, « The Use of 'BD as a Diplomatic Term in Jerusalem », *JBL* 88 (1969),
p. 74–77 ; J.R. LUNDBOM, *Jeremiah 21–36*, AB 21B, New York, Doubleday, 2004, p. 249, 314–315.
   [23] Cf. l'analyse détaillée d'A. SCHALIT, « Die Erhebung Vespasians nach Flavius Josephus,
Talmud und Midrash. Zur Geschichte einer messianischen Prophetie », dans *ANRW* II,

Un « empereur » romain

La tradition historique de la désignation de Vespasien comme empereur par Flavius Josèphe nous est racontée par lui-même dans la *Guerre des Juifs* (III, 398–404). L'auteur vient d'être fait prisonnier :

> Vespasien prescrivit de tenir Josèphe sous bonne garde, en disant qu'il allait l'envoyer immédiatement à Néron. Quand il entendit ces derniers mots, Josèphe dit qu'il voulait avoir avec lui un entretien particulier. Une fois que Vespasien eut congédié tout le monde à l'exception de son fils Titus et de deux amis, Josèphe dit :
>
> « Vespasien, tu crois avoir fait en la personne de Josèphe un prisonnier de guerre, rien de plus. Mais moi, je viens à toi en messager de choses plus importantes. Car si je n'étais pas envoyé par Dieu, je connaissais la Loi des Juifs et comment doivent mourir les généraux.
>
> Tu m'envoies à Néron ? À quoi bon ? Les successeurs de Néron jusqu'à toi ne se maintiendront pas, eux non plus.
>
> Tu seras César, Vespasien, et empereur, toi et aussi ton fils ici présent.
>
> Lie-moi solidement aujourd'hui et garde-moi pour toi.
>
> Car tu es maître, César, non seulement de moi, mais de la terre, de la mer et de tout le genre humain.
>
> Quant à moi, je demande le châtiment d'une détention plus rigoureuse si j'en appelle à Dieu à la légère ».
>
> Après cette déclaration, Vespasien, sur le moment, jugeait bon de n'en rien croire et il se disait que Josèphe montait cette histoire pour sauver sa vie ; mais peu à peu il était amené à y croire, Dieu l'éveillant déjà à l'idée du pouvoir et, par d'autres signes, lui faisant prévoir le sceptre (…).

Même s'il faut tenir compte d'une présentation quelque peu théâtrale, il n'y a pas de raison de douter de l'historicité fondamentale de cet épisode[24] qui permet de comprendre pourquoi Flavius Josèphe, général de la révolte fait prisonnier, n'a pas été immédiatement déféré à l'empereur Néron. Il est d'ailleurs, à côté de la consultation d'un oracle du dieu Carmel, confirmé par Suétone dans sa présentation de *Vespasien* :

19, H. Temporini (éd.), Berlin, New York, W. de Gruyter, 1975, p. 208–327 (avec une interprétation péjorative de l'attitude de Flavius Josèphe).

[24] Cf. par exemple H.R. Moehring, « Joseph ben Matthia and Flavius Josephus: the Jewish Prophet and Roman Historian », dans *ANRW* II, 21.2, W. Haase (éd.), Berlin, New York, W. de Gruyter, 1984, p. 864–944, sp. 910–914, 926–927.

> De plus, un noble captif, nommé Josèphe, affirma, de la manière la plus
> assurée, lorsqu'on le jeta en prison, qu'il serait bientôt délivré par le même
> Vespasien, mais alors devenu empereur. (V, 1–2)[25]

Enfin, on sait que Flavius Josèphe se targuait d'être doué du don de prophétie (*Guerre des Juifs* III, 340–408)[26] ; comme les esséniens[27], il savait interpréter les rêves à la lumière des Écritures (*Guerre des Juifs* VI, 312–313)[28],
spécialement lorsqu'il s'agissait de « l'acquisition ou de la perte de l'état
de roi »[29]. Il semble même s'être perçu comme une sorte de nouveau
Jérémie[30] prêchant la soumission aux autorités romaines à l'instar de Jérémie vis-à-vis de Nabuchodonosor.

Cette proclamation prophétique de Vespasien empereur se retrouve
aussi dans la tradition talmudique[31] mais, cette fois-ci, dans la bouche
de Rabbi Yohanan ben Zakkay[32]. Ce dernier réussit à s'échapper de la
ville assiégée en se faisant transporter dans un cercueil par ses disciples.
À l'extérieur de la ville, il se présente devant Vespasien apparemment
en le saluant de la formule latine : *Ave domine imperator*, qu'il justifie
ensuite en disant qu'il prédisait à Vespasien qu'il serait bientôt empereur.

---

[25] On peut aussi en rapprocher indirectement Tacite, *Histoires* V, 13 : « Peu de Juifs
interprétaient ces prodiges dans le sens de la crainte ; plus nombreux étaient ceux qui
avaient l'intime conviction qu'il fallait croire à ce que contenaient les livres antiques de
leurs prêtres : il y était dit que précisément en ce temps-là l'Orient prévaudrait et que des
gens partis de Judée deviendraient les maîtres du monde. Ce texte ambigu annonçait Vespasien et Titus (…) », éd. et trad. H. GOELZER, t. II, Collection des Universités de France,
Paris, Les Belles Lettres, 1965, p. 303.

[26] J. BLENKINSOPP, « Prophecy and Priesthood in Josephus », *JJS* 25 (1974), p. 239–262 ;
W.C. VAN UNNIK, *Flavius Josephus als historischer Schriftsteller*, Heidelberg, Schneider, 1978,
p. 41–54 ; H.R. MOEHRING, *op. cit.*, p. 908–910 ; P. BILDE, *Flavius Josephus between Jerusalem
and Rome*, JSPSup 2, Sheffield, Academic Press, 1988, p. 189–191 ; L.H. FELDMAN, « Prophets
and Prophecy in Josephus », *JTS* 41 (1990), p. 386–422, sp. 396 (= SBL *1988: Seminar Papers*,
p. 424–441).

[27] Cf. *Guerre des Juifs* I, 75–80.95 ; II, 113.159 ; *Antiquités juives* XIII, 311–313 ; XV, 373–379.
J. BLENKINSOPP, *op. cit.*, p. 247–248, 258–259 ; A. LEMAIRE, « L'expérience essénienne de
Flavius Josèphe », dans *Internationales Josephus-Kolloquium Paris 2001*, F. SIEGERT,
J.U. KALMS (éd.), Münsteraner Judaistische Studien 12, Münster, LIT, 2002, p. 138–151,
sp. 143–144.

[28] Cf. *Guerre des Juifs* III, 340–348, 352 ; *Autobiographie* 208–210.

[29] Cf. A. PELLETIER, *Josèphe. Guerre des Juifs. Livre I*, Collection des Universités de
France, Paris, Les Belles Lettres, 1975, p. 194.

[30] Cf. par exemple, J. BLENKINSOPP, *op. cit.*, p. 244 : « Jeremia in particular seems to have
served as a model for Josephus – at least retrospectively – in his conduct during the latter
part of the war and the siege » ; également L.H. FELDMAN, *op. cit.*, p. 421–422.

[31] Cf. *Abot de Rabbi Nathan* B VI ; *Lamentations Rabbah* 1, 5.31 (par exemple, *Midrash
Rabbah. Lamentations*, traduction de J. RABBINOWITZ, Londres, Soncino Press, 1961³,
p. 101–105) ; *b. Gittin* 56.

[32] Cf. M. HADAS-LEBEL, *Flavius Josèphe. Le Juif de Rome*, Paris, Fayard, 1989, p. 130–136.

Selon la tradition rabbinique, cette prédiction s'appuyant sur Isaïe 10, 33 (« Le Liban tombera sur un puissant ») et adressée à Vespasien aurait permis à Yohanan ben Zakkay d'obtenir la fondation d'une académie juive à Yavneh/Jamnia[33]. Même si certains détails varient légèrement selon les récits, il paraît assuré que Yohanan ben Zakkay ait été plutôt du parti de la paix, prêt à reconnaître les autorités romaines, qu'il y ait eu prédiction sur Vespasien empereur ou non[34].

Derrière ces deux témoignages juifs, mais non bibliques, sur la reconnaissance de Vespasien comme empereur désigné par Dieu lors de la grande guerre juive de 66–70, on retrouve certains traits soulignés à propos de la reconnaissance dans les écrits bibliques de rois et empereurs étrangers, utilisés par YHWH comme ses serviteurs, voire ses « oints/messies ».

---

[33] Cf. S. SCHECHTER (éd.), *Aboth de Rabbi Nathan*, Hildesheim, New York, Georg Olms, 1979 (= Vienne, Londres, Francfort, Knöpflmacher, 1887, p. 19) ; A.J. SALDARINI, *The Fathers according to Rabbi Nathan (Abot de Rabbi Nathan) Version B*, SJLA 11, Leyde, Brill, 1975 ; E. SMILÉVITCH, *Leçons des Pères du Monde. Pirqé Avot et Avot de Rabbi Nathan, Version A et B*, Les Dix Paroles, Paris, Verdier, 1983, p. 303 ; M.A. NAVARRO PEIRÓ, *Abot de Rabbí Natán*, Biblioteca Midrasica 5, Valence, 1987, p. 286–287.

[34] Pour un essai d'appréciation historique, cf. J. NEUSNER, *A Life of Rabban Yohanan ben Zakkai. Ca. 1–80 C.E.*, StPB 6, Leyde, Brill, 1962/1970², p. 109–128 (avec une datation au printemps 68) ; A. SALDARINI, « Johanan ben Zakkai's Escape from Jerusalem. Origin and Development of a Rabbinic Story », *JSJ* 6 (1975), p. 189–204.

THE ROYAL PSALMS AND ESCHATOLOGICAL MESSIANISM

John J. Collins

"So also Christ did not glorify himself in becoming a high priest, but was appointed by the one who said to him: 'You are my son, today I have begotten you;' as he says also in another place, 'you are a priest forever, according to the order of Melchizedek.'" (Heb 5:5–6)

The messianic interpretation of the royal psalms[1] has seemed self-evident to Christian interpreters from the first century to modern times. It is also well attested, though not quite so consistent, in Jewish tradition.[2] In this as in many other issues, historical criticism has presented a challenge to traditional interpretation. Already two hundred years ago, W.M.L. de Wette argued that the psalms in their original context did not refer to a messiah whose kingdom is not of this world.[3] A century later, Hermann Gunkel provided a more sophisticated argument by viewing the psalms in the context of ancient Near Eastern royal ideology.[4] There is a gap between these psalms in their historical setting, where they referred to the kings of the day, and their later interpretation with reference to a future savior figure. Scholars have tried to bridge that gap in various ways.

On the one hand, there is the tradition of typological interpretation, introduced already by Franz Delitzsch in the mid-19th century,[5] and revived nearly a century later by G. von Rad,[6] which accepts the original

---

[1] For the category, see H. GUNKEL, *Introduction to the Psalms* (completed by J. BEGRICH, translated by J.D. NOGALSKI; Macon, Ga: Mercer University Press, 1998; German original, 1933) 99–120. H. Gunkel classified the following psalms in the group: 2, 18, 20, 21, 45, 72, 101, 110, 132, 144:1–11; cf. 89:47–52.

[2] E.g. b. Sukkah 5:21, Genesis Rabbah 44:8. On Jewish messianic interpretation of Psalm 110, see H.L. STRACK and P. BILLERBECK, *Kommentar zum Neuen Testament aus Talmud und Midrasch. 4.1. Exkurse zu Einzelnen Stellen des Neuen Testaments* (Munich: Beck, 1928) 452–65; D.M. HAY, *Glory at the Right Hand. Psalm 110 in Early Christianity* (Nashville: Abingdon, 1973) 19–33.

[3] So already W.M.L. DE WETTE, *Commentar über die Psalmen* (Heidelberg: Mohr, 1811). See S.R.A. STARBUCK, *Court Oracles in the Psalms: The So-Called Royal Psalms in their Ancient Near Eastern Context* (SBLDS 172; Atlanta: Society of Biblical Literature, 1996) 21.

[4] H. GUNKEL, "Königspsalmen," *Preussische Jahrbücher* 158 (1914) 42–68.

[5] Franz DELITZSCH, *Commentar über den Psalter* (2 vols.; Leipzig: Dörffling & Franke, 1859–60).

[6] G. VON RAD, "Erwägungen zu den Königspsalmen," *ZAW* 58 (1940/41) 216–22. Von Rad argued that the psalms presented an ideal *Urbild* of the monarchy, which was later taken up.

setting of these psalms in the period of the monarchy but argues for later
"actualization" or reinterpretation. This approach is primarily theological
in intent, but it can also have historical implications. Many scholars have
argued that these psalms were subjects of *relecture* in the Second Temple
period. Simply put, when there was no longer a king in Judah, the psalms
must have been understood to refer to a future figure yet to come. Such
considerations are sometimes thought to have played a part in the struc-
turing of the Psalter. So, for example, Brevard Childs argued that Psalm 2
"has been given an eschatological ring, both by its position in the Psalter
and by the attachment of new meaning to the older vocabulary through
the influence of the prophetic message (...) Indeed, at the time of the final
redaction, when the institution of kingship had long since been destroyed,
what earthly king would have come to mind other than God's Messiah?"[7]
Christoph Rösel argues that Psalm 2 was the introduction to a "messianic psalter," which ended with Psalm 89, which picks up the theme of
the king/messiah as "son of God" (Ps 89: 26–7).[8] Not all scholars are per-
suaded. Susan Gillingham argues that in the postexilic period "psalmody
was still understood (...) more in terms of its orientation backwards,
into the time of the Davidic dynasty, rather than forwards, in terms of
some great and glorious Messianic kingdom."[9] Following the argument of
J. Clinton McCann, she argues that "the placing of strategic royal psalms
(...) gives the Psalter a sequence of critical events in the life of the monarchy—first, the inauguration of the covenant with David (Psalm 2), then
the statement about the responsibilities of the Davidic king (Psalm 72),
and finally the account of the downfall of the dynasty (Psalm 89)."[10] This
view of the arrangement of the psalms is not necessarily more persuasive
than the messianic theory, but in fact any inference from the placement
of psalms is speculative, and constitutes only weak evidence for the interpretation of the psalms in the Second Temple period. Arguments based

See M. SAUR, *Die Königspsalmen. Studien zur Entstehung und Theologie* (BZAW 340; Berlin:
de Gruyter, 2004) 15.
    [7] B.S. CHILDS, *Introduction to the Old Testament as Scripture* (Philadelphia: Fortress,
1979) 515–7 (516).
    [8] Christoph RÖSEL, *Die messianische Redaktion des Psalters. Studien zu Entstehung und
Theologie der Sammlung Psalm 2–89** (Stuttgart: Calwer, 1999).
    [9] S.E. GILLINGHAM, "The Messiah in the Psalms," in John DAY, ed., *King and Messiah in
Israel and the Ancient Near East* (JSOTSup 270; Sheffield: Sheffield Academic Press, 1998)
225–6.
    [10] *Ibid.*, 227. Cf. J. CLINTON McCANN, "Books I–III and the Editorial Purpose of the
Hebrew Psalter," in IDEM, ed., *The Shape and Shaping of the Psalter* (JSOTSup 159; Shef-
field: JSOT, 1993) 93–107.

on the Greek translation of the Psalter have a better basis in cases where the translation departs from the Hebrew original, but we must also reckon with the possibility that the Greek preserves the original Hebrew reading (as in Psalm 110) or that it presents a viable interpretation of the Hebrew, without ideological motivation (as in Psalm 45).[11] In brief, arguments about the reinterpretation of the psalms are difficult to prove, or to disprove, without explicit evidence of alteration of the text.

On the other hand, there is a long tradition, especially in German scholarship, that argues that the royal psalms originated in the postexilic period and were originally messianic in intention. The classic attempt to date these psalms late was that of Bernhard Duhm,[12] but others before him had argued for postexilic dates for some of the royal psalms.[13] This trend in scholarship was interrupted by Gunkel's classic work, but revived in the later part of the twentieth century.[14]

There are two issues at stake in this debate. One concerns the ideology of monarchy in ancient Israel, and especially in Judah, in the preexilic period. The royal psalms present a view of kingship that is sharply at variance with what we find in the historical books and in most of the prophets, with the exception of First Isaiah. Most notable in this regard is the characterization of the king as an *elohim* (Psalm 45; compare Isaiah 9), or as the begotten son of God (Psalms 2, 110). While claims of a common Near Eastern pattern of divine kingship are now rightly dismissed as excessive, some aspects of these psalms have notable parallels, especially in Egyptian sources. The Judahite monarchy was heir to older Jerusalemite conceptions of kingship that had been formed when the region was subject to

---

[11] J. SCHAPER, *Eschatology in the Greek Psalter* (WUNT 2/76; Tübingen: Mohr Siebeck, 1995) presents a maximal view of the messianism of the translators, but he has some valid instances where the translators enhanced the text. See my comments in A. YARBRO COLLINS and J.J. COLLINS, *King and Messiah as Son of God* (Grand Rapids: Eerdmans, 2008) 54–8. Also A. PIETERSMA, "Messianism and the Greek Psalter," in M.A. KNIBB, ed., *The Septuagint and Messianism* (BETL CXILCV; Leuven: Peeters, 2006) 49–75, who grants that "messianic interpretation can be found in the Greek Psalter" (50).

[12] B. DUHM, *Die Psalmen* (Freiburg i. B.: Mohr, 1899).

[13] Notably F. HITZIG, *Die Psalmen* (2 vols; Leipzig: Winter, 1863, 1865). See M. SAUR, *op. cit.*, 4.

[14] E.g. A. DEISSLER, "Zum Problem der Messianität von Psalm 2," in M. CARREZ, J. DORÉ and P. GRELOT, ed., *De la Tôrah au Messie* (Paris: Desclée, 1981) 283–92; E.S. GERSTEN-BERGER, *Psalms: Part One, with an Introduction to Cultic Poetry* (FOTL XIV; Grand Rapids: Eerdmans, 1988) 48. See F. HARTENSTEIN, " 'Der im Himmel thront, lacht' (Ps 2,4)," in D. SÄNGER, ed., *Gottessohn und Menschensohn* (Neukirchen-Vluyn: Neukirchener Verlag, 2004) 160, n.4.

Egypt in the second millennium.[15] The idea that the Davidic king was "son
of God" is preserved in the account of the promise to David in 2 Samuel 7,
but with the qualification that the king may be punished if he does wrong,
as also in Psalm 89. In Psalm 132, the promise of an everlasting dynasty is
made conditional.[16] Prophets like Jeremiah and Ezekiel are not likely to
have been sympathetic to divine pretensions on the part of kings, even
if the sharpest condemnation of such pretensions is reserved for foreign, pagan, kings.[17] On this view of the development of the religion, the
strongly mythic view of the early monarchy was toned down and modified
by the Deuteronomists and the prophets. The royal psalms survived as a
relic of an older phase of the religion.

   The second issue at stake is the nature of messianic hope in the postexilic period. If the royal psalms are read as "messianic hymns" that attribute to a future ruler a more exalted state than was attributed to any
historical king, this implies, in the words of Erhard Gerstenberger, that
"messianic hopes sometimes rose to feverish heights in exilic and postexilic Israel."[18] Some scholars have proposed, for example, that Psalm 2 was
composed after the conquests of Alexander the Great, in the early Hellenistic period.[19] In part, the argument for postexilic dating of royal psalms

---

[15] See J. DAY, "The Canaanite Inheritance of the Israelite Monarchy," in IDEM, ed., *King
and Messiah in Israel and the Ancient Near East* (JSOTSup 270; Sheffield: Sheffield Academic Press, 1998) 72–90; A. YARBRO COLLINS and J.J. COLLINS, *op. cit.*, 1–24. The idea that
the enthronement ritual in Jerusalem was influenced by Egyptian models was argued by
Gerhard VON RAD, "The Royal Ritual in Judah," in IDEM, *The Problem of the Hexateuch and
Other Essays* (New York: McGraw Hill, 1966) 222–32 (originally published as "Das judäische
Königsritual," *ThLZ* 73 [1947] 211–6).

[16] See my discussion in A. YARBRO COLLINS and J.J. COLLINS, *op. cit.*, 25–33.

[17] Ez 28:2, à propos of the king of Tyre: "yet you are but a mortal, and no god."

[18] E.S. GERSTENBERGER, *op. cit.*, 48. The prevalence of messianic expectation throughout the Second Temple period has also been defended by W. HORBURY, *Jewish Messianism
and the Cult of Christ* (London: SCM, 1998) 36–108, and J. SCHAPER, "The Persian Period,"
in M. BOCKMUEHL and J.C. PAGET, ed., *Redemption and Resistance: The Messianic Hopes of
Jews and Christians in Antiquity* (London/New York: T&T Clark, 2007) 3–14. Compare also
M. SAUR, *op. cit.*, 16.

[19] So H. BARDTKE, "Erwägungen zu Psalm 1 und Psalm 2," in M.A. BEEK, A.A. KAMPEN,
C. NIJLAND and J. RYCKMANS, ed., *Symbolae biblicae et Mesopotamicae Francisco Mario
Theodoro de Liagre Böhl dedicatae* (Leiden: Brill, 1973) 1–18; E. ZENGER, " 'Wozu tosen die
Völker...?' Beobachtungen zur Entstehung und Theologie des 2. Psalms," in E. HAAG and
F.L. HOSSFELD, ed., *Freude an der Weisung des Herrn. Beiträge zur Theologie der Psalmen*
(Stuttgart: Katholisches Bibelwerk, 1986) 495–511, especially 507–8; IDEM, in F.-L. HOSSFELD
and E. ZENGER, *Die Psalmen I. Psalm 1–50* (Würzburg: Echter, 1993) 51. Zenger subsequently
revised his opinion and allowed that Ps 2:1–9 was preexilic: " 'Es sollen sich niederwerfen
vor ihm alle Könige' (Ps 72,11). Redaktionsgeschichtliche Beobachtungen zu Psalm 72 und
zum Programm des messianischen Psalters Ps 2–89," in E. OTTO and E. ZENGER, ed., " 'Mein

rests on the presence of Aramaisms in the Hebrew text,[20] but Aramaic influence was possible as early as the eighth century BCE.[21] But in fact the messianic passages that can be securely dated to the postexilic period (Zechariah 9, Jeremiah 33:14–16) are few, and uncertain as to provenance. There was evidently a flurry of messianic expectation in connection with Zerubbabel. Apart from that, such expectation is conspicuously lacking in the books of Ezra and Nehemiah, and Chronicles. The absence of messianic expectations in the wisdom books, including Ben Sira, may be a matter of genre, but it is remarkable that there is no clear mention of a Davidic messiah in the literature from around the time of the Maccabean revolt.[22] To be sure, the promise to David was still part of the received Scripture, and was never repudiated, but the only evidence of messianic excitement in the period between the Exile and the Hasmonean period is found in the oracles of Haggai and Zechariah relating to Zerubbabel. It is only at the end of the second century BCE, when the non-Davidic Hasmoneans assumed the monarchy, and then again when Judea lost its short-lived independence with the coming of Rome, that messianic expectation becomes prominent, as attested by the Psalms of Solomon and the Dead Sea Scrolls.[23]

The messianic texts from around the turn of the era construct their hopes for the future by drawing on older scriptures that had by then attained authoritative status. The royal psalms had obvious potential in this regard. In the remainder of this paper, I propose to look at the use of the royal psalms in messianic texts of the Hellenistic and Roman periods, in the hope that this investigation may shed some light on the question of continuity both between pre-exilic and Second Temple Judaism and between Judaism and early Christianity. I will focus the discussion on the

---

Sohn bist du' (Ps 2,7). Studien zu den Königspsalmen (Stuttgarter Bibelstudien 192; Stuttgart: Verlag Katholisches Bibelwerk, 2002) 66–93, especially 87.

[20] So A. DEISSLER, *op. cit.*, 288; J. SCHAPER, *op. cit.*, 81, following R. TOURNAY, *Voir et entendre Dieu avec les Psaumes ou la liturgie prophétique du Second Temple à Jerusalem* (Paris: Gabalda, 1988) 175–6 (à propos de Psalm 45).

[21] A. HURVITZ, "The Chronological Significance of 'Aramaisms' in Biblical Hebrew," *IEJ* 18 (1968) 234–40: "one should be extremely cautious in utilizing the evidence of Aramaisms as a means of dating a given biblical text" (237). While the common people in 8th century Judah did not understand Aramaic, court officials did. Cf. 2 Kings 18:26–7. The royal psalms were products of the court, not of the common people.

[22] See my essay, "Messianism in the Maccabean Period," in J. NEUSNER, W. GREEN and E. FRERICHS, ed., *Judaisms and Their Messiahs*, (Cambridge: Cambridge University Press, 1988) 97–109.

[23] See my book, *The Scepter and the Star. The Messiahs of the Dead Sea Scrolls and Other Ancient Literature* (2nd ed.; Grand Rapids: Eerdmans, 2010) 21–51.

two psalms quoted in the Epistle to the Hebrews at the beginning of this paper, Psalms 2 and 110.

Psalm 110

I begin with Psalm 110, because the evidence of its use in Second Temple texts is remarkably sparse. The psalm itself was dated to the Maccabean period by B. Duhm, but its preexilic origin can hardly be doubted.[24] The king is invited to sit at the right hand of God, an Egyptian motif, well-known from the iconography of the New Kingdom.[25] The casting of enemies as footstools is also familiar from Egyptian depictions.[26] The king is also told that he is a priest forever after the order of Melchizedek. Since Melchizedek is known from Genesis 14 as priest-king of El Elyon in Jerusalem, long before the Israelite conquest, it is reasonable to assume that the psalm is adapting a form of royal ideology inherited from the Canaanites, who had in turn been influenced by their Egyptian overlords in the second millennium.[27] The most controversial line in the psalm is verse 3:

מרחם משחר לך טל ילדתיך

This is pointed in the MT to read "from the womb of the morning, you have the dew of your youth." Many Masoretic manuscripts, however, read *y^elidtika*, "I have begotten you," rather than *yaldutheka*, "your youth." This reading is supported by the Greek and the Syriac, and has a striking parallel in Psalm 2. The references to "dawn" and "dew" are also endlessly debated. Here it may suffice to say that by re-pointing the Masoretic text, but making no changes to the consonants, we can read "from the womb, from dawn, you have the dew wherewith I have begotten you," or with slight emendation "like dew I have begotten you."[28] For our present purposes, the important point is that the psalm is another witness to the idea that the king is begotten son of God.

---

[24] H.-J. KRAUS, *Psalms 60–150* (Minneapolis: Augsburg, 1989) 346–7.

[25] J. DE SAVIGNAC, "Essai d'interpretation du Psaume CX à l'aide de la littérature égyptienne," *OTS* 9 (1951) 105–35; K. KOCH, "Der König als Sohn Gottes in Ägypten und Israel," in E. OTTO and E. ZENGER, *op. cit.*, 16.

[26] O. KEEL, *The Symbolism of the Biblical World* (Winona Lake, IN: Eisenbrauns, 1997) 254–5; S.R.A. STARBUCK, *op. cit.*, 144.

[27] J. DAY, "The Canaanite Inheritance," *op. cit.*, 81–5.

[28] See my discussion in A. YARBRO COLLINS and J.J. COLLINS, *op. cit.*, 17.

Psalm 110 is widely cited in the New Testament and early Christian writings, and is always interpreted messianically. For this reason it is commonly supposed that the psalm was also interpreted messianically in early Judaism.[29] But positive evidence of such usage is lacking. It is interpreted messianically in the targum and midrash, but this interpretation is not clearly attested in rabbinic literature before the third century CE.[30] It is possible that enthronement of the Son of Man/Messiah in the Similitudes of Enoch is prompted by Psalm 110,[31] but there is no overt allusion. (He is not specifically said to sit at the right hand of God). This is also true of other texts that speak of heavenly enthronement, such as the "self-exaltation hymn" in 4Q491 fragment 11.[32]

The fact that the king is said to be a priest was taken by B. Duhm to imply a Maccabean dating. That argument has long been rejected, but scholars have supposed that the Hasmoneans appealed to the psalm to justify their own combination of the offices of priest and king.[33] According to 1 Macc 14:41, Simon Maccabee was appointed High Priest forever. *The Testament of Moses* 6:1 refers to kings who call themselves "priests of the Most High God," like Melchizedek in Genesis 14. These claims are not messianic, however. The sectarian writings from Qumran strongly opposed the combination of offices and insisted on the distinction of the messiahs of Aaron and Israel.[34] The offices are combined in the *Testament of Levi* 18, which "speaks of a new priest, whose star will rise in heaven as that of a king," but this is a Christian text in its present form.[35] There are also hints of royal power given to the priesthood in the Aramaic Levi Document at Qumran, but this may well date from pre-Hasmonean times, and reflect not so much the combination of offices as the ascendancy of the priesthood.[36]

---

[29] H.L. STRACK and P. BILLERBECK, *Kommentar, 4.1, op. cit.*, 452–60; M. HENGEL, " 'Setze dich zu meiner Rechten!' Die Inthronisation Christi zur Rechten Gottes und Psalm 110,1," in M. PHILONENKO, ed., *Le Trône de Dieu* (Tübingen: Mohr Siebeck, 1993) 156.

[30] D.M. HAY, *Glory at the Right Hand, op. cit.*, 28.

[31] M. HENGEL, " 'Setze dich zu meiner Rechten,' " *op. cit.*, 161–2.

[32] *Ibid.*, 175–7.

[33] D.M. HAY, *Glory at the Right Hand, op. cit.*, 24.

[34] See my article, "What was Distinctive about Messianic Expectation at Qumran?" in J.H. CHARLESWORTH, ed., *The Bible and the Dead Sea Scrolls* (Waco, TX: Baylor University Press, 2006) vol. 2, 71–92.

[35] H.W. HOLLANDER and M. DE JONGE, *The Testaments of the Twelve Patriarchs* (Leiden: Brill, 1985) 177–82.

[36] M.E. STONE, J.C. GREENFIELD and E. ESHEL, *The Aramaic Levi Document: Edition, Translation, Commentary* (Leiden: Brill, 2004) 35–9.

It is possible that the depiction of Melchizedek as an *elohim* in the
Melchizedek Scroll from Qumran derives from exegesis of Psalm 110 which
takes Melchizedek as the addressee of the divine oracle.[37] If Melchizedek
is a priest forever then he cannot be human being. But again there is no
overt allusion to Psalm 110 in 11QMelchizedek, and there are no messianic
motifs applied to the heavenly avenger.[38] The messianic use of Psalm 110
in pre-Christian Judaism remains a matter of inference.

Psalm 2

The evidence regarding Psalm 2 is considerably more extensive. While
many scholars see Psalm 2:10–11 as a sapiential addition to Psalm 2,
connecting it with Psalm 1, with which it was often regarded as one,[39]
Ps 2:1–9 is deeply rooted in the royal ideology of preexilic times.[40] The
oracle proclaiming "you are my son; today I have begotten you," finds its
closest parallels in Egyptian texts of the New Kingdom period.[41] Reliefs at

---

[37] J.L. KUGEL, *The Traditions of the Bible: A Guide to the Bible as It Was at the Start of the Common Era* (Cambridge, MA: Harvard, 1998) 278–81.

[38] *Pace* P. RAINBOW, "Melchizedek as a Messiah at Qumran," *BBR* 7 (1997) 179–94. See my comments in A. YARBRO COLLINS and J.J. COLLINS, *op. cit.* 81; also A. CHESTER, *Messiah and Exaltation* (Tübingen: Mohr Siebeck, 2007) 259–61; E.F. MASON, *"You are a Priest Forever." Second Temple Jewish Messianism and the Priestly Christology of the Epistle to the Hebrews* (STDJ 74; Leiden: Brill, 2008) 186–7.

[39] H.L. STRACK and P. BILLERBECK, *Kommentar zum Neuen Testament aus Talmud und Midrasch* (6 Vols.; Munich: Beck, 1924, 1989) 2.725; P. MAIBERGER, "Das Verständnis von Psalm 2 in der Septuaginta, im Targum, in Qumran, im frühen Judentum und im Neuen Testament," in J. SCHREINER, ed., *Beiträge zur Psalmenforschung: Psalm 2 und 22* (Würzburg: Echter, 1988) 85–9; G. ROUWHORST and M. POORTHUIS, " 'Why do the Nations Conspire?' Psalm 2 in Post-biblical Jewish and Christian Traditions," in A. HOUTMAN *et al.*, ed., *Empsychoi Logoi. Religious Innovations in Antiquity. Studies in Honour of Pieter Willem van der Horst* (Leiden: Brill, 2008) 429–30.

[40] H.-J. KRAUS, *Psalms 1–59. A Continental Commentary* (Minneapolis: Fortress, 1993; translated from the 5th edition of *Psalmen 1. Teilband, Psalmen 1–59* [BK; Neukirchen-Vluyn: Neukirchener Verlag, 1978]) 126; E. OTTO, "Psalm 2 in neuassyrischer Zeit. Assyrische Motive in der judäischen Königsideologie," in K. KIESOW and Th. MEURER, ed., *Textarbeit. Studien zu Texten und ihrer Rezeption aus dem Alten Testament und der Umwelt Israels. Festschrift für Peter Weimar* (AOAT 294; Münster: Ugarit-Verlag, 2003) 335–49; IDEM, "Politische Theologie in den Königspsalmen zwischen Ägypten und Assyrien. Die Herrscherlegitimation in den Psalmen 2 und 18 in ihrem altorientalischen Kontexten," in E. OTTO and E. ZENGER, ed., *" 'Mein Sohn bist du,' op. cit.*, 33–65. For scholars who date the psalm late, see F. HARTENSTEIN, " 'Der im Himmel thront,' " *op. cit.*, 160. F. Hartenstein allows that vs. 7, the decree of the Lord proclaiming the king as God's son, is taken from a preexilic enthronement ritual (*ibid.*, 161).

[41] H. BRUNNER, *Die Geburt des Gottkönigs. Studien zur Überlieferung eines altägyptischen Mythos* (Ägyptologische Abhandlungen 10; Wiesbaden: Harrassowitz, 1964) 109,

the temple of Amenophis III at Luxor show Amun touching the royal child and taking it in his arms. Another inscription of Amenophis III has the god declare: "He is my son, on my throne, in accordance with the decree of the gods." At the coronation of Haremhab, Amun declares to him: "You are my son, the heir who came forth from my flesh." Such recognition formulae occur frequently in Egyptian inscriptions of the New Kingdom period. The pronouncement is plausibly taken to reflect an enthronement ceremony.[42]

There is no consensus as to how this language should be understood. Since the king is told that he is begotten "today," the language is evidently metaphorical. Many scholars speak of the divine "adoption" of the king, but as Jimmy Roberts has pointed out, the metaphor used is not "adoption" but "begetting."[43] The psalm stops well short of the description of divine begetting in sexual terms that we find in some (but not all) Egyptian texts, but the language of begetting has mythical overtones and clearly claims for the king a status greater than human.

The messianic interpretation of Psalm 2 is well established in the New Testament,[44] notably in connection with the baptism of Jesus,[45] and in connection with his exaltation,[46] and his role as messianic judge.[47] Whether it was interpreted messianically in Second Temple Judaism has been disputed,[48] but in this case the messianic interpretation is well attested, both in the Dead Sea Scrolls and in Pseudepigrapha.

---

cf. 117; J. ASSMANN, "Die Zeugung des Sohnes. Bild Spiel, Erzählung und das Problem des ägyptischen Mythos," in J. ASSMANN, W. BURKERT and F. STOLZ, ed., *Funktionen und Leistungen des Mythos. Drei altorientalische Beispiele* (OBO 48; Freiburg: Universitätsverlag/Göttingen: Vandenhoeck & Ruprecht, 1981) 16–17; O. KEEL, *The Symbolism of the Biblical World* (Winona Lake, IN: Eisenbrauns, 1997) 252–3.

[42] M.W. HAMILTON, *The Body Royal. The Social Implications of Kingship in Ancient Israel* (Leiden: Brill, 2005) 60–1.

[43] J.J.M. ROBERTS, "Whose Child is This? Reflections on the Speaking Voice in Isa 9:5," *HTR* 90 (1997) 115–29.

[44] G. ROUWHORST and M. POORTHUIS, " 'Why do the Nations Conspire?' " *op. cit.*, 434–5.

[45] Matt 3:16–17; Mark 1:10–11; Luke 3:21–2.

[46] Acts 13:33–34.

[47] Rev 12:5; 19:15 rod of iron, cf. Ps 2:9. On the use of Psalm 2 in the New Testament, see further P. MAIBERGER, "Das Verständnis," *op. cit.*, 113–18.

[48] A. STEUDEL, "Psalm 2 im antiken Judentum," in D. SÄNGER, ed., *Gottessohn und Menschensohn. Exegetische Paradigmen biblischer Intertextualität* (Neukirchen-Vluyn: Neukirchener Verlag, 2004) 189–97.

Psalm 2 in the Dead Sea Scrolls

Psalm 2 is cited explicitly in the Florilegium from Qumran (4Q174).[49] This text is a thematic interpretation of various passages from Deuteronomy 33, 2 Samuel 7, and Psalms 1, 2 and 5. The near juxtaposition of 2 Samuel 7 with Psalm 2 is especially interesting for our topic, since these two texts are cited in the same context in the opening chapter of the Epistle to the Hebrews. 2 Samuel 7 is given an explicitly messianic interpretation. 2 Sam 7:14, "I will be a father to him, and he shall be a son to me," is said to refer to the "branch of David" which will arise with the "Interpreter of the Law" in the last days.[50] Surprisingly, however, Ps 2:2 (the kings of the earth conspire "against the Lord and against his anointed," is not interpreted with reference to a messianic figure. Instead, the nations are said to plot "against the elect of Israel in the last days." The word משיחו in Ps. 2:2 is apparently taken as a plural and referred to "the elect ones of Israel."[51] It should be noted, however, that the text is fragmentary. It is apparent that the author of the text expected a messianic "branch of David," to whom the statement in 2 Samuel 7, "he shall be a son to me," is applied. The extant fragments do not address the oracle in Ps 2:6–7 at all. It is difficult to imagine that the "son" in these verses would have been interpreted differently from the "son" of 2 Samuel 7. In view of the explicit role of the "branch of David" in the Florilegium, it seems unlikely that the text can be taken as evidence for "collective messianism," a phenomenon that is, in any case, only dubiously attested.[52]

It is true, however, that Psalm 2 is not among the texts commonly cited as messianic in the Dead Sea Scrolls, and neither, indeed, is any other royal psalm.[53] The most common passages, by far, are Balaam's Oracle and Isaiah 11, while the messianic title צמח דויד, may allude either to Jeremiah or to Zechariah.[54] Other passages (Genesis 49 in 4Q252, Isaiah 9 in 1QH^a 11) are cited rarely. Even 2 Samuel 7 is only adduced as a messianic

---

[49] A fuller treatment of the following can be found in my article, "The Interpretation of Psalm 2," in F. GARCÍA MARTÍNEZ, ed., *Echoes from the Caves: Qumran and the New Testament* (STDJ 85; Leiden: Brill, 2009) 49–66. See also E.F. MASON, "Psalm 2 in 4QFlorilegium and in the New Testament," *ibid.*, 67–82.

[50] 4Q174 i 11.

[51] G.J. BROOKE, *Exegesis at Qumran. 4QFlorilegium in its Jewish Context* (JSOTSup 29; Sheffield: JSOT, 1985) 148–9; J. ZIMMERMANN, *Messianische Texte aus Qumran* (WUNT 2/104; Tübingen: Mohr Siebeck, 1998)110; A. STEUDEL, "Psalm 2," *op. cit.*, 197.

[52] *Pace* A. STEUDEL, "Psalm 2," *op. cit.*, 197.

[53] A. STEUDEL, "Psalm 2," *op. cit.*, 192.

[54] J.J. COLLINS, *The Scepter and the Star, op. cit.*, 64–67.

reference in the Florilegium. We should not conclude that because a passage is not commonly cited it was not understood messianically at all. It is remarkable, however, that the Scrolls seldom if ever appeal to the royal psalms in this regard.

There are, however, some notable if controversial exceptions.[55] The "Rule of the Congregation" specifies the order of assembly for the occasion "when God begets the messiah with them" (1QSa 2:11–12). The reading יוליד (begets) is unclear in the manuscript, and has been endlessly disputed.[56] The scholars who examined the manuscript in the 1950's agreed that the manuscript reads יוליד although J.T. Milik and F.M. Cross favored emending it to יוליך (causes to come).[57] Geza Vermes, who has vacillated on the reading, claims that "it seems to be confirmed by computer enhancement."[58] Without computer enhancement, the reading is scarcely legible at all. If the reading is correct, it is simply picking up and endorsing the language of the Psalms,[59] but it is exceptional in the Dead Sea Scrolls.

Another controversial case is provided by 4Q246, the so-called "Aramaic Apocalypse" or "Son of God" text, which refers to a figure who will be called "Son of God" and "Son of the Most High." I have argued at length elsewhere for the messianic interpretation of this text.[60] A. Steudel

---

55 These are noted by A. STEUDEL, "Psalm 2," *op. cit.*, 191, but she does not take them seriously.

56 P. MAIBERGER, "Das Verständnis," *op. cit.*, 101–5.

57 P.W. SKEHAN, "Two Books on Qumran Studies," *CBQ* 21 (1959) 74, cites "the testimony of half a dozen witnesses, including Allegro, Cross, Strugnell, and the writer [Skehan], as of the summer of 1955," that the text reads יוליד. F.M. CROSS, *The Ancient Library of Qumran* (3rd ed.; Sheffield: Sheffield Academic Press, 1995) 76, n. 3. The reading יוליד, will be assembled, originally proposed by Theodore Gaster and Jacob Licht, and accepted by L.H. SCHIFFMAN, *The Eschatological Community of the Dead Sea Scrolls* (SBLMS 38; Atlanta: Scholars Press, 1989) 54, is emphatically rejected by F.M. Cross on paleographic grounds. É. PUECH, "Préséance sacerdotale et messie-roi dans la Règle de la Congrégation (1QSa ii 11–22)," *RevQ* 16 (1993–1995) 361, proposes to read יתגלה "will be revealed."

58 G. VERMES, *The Complete Dead Sea Scrolls in English* (revised ed.; London: Penguin, 2004) 161.

59 J.W. VAN HENTEN, "The Hasmonean Period," in M. BOCKMUEHL and J.C. PAGET, ed., *Redemption and Resistance. The Messianic Hopes of Jews and Christians in Antiquity* (New York/London: T&T Clark, 2007) 22, states unequivocally: "This passage alludes to Psalm 2."

60 J.J. COLLINS, *The Scepter and the Star, op. cit.*, 154–72; A. YARBRO COLLINS and J.J. COLLINS, *op. cit.*, 65–74. See also J. ZIMMERMANN, *Messianische Texte aus Qumran* (WUNT 2/104; Tübingen: Mohr Siebeck, 1998) 128–69. The messianic interpretation is now accepted by É. PUECH, "Le volume XXXVII des Discoveries in the Judaean Desert et les manuscrits araméens du lot Jean Starcky," in K. BERTHELOT and D. STÖKL BEN EZRA, ed., *Aramaica Qumranica. Proceedings of the Conference on the Aramaic Texts from Qumran in Aix-en-Provence 30 June–2 July 2008* (STDJ 94; Leiden: Brill, 2010) 47–61.

subscribes to the view originally proposed by J.T. Milik, that the figure who is called "Son of God" is a negative figure, and argues that the future hope in this text rests collectively with the people of God.[61] I find this interpretation highly unlikely. By far the closest parallel to the titles in question is explicitly messianic. In Luke 1:32 the angel Gabriel tells Mary that her child "will be great, and will be called the Son of the Most High, and the Lord God will give to him the throne of his ancestor David. He will reign over the house of Jacob forever, and of his kingdom there will be no end." In 1:35 he adds: "he will be called the Son of God." The Greek titles "Son of the Most High" and "Son of God" correspond exactly to the Aramaic fragment from Qumran. Both texts refer to an everlasting kingdom. The fact that these parallels are found in the New Testament does not lessen their relevance to the cultural context of the Qumran text. No significance can be attached to the fact that he said to *called* rather than to *be* the son of God. In the Hellenistic ruler cults, divine titles were honors, conferred in appreciation for acts of beneficence.[62] The fact that the people of God arises, or is raised up, in the latter part of the text in no way excludes a role for the messianic king, any more than the collective interpretation of משיחו excludes a role for the Branch of David in 4Q174, or the exaltation of Israel excludes a role for Michael in 1QM 17:7, which reads: "to exalt the sway of Michael above all the gods, and the dominion of Israel over all flesh."[63]

If then it is the messianic king who is called "son of God" in 4Q246, the most obvious basis for that title is found in Psalm 2. The Aramaic text does not cite the psalm directly, but the psalm may well inform not only the titles but the entire depiction of the turmoil of the nations.

Psalm 2 in the Pseudepigrapha

The Pseudepigrapha provide somewhat better attestation for the messianic interpretation of Psalm 2.[64] Three texts are especially important:

---

[61] A. STEUDEL, "The Eternal Reign of the People of God—Collective Expectations in Qumranic Texts," *RevQ* 17 (1996) 507–25.

[62] See A. YARBRO COLLINS and J.J. COLLINS, *op. cit.*, 48–54.

[63] In part A. Steudel is misled by a mistaken collective interpretation of Daniel 7, where the "one like a son of man" is not a collective symbol for Israel, but its heavenly leader, as is clear from the parallel with chapter 12. See J.J. COLLINS, *Daniel. A Commentary on the Book of Daniel* (Hermeneia; Minneapolis: Fortress, 1993) 304–310.

[64] A. Steudel acknowledged only three texts among the Pseudepigrapha that make use of this psalm: the *Psalms of Solomon*, especially Psalm 17, *Sib Or* 3:664–8 and *T. Levi* 4:2.

Psalms of Solomon 17, the *Similitudes of Enoch* (1 Enoch 48:10 and 52:4) and *4 Ezra* 13.

The *Psalms of Solomon* are written in the wake of Pompey's conquest of Jerusalem in 63 BCE, but they are also critical of the Hasmoneans, who are seen as usurpers of the throne of David. The psalmist calls on the Lord to remedy this situation by raising up a Davidic messiah "to purge Jerusalem from gentiles." The description that follows draws heavily on Psalm 2, and also on Isaiah 11:

> in wisdom and righteousness to drive out sinners from the inheritance;
> to smash the arrogance of sinners like a potter's jar;
> to shatter all their substance with an iron rod;
> to destroy the unlawful nations with the word of his mouth.[65]

The statement in Ps Sol 17:32: "and their king shall be the Lord messiah," which should be emended to "the Lord's messiah,"[66] also echoes the reference to "the Lord and his anointed" in Ps 2:2.

Ps Sol 17:27 says that when the messianic king gathers the holy people "he shall know them that they are all children of their God." A. Steudel suggests that a collective interpretation of "sonship" is implied, or at least not excluded, here.[67] It is true that the messianic king is not explicitly called "son of God" here, as we might expect in view of the allusions to the Davidic covenant and to Psalm 2. But even if the sonship is "democratized," so to speak, and extended to the holy people, the status of the king is not thereby diminished. Paul speaks of the plural children of God, who are "conformed to the image of his son, in order that he might be the firstborn within a large family" (Rom 8:29), but the special status of Christ is not diminished thereby. There is no question of collective messianism in the Psalms of Solomon. The restoration of the people is accomplished through the agency of the messiah. But while he is endowed with semi-divine qualities of wisdom, strength and righteousness, and can destroy

---

The passage in T. Levi is an allusion to 2 Sam 7 rather than to Psalm 2, and it involves a reinterpretation of the promise to apply it to the priesthood. The passage in *Sib Or* 3 speaks of an attack of the nations on Jerusalem and the temple, but does not speak of a messianic figure. *Ps. Sol* 17 is an important text for the interpretation of Psalm 2, but A. Steudel overlooks two other major pseudepigraphic texts: the Similitudes of Enoch (1 Enoch 48:10) and *4 Ezra* 13.

[65] G. ROUWHORST and M. POORTHUIS, " 'Why do the Nations Conspire?' " *op. cit.*, 434.

[66] See H.E. RYLE and M.R. JAMES, *Psalms of the Pharisees: Commonly Called the Psalms of Solomon* (Cambridge: Cambridge University Press, 1891) 141–3. The phrase occurs again in Ps Sol 18:7.

[67] A. STEUDEL, "Psalm 2," *op. cit.*, 197, n.29.

nations with the word of his mouth, he is not credited with divine status as the king is in the royal psalms.

The messiah is, however, credited with supernatural status in both the *Similitudes of Enoch* and *4 Ezra*. The figure in question in the Similitudes is variously called "the Chosen One," "the Righteous One," or "that Son of Man," and is clearly modeled on the "one like a son of man" in Daniel 7. Despite his human appearance, he is not a man, at least in the usual sense of the word. He is "like one of the holy angels" (46:1). While he is distinguished from other angels, his rank is higher than theirs.[68] He is said to have been created and hidden before the creation of the world, like wisdom.[69]

He is also associated with the Davidic messiah, although there is no hint of Davidic lineage.[70] The spirit of wisdom and insight that dwells in him (49:1–4) recalls the messianic oracle in Isaiah 11. He is also installed on a glorious throne, and takes over the function of eschatological judge (51:3; 55:4; 61:8; 62:2; 69:29). Here again he functions in a manner reminiscent of the traditional messiah: "and the spirit of righteousness was poured out upon him, and the word of his mouth will slay all the sinners" (62:2).

Moreover, the kings of the earth are condemned in 48:10 for having denied "the Lord of Spirits and his Anointed One." As Johannes Theisohn recognized, this is a clear allusion to Psalm 2:2.[71] Again in 52:4, Enoch is told that all that he has seen "will serve the authority of his Anointed One." Again, the subjugation of the nations to the Lord and his Anointed in Psalm 2 forms the conceptual background. It is not suggested in the *Similitudes* that the Son of Man is a human descendent of David, but he is the Anointed, or Messiah, of the Lord, who takes over the functions of the Davidic king vis-à-vis the nations.

The *Similitudes* is one of a number of texts from around the turn of the era that attest to an exalted notion of the messiah, as a pre-existent,

---

[68] On the transcendent character of the Son of Man, see Chr. Böttrich, "Konturen des 'Menschensohnes' in äthHen 37–71," in D. Sänger, ed., *Gottessohn und Menschensohn, op. cit.*, 76–9; H.S. Kvanvig, "The Son of Man in the Parables," in G. Boccaccini, ed., *Enoch and the Messiah Son of Man: Revisiting the Book of Parables* (Grand Rapids: Eerdmans, 2007) 179–215 (189).

[69] 1 Enoch 48:2–3.6; 62:7.

[70] S. Schreiber, *Gesalbter und König. Titel und Konzeptionen der königlichen Gesalbtenerwartung in frühjüdischen und urchristlichen Schriften* (BZNW 105; Berlin: de Gruyter, 2000) 338.

[71] J. Theisohn, *Der auserwählte Richter* (SUNT 12; Göttingen: Vandenhoeck & Ruprecht, 1975) 56: "Die Zeile klingt deutlich an Ps 2,2 an." Cf. also S. Schreiber, *Gesalbter und König, op. cit.*, 331.

supernatural figure.[72] Another important witness to this trend, from a slightly later time, can be found in *4 Ezra* 13. There Ezra reports that "after seven days I had a dream in the night. I saw a wind rising from the sea that stirred up all its waves. As I kept looking, that wind brought up out of the depths of the sea something resembling a man and that man was flying with the clouds of heaven (…)" The image of the man flying with the clouds of heaven is a clear allusion to Daniel 7. There is also an explicit reference to Daniel 7 in the preceding chapter, 4 Ezra 12, where the interpreting angel tells Ezra explicitly: "The eagle you observed coming up out of the sea is the fourth kingdom that appeared in a vision to Daniel your brother. But it was not interpreted to him in the same way that I now interpret it to you" (*4 Ezra* 12:11).

The allusions to Daniel in *4 Ezra* 13 are woven together with echoes of other sources. Anyone who hears the voice of the man from the sea melts like wax before a fire. (Compare the effect of the theophany in Micah 1:4, for the motif of melting like wax). Most importantly, a great host comes to make war on the man. He carves out a mountain for himself and takes his stand upon it. Then he destroys the onrushing multitude with the breath of his lips. The onslaught of the multitude recalls Psalm 2. The mountain is Zion, the holy mountain (Ps 2:6). The breath of his lips is the weapon of the messianic king in Isa 11:4. Taken together, these allusions suggest that the man from the sea has taken on the role traditionally ascribed to the messianic king.

This impression is strengthened in the interpretation that follows, where the man is identified, in the Latin and Syriac versions, as "my son" (13:32, 37).[73] The messiah is also called "my son" in *4 Ezra* 7:28. Michael Stone has argued that the Greek original in these passages read παις rather than υιός because of variations in some of the versions, and suggested that the Hebrew original was 'servant' rather than 'son.'[74] But even if the Greek did read παις, the word can also mean child or son—compare Wis 2:13, 16, where the righteous man claims to be παις of God and boasts that God is his father. In *4 Ezra* 13, in any case, the context, the assault of the nations against Mt. Zion, strongly suggests an allusion to Psalm 2, so the meaning

---

[72] See further A. CHESTER, *Messiah and Exaltation, op. cit.*

[73] See further J.J. COLLINS, *The Scepter and the Star, op. cit*, 184–5. The use of Psalm 2 is noted by G. ROUWHORST and M. POORTHUIS, " 'Why do the Nations Conspire?" *op. cit.*, 434.

[74] M.E. STONE, *Fourth Ezra: A Commentary on the Fourth Book of Ezra* (Hermeneia; Minneapolis: Fortress, 1990) 207–13 ("Excursus on the Redeemer Figure").

is "son" rather than "servant."[75] The reference to "my son the messiah" in
4 Ezra 7:28 can also be understood against the background of Psalm 2,
although such a reference could also be derived from 2 Samuel 7.

Even though the messiah in *4 Ezra* appears to be pre-existent, he is
nonetheless identified as a descendent of David, in *4 Ezra* 12:32: "this is
the messiah whom the Most High has kept until the end of days, who will
arise from the posterity of David." He is human, although he is endowed
with supernatural powers. In chapter 7:29, he is said to die after a reign
of 400 years. The apocalypse does not explain why a descendent of David
should arise from the sea on clouds. In the judgment of Michael Stone,
his Davidic ancestry is "a traditional element and not at all central to the
concepts of the book."[76] What is important is that he takes over the functions traditionally associated with the Davidic messiah.

Together with *Ps Sol* 17 and the *Similitudes of Enoch*, *4 Ezra* constitutes
a significant body of evidence for the messianic interpretation of Psalm 2
in Jewish texts around the turn of the era. There is some variation in the
ways that the psalm is used. *Ps Sol* 17 and *4 Ezra* explicitly associate the
messiah with the line of David. The *Similitudes* does not. In *Ps Sol* and
4 Ezra he is human, however exalted. In the *Similitudes* he has a human
form, but is higher than the angels. Only *4 Ezra* emphasizes his divine sonship. Both *4 Ezra* and the *Similitudes*, however, see him as a pre-existent
figure, who will be revealed in the eschatological age. They testify to a
tendency in the late Second Temple period to regard the messiah as a
supernatural, heavenly figure, although this understanding of the messiah
was by no means uniform or standard.

Conclusion

The most distinctive feature of the royal psalms was their claim that the
king was an *elohim*, or the begotten son of God. That claim was itself a
modification of ancient Near Eastern, especially Egyptian, royal ideology. To a great degree it had been discredited in Israel and Judah by the
demise of the kingdoms, and by the critiques of the prophets. It is wildly
unlikely that such claims would have been introduced into the tradition

---

[75] Cf. M. KNIBB and R.J. COGGINS, *The First and Second Books of Esdras* (Cambridge Bible Commentary; Cambridge: Cambridge University, 1979) on 7:28.
[76] M.E. STONE, *Features of the Eschatology of Fourth Ezra* (Atlanta: Scholars Press, 1989) 131–32; compare S. SCHREIBER, *Gesalbter und König, op. cit.*, 351.

in postexilic period. It is a testament to the staying power of tradition that these psalms were preserved, and accepted as authoritative scripture, centuries after Israelite and Judahite kingship had ceased to be.

The royal psalms were not among the most popular or influential texts cited in messianic predictions around the turn of the era. Such texts as Balaam's Oracle and Isaiah 11 were far more popular. When Psalm 2, the most influential of the royal psalms, is cited, the emphasis is often on the assault of the nations and their defeat by God and his messiah. The Dead Sea Scrolls and the *Psalms of Solomon* attribute special wisdom and power to the king, but seldom hint at divine or quasi-divine status. In the Aramaic apocalypse, 4Q246, "Son of God" is an honorific title, a counterpart to the divine honors conferred by Hellenistic cities on their rulers. It is not apparent that it carried any metaphysical implications. The one possible exception to this restraint in the Dead Sea Scrolls is the reference to God begetting the messiah in 1QSa, but there, unfortunately, the reading is too uncertain to warrant much confidence. But even if God is said to beget the messiah, the emphasis is still on his role in the human community rather than on his quasi-divine status. In short, "son of God" is a title that can be applied to the messiah because of traditional usage, but it is not apparent that it has metaphysical implications.

The *Similitudes of Enoch* and *4 Ezra*, however, attest to a new development in Jewish messianic expectation. Here the messiah is a heavenly figure rather than an earthly one. Consequently, one does not have to worry about the danger of giving earthly ruler pretensions of divinity. This view of the messiah is inspired by Daniel 7 more than by the royal psalms, but it is still significant that the language of the psalms was co-opted to articulate it. There is no question here of unbroken tradition. The language of an earlier time is stripped from its historical context and radically reinterpreted. The divinity or quasi-divinity of the king is no longer a matter of political propaganda for an ongoing dynasty but of hope for a supernatural deliverer. Similarly, the roughly contemporary reinterpretation of the royal psalms in the New Testament was part of a growing tendency in Judaism to reinterpret royal messianism in otherworldly terms and to look for eschatological fulfillment of ideals that could never be realized in historical reality.

TROISIÈME PARTIE

UNE PLURALITÉ DE MESSIANISMES JUIFS, UNE PLURALITÉ D'ÉVOLUTIONS ?

LES DÉBUTS DE L'IDÉE MESSIANIQUE

Mireille Hadas-Lebel

Quand l'idée messianique a-t-elle fait son apparition dans le judaïsme ? Quelles sont les circonstances qui ont pu en amener l'émergence ? Cette idée était-elle commune à tous les courants juifs en Judée et en diaspora ? Comment le messianisme est-il devenu un élément du credo juif (pour autant qu'il y ait un credo) ? C'est à ces questions que tentera de répondre la présente contribution. Étant bien entendu que la réponse à la première question commande toutes les autres, c'est donc surtout à elle que je m'attacherai. J'essaierai donc de reconstituer le contexte dans lequel s'est développée l'idée messianique en réponse aux événements du temps, mais aussi, comme on doit s'y attendre en milieu juif, sur la base de l'interprétation des textes regardés comme révélés.

Le Messie n'est pas dans la Bible hébraïque

Telle est la constatation très simple que l'on peut faire à partir d'une concordance biblique. L'extension du sens du mot *mashiaḥ* (משיח) pris comme nom d'un personnage salvateur eschatologique, de même que l'abus moderne du terme « messianisme » pour désigner diverses perspectives d'avenir pacifié et glorieux ont souvent fait perdre de vue des vérités fondamentales. Il faut porter au mérite de l'ouvrage collectif *The Messiah*, publié en 1992 sous la direction de J.H. Charlesworth, d'avoir contribué à clarifier les concepts de base, comme l'écrit J.J.M. Roberts dans ce recueil : « In the original context not one of the 39 occurrences of *mashiaḥ* in the Hebrew canon refers to an expected figure of the future whose coming will coincide with the inauguration of an era of salvation »[1]. Cette constatation n'est certes pas révolutionnaire, puisqu'aussi bien les articles de la *Jewish Encyclopedia* (1903) ou de l'*Encyclopaedia Judaica* (1971) soulignent

---

[1] J.J.M. Roberts, « The Old Testament's Contribution to Messianic Expectations », dans *The Messiah. Developments in Earliest Judaism and Christianity*, J.H. Charlesworth (ed.), Minneapolis, Fortress Press, 1992, p. 39–51.

que l'attente du Messie est strictement post-biblique[2]. Si l'on doute parfois de l'émergence tardive de cette attente, c'est :

1. parce que l'on s'est accoutumé à parler de « messianisme sans Messie » Ainsi le qualificatif « messianique » a été accolé à nombre de passages prophétiques – notamment Isaïe 2 et 11 – annonçant un terme aux tourments de l'humanité, et parce que l'on a aussi confondu messianisme et eschatologie dans nombre de versets bibliques où l'expression *be'aharit hayamim* (באחרית הימים) qui se réfère à « la suite des temps » a été prise dans l'acception « la fin des temps » ;
2. parce qu'une exégèse ancienne, tant juive que chrétienne, nous a habitués à considérer comme des annonces « messianiques » un petit nombre de versets où le mot « Messie » n'apparaît guère[3], ainsi : « l'étoile sortie de Jacob » (Nb 24, 17), le mystérieux Shilo (Gn 49, 10) ou encore צמח, « germe » (Jr 23, 5 ; 33, 15 ; Za 3, 8 ; 6, 12).

Le simple retour au texte réserve des surprises à un public peu averti. Dans le Lévitique (4, 3.5.16 ; 6, 15), il n'est question que d'un « prêtre oint » (הכהן המשיח). Dans les livres de Samuel, le terme « oint du Seigneur » s'applique au roi et, dans la majorité des occurrences, c'est David, encore simple berger, qui donne ce titre à Saül (1 S 24, 7.11 ; 26, 9.11.16.23 ; 2 S 1, 14.16). Quant à Isaïe, il ne mentionne qu'un seul « Messie », Cyrus, qui a permis à Israël exilé de retourner à Jérusalem (Isaïe 44, 1). Pour les Psaumes, je renvoie à la contribution de J.J. Collins. Il est clair que la plupart des occurrences (Ps 89 et 132 ; Ps. 28, 8 et 84, 10) exaltent la royauté davidique.

L'onction, faut-il le rappeler, est une marque de consécration. Elle s'applique parfois au peuple (Hab 3, 13 ; Ps. 28, 8–9), une fois à un bouclier (2 S 1, 21), la plupart du temps à des rois dont l'histoire nous dit qu'ils ont été oints (Hazaël roi d'Aram, Saül, David, Salomon, Joachaz, Jéhu, Joad, mais la liste est sans doute incomplète), ainsi qu'à un prophète, Élisée (1 Rois 19, 16). L'onction établit certes un lien spécial avec Dieu, mais elle n'a rien de salvifique. À travers toute la Bible, il n'y a que Dieu qui sauve (Isaïe 43, 11), parfois il est vrai en suscitant un sauveur *moshia'* (Jg 3, 9.15 ; 2 Rois 13, 5) lequel n'est d'ailleurs jamais un « oint » (*mashiah*).

---

[2] D. FLUSSER, « Messiah », dans *Encyclopaedia Judaica*, vol. 10, Jérusalem, 1971, col. 1408–1410.

[3] Cf. J.J.M. ROBERTS, *op. cit.*, p. 40 : « By far, the majority of biblical passages given a messianic interpretation by later Jewish and Christian sources do not contain the word Messiah ».

Première apparition du Messie

Premiers textes où *le* Messie est attesté

« Que Dieu purifie et bénisse Israël pour le jour de sa miséricorde, au jour prédestiné où il suscitera *son Messie*. Heureux ceux qui vivront en ces jours-là, ils verront les bienfaits que le Seigneur accordera à la génération à venir, sous le sceptre éducateur du *Messie* du Seigneur, dans la crainte de Dieu, dans la sagesse de l'Esprit, dans la justice et la force ».

Ces versets du psaume 18 des Psaumes dits « de Salomon » nous montrent une doctrine messianique déjà constituée au sens où on l'entend généralement. Si ce passage est difficile à dater, le psaume 17, lui aussi « messianique », offre quelques éléments de datation, tout en complétant la doctrine par des références bibliques plus explicites quant à ce qui est attendu d'un roi juste, « le messie du Seigneur » instruit par Dieu, « qui frappera la terre de la parole de sa bouche », (conformément à Isaïe 11, 4). C'est par les invectives contre les usurpateurs du passé que le texte peut se laisser dater. On y décèle une allusion à la prise de Jérusalem par Pompée en 63 av. J.-C. – moins claire sans doute que celle du psaume 2 du même recueil – et une violente attaque contre ces « orgueilleux » qui avaient osé usurper le trône de David et ont été ôtés de la terre ainsi que leur descendance (17, 6–9). L'impie qui leur succède (v. 11), qui imite les mœurs des païens jusque dans Jérusalem (v. 14), qui opprime le peuple (v. 15) et dont le règne est marqué par une famine (v. 18–19), ne saurait être qu'Hérode comme l'a bien démontré André Caquot[4].

Le contexte historique

La famine en Judée, signalée par Flavius Josèphe (*Antiquités juives* XV, 299–304) comme s'étant produite sous le règne d'Hérode, posait un problème à ceux qui voulaient attribuer au psaume 17 de Salomon une datation plus haute. Le psaume 2, qui se montre déjà au courant de la mort de Pompée en 48 av. J.-C., nous donne un terminus *post quem* sans que l'on doive inférer une même datation pour tous les poèmes du recueil. Une datation vraisemblable du psaume 17 se situerait après la mise à mort par Hérode de tous les Hasmonéens (Aristobule III, Hyrcan II, Mariamne et sa

---

[4] A. CAQUOT, « Les Hasmonéens, les Romains et Hérode : Observations sur Ps. Sal. 17 », *Hellenica et Judaïca, Hommage à V. Nikiprowetzky*, Collection de la Revue des Études Juives 3, A. CAQUOT, M. HADAS-LEBEL et J. RIAUD (éd.), Louvain, Peeters, 1986, p. 213–218.

mère Alexandra), et au moment où il a déjà entrepris la reconstruction du Temple (« tout ce qu'il a fait à Jérusalem » v. 14), mais avant l'exécution de ses fils qui n'aurait pas manqué d'être mentionnée par le psalmiste.

Celui-ci lance un appel (v. 21) qui exprime toute l'impatience d'un peuple soumis à un pouvoir tyrannique et qui implore le salut : « Regarde Seigneur et suscite-leur leur roi, fils de David, au moment que tu sais, ô Dieu, pour qu'il règne sur Israël ton serviteur. » En ce temps-là, ce peuple a des lettrés qui lisent et relisent les textes sacrés. Ils y redécouvrent la promesse du prophète Nathan à David (2 S 7, 16) : « Ta maison et ta royauté dureront à jamais devant moi, ton trône sera stable à jamais » ou encore la prophétie de Jérémie (33, 20–21) : « Si vous pouvez rompre mon alliance avec le jour et mon alliance avec la nuit (…) alors pourra être rompue mon alliance avec David mon serviteur, en sorte qu'il n'y ait plus de lui un fils régnant sur son trône. » Ceux qui scrutaient les textes bibliques pouvaient y lire une promesse divine non tenue. Leur piété sans faille les amenait alors à repousser tout doute blasphématoire et les poussait à conclure qu'il devait exister, caché quelque part, un descendant de David qui n'attendait que le moment fixé par Dieu pour se révéler. Cette légère extrapolation à partir du texte du psaume 17 de Salomon permet de comprendre le brusque surgissement de candidats à la royauté dès le lendemain de la mort d'Hérode. Flavius Josèphe nous cite les noms de personnages obscurs, d'humble extraction, un ancien esclave, Simon, un berger Athrongès, dont les prétentions ne peuvent s'expliquer que si, pour une foule crédule et impatiente de voir les promesses se réaliser, leur apparition correspondait à une espérance entretenue. Ce que l'on attend, c'est une figure royale idéale, liée à la descendance promise à David qui chassera les étrangers impies par des moyens surnaturels (la parole) et règnera à jamais. Avec le temps, le règne de la maison de David était devenu le symbole de la fidélité de Dieu à son peuple. La certitude de sa réalisation future consolait ainsi Israël des vicissitudes du présent.

La relecture des textes scripturaires

J.J. Collins a rappelé qu'il n'y a pas de Messie dans les textes bibliques tenus avec certitude pour post-exiliques : Qohelet, Cantique des Cantiques, Job. Il n'y en a pas davantage dans le Siracide, daté d'environ 190 av. J.-C., ou dans les deux premiers livres des Maccabées que l'on peut situer grossièrement autour de 100 av. J.-C. Bien qu'il existe quelques articles sur le messianisme chez Philon d'Alexandrie, je n'en ai pas trouvé de véritable trace chez cet auteur en examinant de près les textes. Pas plus que lui, Flavius Josèphe n'utilise le terme « Messie ». La traduction de Nombres 24, 17 par la Septante, « un astre sortira de Jacob et un homme se lèvera d'Israël », où le futur est nettement souligné et où l'hébreu *shèvèt*, « sceptre », est rendu par « homme » aurait pourtant pu favoriser une interprétation messianique de ce fameux verset chez les auteurs juifs de langue grecque. Or, il n'en est rien.

L'attente proprement messianique ne semble pas avoir touché tous les milieux juifs qui coexistaient avant la catastrophe de 70 apr. J.-C. Comme l'écrit avec humour J.H. Charlesworth, ceux qui attendaient la venue d'un homme providentiel n'avaient pas la « checklist »[5] des choses à accomplir. La « fiévreuse atmosphère », si bien évoquée par E. Renan pour caractériser le début du Ier siècle apr. J.-C., entraînait la relecture des textes légués par les générations passées afin d'y lire l'avenir. Le jugement promis pour la suite des temps devenait le Jugement dernier car l'on était persuadé de vivre la fin de l'histoire. Les textes de Qumrân, que Renan ne connaissait pas encore, en donnent la preuve éclatante avec l'annonce de la guerre « des fils de lumière contre les fils des ténèbres »[6] et l'exégèse actualisante des prophètes appelée *pesher*. Le courant hénochien nous offre avec le *Livre des Paraboles* en 1 Hénoch 45, 1–5, une réinterprétation évidente de Daniel 7. Celui qui est « comme un fils d'homme » n'est plus la figure collective « du peuple des Saints du Très Haut », mais une figure individuelle : le Fils d'homme, l'Élu, un juge eschatologique préexistant au monde. Caché, il doit se révéler en vue du Jugement qui verra l'avènement des temps nouveaux.

Au Messie, fils de David, se superpose désormais ce Fils d'homme. Citons encore Renan :

> Le Messie ne fut plus un roi à la façon de David et de Salomon, un Cyrus théocrate et mosaïste ; ce fut un « fils de l'homme » apparaissant dans la nue, un être surnaturel, revêtu de l'apparence humaine, chargé de juger le monde et de présider à l'âge d'or.[7]

---

[5] J.H. CHARLESWORTH, « From Messianology to Christology: Problems and Prospects », dans *The Messiah. Development in Early Judaism and Christianity*, *op. cit.*, p. 14.

[6] Voir le *Rouleau de la Guerre* (1QM).

[7] E. RENAN, *Vie de Jésus. Histoire des origines du Christianisme*, t. I, Paris, Michel-Lévy frères, 1863, p. 37.

Daniel[8] n'est pas le seul texte sollicité au Ier siècle apr. J.-C. On trouvera dans le Nouveau Testament nombre de faits « accomplissant la parole » d'Isaïe ou de Zacharie, dont les prophéties étaient en ce temps reprises dans l'attente de leur réalisation.

Le récit de Flavius Josèphe semble indiquer que les prétentions royales qui avaient suivi le règne d'Hérode ont été remplacées à l'ère des procurateurs par des tentatives plus mystiques. Il donne un exemple tout à fait frappant : un Égyptien se place sur le mont des Oliviers (conformément à la prophétie de Zacharie 14, 4) et promet de faire tomber les remparts de Jérusalem par le pouvoir de sa parole (conformément à Isaïe 11). L'effervescence messianique commence à être palpable.

Fils de David ou Fils de l'homme ? Les deux traditions finirent par fusionner, comme l'a bien montré S. Mowinckel dans son célèbre ouvrage *He that cometh*[9].

Le messianisme juif d'une révolte à l'autre

La révolte des Juifs contre Rome s'est soldée par des malheurs innombrables, qui laissèrent aux survivants un sentiment d'accablement sans remède. Pour le surmonter, il fallut ranimer la petite flamme de l'espérance. Les textes d'après 70 apr. J.-C. ont indéniablement une tonalité différente des écrits antérieurs et doivent être étudiés séparément, en tenant compte de la rupture introduite par une guerre très meurtrière et susceptible d'ébranler la foi par l'atteinte aux symboles les plus forts : Jérusalem et le Temple.

L'espérance ne peut subsister que si la souffrance est revêtue d'un signe positif, si elle représente « les douleurs de l'enfantement » des temps messianiques. C'est bien ainsi qu'elle apparaît dans les deux apocalypses juives de la fin du Ier siècle, *2 Baruch* et *4 Esdras*. Chacune d'elle recourt à des images différentes pour représenter le Messie[10].

L'auteur de *2 Baruch* attend que le Messie se révèle « après le grand malheur qu'il a vécu » (29, 3). Il met en scène Baruch, qui, endormi un soir

---

[8] E. RENAN, *op. cit.*, p. 37, « L'auteur inconnu du livre de Daniel eut, en tout cas, une influence décisive sur l'événement religieux qui allait transformer le monde. Il créa la mise en scène et les termes techniques du nouveau messianisme ».

[9] S. MOWINCKEL, *He That Cometh. The Messiah Concept in the Old Testament and Later Judaism*, Grand Rapids, Eerdmans, 2005 (réed.).

[10] Pour l'analyse de ces images, voir M. HADAS-LEBEL, *Jérusalem contre Rome*, Paris, Cerf, 1990, p. 435–440.

à l'emplacement des ruines du Temple, a la vision d'une forêt entourée de montagnes. Une vigne surgit face à celle-ci, au-dessus d'une source ; elle submerge les arbres, renverse les montagnes. Seul subsiste un cèdre altier qui passe en jugement devant la vigne avant d'être dévoré par le feu. Le cèdre, « seul survivant de la forêt du mal », représente Rome identifiée au quatrième empire de la vision de Daniel. La source, qui a un rôle de vengeur et de juge, symbolise le Messie attendu, comme le confirme l'interprétation de la vision (2 Baruch 40, 1).

L'auteur de *4 Esdras* parle plus directement du Messie et fixe une durée à son règne : « Mon fils, le Messie, sera révélé en même temps que ceux qui sont avec lui et ceux qui auront survécu se réjouiront quatre cents ans » (VII, 28). Une vision corrobore son attente. Un aigle à trois têtes surgit de la mer, il étend ses multiples ailes sur toute la terre. Alors que le monde entier subit son oppression, un lion sorti de la forêt vient le défier. Il lui rappelle ses méfaits et annonce que la terre sera bientôt délivrée de sa domination inique. Esdras reçoit alors l'explication de sa vision : l'aigle est le quatrième empire apparu en vision à Daniel (4 Esdras XII, 11), quant au lion « c'est le Messie que le Très Haut a réservé pour la fin des jours, celui qui se lèvera de la race de David » (*ibid.* 32). Une autre vision d'Esdras, directement inspirée du même chapitre 7 du livre de Daniel, représente le Messie sous forme d'un être semblable à un homme. Il combat ses ennemis par le flot de sa parole, conformément à Isaïe 11, 4[11]. Avec le symbole du lion de Juda, *4 Esdras* atteste la persistance de l'attente d'un roi davidique, même après la destruction du Temple. Une telle attente, déjà clairement exprimée dans les Actes des Apôtres (1, 6) : « Seigneur est-ce en ce temps que tu rétabliras le royaume d'Israël ? », loin d'être découragée par la catastrophe, a pu au contraire s'en trouver renforcée : les rescapés ne pouvaient vivre sans espoir.

Le maître par qui l'enseignement du judaïsme put être préservé, Rabban Yohanan ben Zakkaï, dut calmer les impatiences : « Si tu as un plant en main et qu'on te dise : « Voici le Messie, va d'abord planter ton plant et après va au-devant de lui.[12] » On peut, cependant, entendre un écho de cette espérance messianique ravivée dans les mystérieuses paroles attribuées au même Rabban Yohanan Ben Zakkaï sur son lit de mort. En quatre passages parallèles[13], rédigés très postérieurement à lui, il est censé

---

[11] Cf. 1 Hénoch 62, 2 ; *Psaumes de Salomon* 17, 27, 2 Thessaloniciens 2, 8.
[12] *Abot de Rabbi Nathan* A 13, 31.
[13] *Abot de Rabbi Nathan* A 25, *y. Sota* 9, 16.24c et *Aboda Zara* 3, 1.42c, *b. Berakhot* 28b.

avoir demandé de préparer un trône pour Ézéchias, roi de Juda, dont la venue était imminente. Ce message crypté laissait sans doute entendre qu'un descendant de David, un roi juste semblable à Ézéchias, allait se lever pour le salut d'Israël[14]. On aurait là un signe supplémentaire du sentiment d'imminence attesté par *2 Baruch* et *4 Esdras* qui, d'une attente quiétiste, allait se transformer en aventurisme eschatologique avec l'apparition du « Fils de l'Étoile », Bar Kokhba, en qui le célèbre Rabbi Aqiba crut reconnaître le Messie[15].

Conclusion

L'attente messianique devait par la suite recevoir diverses interprétations dans le judaïsme[16], mais désormais sous une forme quiétiste sans tenter d'accélérer la venue du Messie ou de calculer les temps[17]. Une tradition évoque un Messie guerrier fils de Joseph à côté du Messie fils de David, mais dans le sentiment populaire, c'est le Messie fils de David, lui seul, qui concentre en sa personne l'espérance de l'avènement de temps nouveaux marquant la fin de l'histoire.

---

[14] Cf. M. HADAS-LEBEL, « Hezekiah as King Messiah », dans *Jewish Studies at the Turn of the 20th Century*, I, J. TARRAGONA BORRAS et A. SAENZ-BADILLOS (éd.), Leyde, Brill, 1999, p. 277, et Eadem, « Il n'y a pas de Messie pour Israël car on l'a déjà consommé au temps d'Ézéchias », *REJ* 159 (2000), p. 357–367.

[15] Cf. *y. Taanit* 4, 8.68d, *Lamentations Rabba* 2, 2.

[16] Voir les formules variées regroupées dans le Talmud de Babylone en *Sanhédrin* 97a–99a.

[17] « Car on pourra dire, puisque le temps fixé est arrivé sans qu'il vienne, il ne viendra jamais » *b. Sanhédrin* 97b.

PEUT-ON PENSER UNE HISTOIRE INTELLECTUELLE DU PREMIER MESSIANISME JUIF À PARTIR DES MANUSCRITS DE QUMRÂN ?

David Hamidović

L'édition scientifique des premiers rouleaux sortis des grottes de Qumrân fut rapide. Portées par l'enthousiasme du public cultivé et des scientifiques, les premières synthèses sur la bibliothèque de Qumrân apparurent dès les années 1950. À cette époque, la plupart d'entre elles notaient le caractère préliminaire des conclusions. Elles appelaient même le public à attendre les publications plus complètes[1]. La précaution semble s'être estompée les années passant. Pour une approche scientifique des textes de Qumrân, cela est fâcheux car s'est instillé dans l'esprit du public et d'érudits manipulant les textes de Qumrân le sentiment qu'on pouvait soutenir des conclusions assurées sur la communauté de Qumrân, ses pratiques et ses croyances. Or, le libre-accès à tous les manuscrits de Qumrân, au moins à leurs photographies, ne date que de 1991. Il faut attendre le milieu des années 1990 pour lire des synthèses sur la bibliothèque entière de Qumrân et les débats suscités par de nouveaux textes portés à la connaissance

---

[1] Par exemple, H.E. DEL MEDICO, *L'énigme des manuscrits de la mer Morte*, Paris, Plon, 1957, p. I, écrit dans la préface : « Quelques travaux de synthèse ont été tentés ; ils ont immédiatement été dépassés par des faits nouveaux, par des opinions nouvelles, par les résultats de recherches portant souvent sur des points de détail. (…) Par la force des choses, on part de postulats basés sur des données que l'on veut considérer comme certaines. Or, depuis la découverte des premiers manuscrits, beaucoup de renseignements publiés se sont avérés faux ; ils ont été parfois rectifiés, mais ces "mises au point", publiées dans des revues spécialisées, sont souvent ignorées ou passées sous silence. D'autres données nouvelles, sur lesquelles on s'appuie pour parler des manuscrits de la mer Morte, sont parfois discutables ». Ou encore, à la fin de l'ouvrage, p. 267 : « Lorsque le contenu des autres grottes sera mieux connu, on pourra essayer de faire une synthèse de tout ce que nous aurons appris et l'on pourra peut-être avoir une vue d'ensemble sur les mouvements politiques et religieux en Palestine qui allaient être balayés par le triomphe du christianisme nicénien ». F.M. CROSS, Jr., *The Ancient Library of Qumran and Modern Biblical Studies*, Garden City, Doubleday & Co., 1958, p. vii, écrit aussi : « The time has not yet come, obviously, when it is possible or desirable to attempt total, much less final syntheses in the several major areas of Qumran research ». M. BURROWS, *Les manuscrits de la mer Morte*, Paris, R. Laffont, 1957, p. 10, écrit dans sa préface datée de 1955 : « Lorsque tous les documents auront été rassemblés, il est possible que les conclusions auxquelles nous sommes parvenus dans cet ouvrage soient à modifier ».

des spécialistes[2]. Une quinzaine d'années s'est écoulée depuis. Il demeure un décalage entre la connaissance vulgarisée des manuscrits de Qumrân, fondée sur les premières synthèses, et les travaux scientifiques actuels. Le grand public en est resté à une connaissance partielle, voire partiale, des textes de Qumrân : la connaissance antérieure au milieu des années 1990. Un exemple marquant est la croyance en le messie dans la communauté de Qumrân.

Hors des textes bibliques[3] exhumés des onze grottes à manuscrits, on lit trente fois le mot משיח. On se heurte à un premier problème. Les manuscrits fragmentaires ne permettent pas toujours de reconnaître un contexte précis. Par exemple, le manuscrit 4Q458 2 ii 6 peut être présenté comme un passage messianique alors que pour d'autres savants, il n'en est rien[4]. Le fragment de ligne conserve les mots : משיח בשמן מלכות ה[...] « oint/messie avec l'huile de royauté de (?) ». Les mots conservés rappellent le Ps 45, 7 célébrant le roi[5]. L'interprétation messianique de ce passage en 4Q458 est possible. Quoiqu'il en soit, cet exemple illustre la difficulté inhérente au caractère fragmentaire, ténu, des passages conservés.

---

[2] Les travaux suivants méritent une attention particulière : F. García Martínez, « Messianische Erwartungen in den Qumranschriften », *Jahrbuch für biblische Theologie* 8 (1993), p. 171–208 ; J.J. Collins, *The Scepter and the Star*, New York, Doubleday, 1995 (2010) ; C.A. Evans, P.W. Flint (éd.), *Eschatology, Messianism, and the Dead Sea Scrolls*, Studies in the Dead Sea Scrolls and Related Literature, Grand Rapids, Cambridge, Eerdmans, 1997 ; J.H. Charlesworth, H. Lichtenberger, G.S. Oegema (éd.), *Qumran-Messianism: Studies on the Messianic Expectations in the Dead Sea Scrolls*, Tübingen, Mohr Siebeck, 1998 ; J. Zimmermann, *Messianische Texte aus Qumran*, WUNT 2.104, Tübingen, Mohr Siebeck, 1998 ; J.A. Fitzmyer, *The Dead Sea Scrolls and Christian Origins*, Studies in the Dead Sea Scrolls and Related Literature, Grand Rapids, Eerdmans, 2000, p. 73–110 ; G.G. Xeravits, *King, Priest, Prophet*, STDJ 47, Leyde, Boston, Brill, 2003 ; S.E. Porter (éd.), *The Messiah in the Old and New Testaments*, Grand Rapids, Eerdmans, 2007 ; J.A. Fitzmyer, *The One Who Is to Come*, Grand Rapids, Eerdmans, 2007 ; J.J. Collins, A. Yarbro Collins, *King and Messiah as Son of God*, Grand Rapids, Eerdmans, 2008 ; A.L.A. Hogeterp, *Expectations of the End*, STDJ 83, Leyde, Boston, Brill, 2009.

[3] On utilise les mots « Bible » et « biblique » par convention pour désigner des textes ayant une autorité dans la communauté de Qumrân et non des livres au sens de *codices*, ce qui serait anachronique. D'autres utilisent le mot « Écriture(s) » au singulier ou au pluriel.

[4] Par exemple, le passage n'est pas étudié dans le livre de J.J. Collins, *The Scepter and the Star*, *op. cit.* L'*editio princeps* du texte par E. Larson, « 458. 4QNarrative A », *Qumran Cave 4. XXVI. Cryptic Texts*. Miscellanea, *Part 1*, P. Alexander *et al.* (eds.), DJD XXXVI, Oxford, Clarendon Press, 2000, p. 353–365, penche vers l'identification du messie royal mais avec prudence, p. 354 : « The reference to 'one anointed with the oil of kingship' in frg. 2 ii 6 is perhaps the best place to start. The phrase in itself does not allow one to determine whether the texte is referring to the Messiah or to some lesser figure chosen to rule ».

[5] Voir aussi Testament de Juda XXII, 4 et XXIV, 5.

J.H. Charlesworth[6] a calculé que 3% des occurrences du terme technique משיח dans les textes de Qumrân avaient le sens de « messie » et donc que les autres, soit 97%, signifiaient « oint ». Il en déduisit que le messianisme n'était pas une croyance majeure dans la communauté de Qumrân[7]. Toutefois, il est plus prudent de lier la traduction du mot משיח à un contexte suffisamment conservé pour choisir entre la mention d'une personne ou d'un personnage « oint » ou bien la référence à un « messie ».

Le deuxième problème vient de l'acception du mot « messie » dans la communauté scientifique. Le périmètre de la définition n'est pas identique entre les savants. On distingue les tenants d'une définition minimaliste qui reconnaissent un personnage de salut, au sens le plus général du terme. Par exemple, les attentes multiples d'un roi meilleur dans les textes prophétiques de l'Ancien Testament sont qualifiées d'espérances messianiques. À cette définition s'opposent les partisans d'une définition maximaliste, plus précise. Le messie est bien un personnage de salut, mais il est attendu à la fin des temps. Un tour d'horizon des définitions en présence[8] mène aujourd'hui à une définition consensuelle autour du messie comme une figure eschatologique qui a pour mission principale de délivrer le peuple juif. La définition maximaliste semble s'être imposée dans les recherches grâce, notamment, aux études sur la littérature apocryphe juive.

L'héritage historiographique autour du messianisme constitue le troisième problème rencontré. Dans les études bibliques, la question du messianisme s'est posée d'emblée avec la croyance en Jésus de Nazareth comme le messie. Les études sur le Nouveau Testament et sur le christianisme

---

[6] J.H. CHARLESWORTH, « From Messianology to Christology: Problems and Prospects », in *The Messiah: Developments in Earliest Judaism and Christianity*, J.H. CHARLESWORTH (éd.), Minneapolis, Fortress Press, 1992, p. 25.

[7] Cf. J.A. FITZMYER, *The One Who Is to Come, op. cit.*, p. 88–111.

[8] A.S. VAN DER WOUDE, *Die messianischen Vorstellungen der Gemeinde von Qumran*, Studia semitica neerlandica 3, Assen, Van Gorcum, 1957, p. 5 : « eine eschatologische Erlösergestalt » ; J.H. CHARLESWORTH, « From Messianology to Christology », *op. cit.*, p. 4 : « God's eschatological Anointed One, the Messiah », F. GARCÍA MARTÍNEZ, *op. cit.*, p. 172 : « die Gestalt des 'Messias' unter diesem Namen oder (…) verschiedene andere 'messianische' Gestalten, Agenten endzeitlicher Errettung » ; J.J. COLLINS, *The Scepter and the Star, op. cit.*, p. 11 : « The word 'messiah' refers at the minimum to a figure who will play an authoritative role in the end time, usually the eschatological king » ; J. ZIMMERMANN, *op. cit.*, p. 17 suit la définition de J.J. COLLINS, « 'He Shall Not Judge by What His Eyes See': Messianic Authority in the Dead Sea Scrolls », *DSD* 2 (1995), p. 146 : « an agent of God in the end-time, who is said somewhere in the literature to be anointed, but who is not necessarily 'messiah' in every passage » ; J.A. FITZMYER, *The One Who Is to Come, op. cit.*, p. 1 : « an eschatological, an *anointed* human agent of God, who was to be sent by Him as a deliverer and was awaited in the end time ».

en sont profondément imprégnées, car il s'agit, étymologiquement, de la
définition du christianisme et du chrétien. C'est pourquoi la formulation
du concept de messie s'est concentrée autour de Jésus devenu le Christ,
christos, le « messie » en grec, l'exact équivalent du משיח en hébreu. Les
premiers milieux chrétiens ont formulé plusieurs définitions de la messianité de Jésus. Les textes du Nouveau Testament et les premiers écrits chrétiens livrent des conceptions différentes du messianisme[9]. Ces différentes
appréciations, œuvres de différents milieux, ont donné naissance à une
formulation devenue classique du développement du messianisme juif.
Ainsi, les attentes messianiques multiples dans la société juive auraient
fusionné dans la figure du messie unique : Jésus-Christ. Les premiers
savants, qui ont étudié les manuscrits de Qumrân à partir de 1947, étaient
versés dans les études sur le christianisme primitif. C'est pourquoi des
conceptions plus tardives ont pu être appliquées aux espérances messianiques identifiées dans les manuscrits de Qumrân. L'histoire intellectuelle
du premier messianisme juif, et le messianisme à l'œuvre dans les textes de Qumrân en particulier, en portent les traces. Ainsi, on a cherché à
prouver la fusion des attentes messianiques décelées dans les manuscrits
de Qumrân[10]. L'hypothèse mérite d'être vérifiée avec la connaissance de
tous les fragments exhumés des grottes proches du site de Qumrân.

Un examen rapide de la « bibliothèque » conservée de Qumrân montre la pluralité des attentes messianiques au tournant de l'ère chrétienne.
Par exemple, on lit au pluriel משיחי אהרן וישראל, « les messies d'Aaron
et d'Israël »[11] et au singulier משיח אהרן וישראל, « le messie d'Aaron et
d'Israël »[12]. Aussi, il est question seulement du משיח ישראל, « messie

---

[9] Voir un état de la question dans S.C. MIMOUNI, P. MARAVAL, *Le christianisme des origines à Constantin*, Nouvelle Clio, Paris, PUF, 2006, p. 226–227, qui recensent huit inter-prétations chrétiennes de la messianité de Jésus-Christ.

[10] Cf. J. STARCKY, « Les quatre étapes du messianisme à Qumrân », *RB* 70 (1963), p. 481–505 ; A. CAQUOT, « Le messianisme qumrânien », dans *Qumrân. Sa piété, sa théologie et son milieu*, BETL 46, M. DELCOR (ed.), Leuven, Peeters, 1978, p. 231–247 ; G.J. BROOKE, « The Messiah of Aaron in the Damascus Document », *RevQ* 15 (1991), p. 215–230 ; dernièrement, J.A. FITZMYER, *op. cit.*

[11] 1QS IX 11.

[12] CD XII 23-XIII 1 ; XIV 19 ; XIX 10–11 ; XX 1 ; 4Q266 10 i 10. La locution au singulier dési-gne tout de même l'attente de deux figures messianiques : le messie prêtre et le messie roi. S'il ne s'agissait que du messie sacerdotal, comme le soutient A. CAQUOT, *op. cit.*, p. 241, ou G.J. BROOKE, *op. cit.*, p. 227, l'expression « messie d'Aaron » suffit. Pourquoi ajouter la mention d'« Israël » ? L. GINZBERG, *An Unknown Jewish Sect*, New York, Jewish Theological Seminary of America, 1976 (1922), p. 227, répond avant la découverte des manuscrits de Qumrân que le messie sacerdotal provient d'Israël. Pourtant, l'emphase portée sur Israël semble significatif dans la communauté de Qumrân, cf. CD VI 2–3 par exemple.

d'Israël », dans la *Règle de la Congrégation*[13] copiée sur le même rouleau
que l'exemplaire de la *Règle de la Communauté*[14]. Les attentes messianiques ne sont pas uniformes au tournant de l'ère chrétienne. Les manuscrits de Qumrân permettent-ils de penser une histoire intellectuelle du
premier messianisme juif, une histoire allant de la pluralité à la fusion des
attentes messianiques ?

Le concept de « messie » dans les manuscrits de Qumrân et le judaïsme ancien

À la définition consensuelle du messie comme une figure attendue à la
fin des temps pour sauver le peuple juif, il convient d'adjoindre la remarque suivante de John J. Collins[15] : le messie est déclaré « oint » (משיח)
dans la littérature juive mais il n'est pas nécessairement désigné comme
« messie » (משיח) dans tous les passages. La qualité de messie ne coïncide
donc pas toujours avec la désignation par le mot משיח. L'étude du messianisme juif ancien ne peut donc être restreinte à l'étude des occurrences
du mot משיח. Aussi, en 1996, Johann Maier mit en cause l'élargissement
de la définition du mot « messie » à des figures eschatologiques dans un
article au titre évocateur : « Messie ou oint ? Pour une résolution des problèmes de traduction et d'interprétation dans les textes de Qumrân »[16].
La distinction entre une figure eschatologique et une figure messianique
est, selon lui, devenue floue dans la littérature juive du second Temple. Geza G. Xeravits a même remis en cause la traduction de משיח par
« messie »[17]. Il la juge anachronique car, selon lui, il faut la réserver au
concept théologique chrétien. Cependant, l'expression « messie(s) d'Aaron
et d'Israël » est bel et bien écrite dans des textes antérieurs à l'émergence
du christianisme. Par exemple, la *Règle de la Communauté*, qui contient la
locution au pluriel en 1QS IX 11, a été copiée sur un manuscrit de la grotte
1 entre 100 et 75 av. J.-C. selon les analyses paléographiques. De plus, il
faut envisager une date de rédaction du document antérieure à cette date
de copie. La désignation d'une figure eschatologique dont la mission est
de sauver les juifs est donc connue avant l'émergence du christianisme.

---

[13] 1QSa II 14.20.
[14] 1QS.
[15] Cf. note 19.
[16] J. MAIER, « Messias oder Gesalbter ? Zu einem Übersetzungs- und Deutungsproblem
in den Qumrantexten », *RevQ* 17 (1996), p. 585–612.
[17] G.G. XERAVITS, *op. cit.*, p. 8–9.

C'est pourquoi le mot משיח peut être traduit par « messie » dans certains passages découverts à Qumrân.

Toutefois, la traduction de משיח par « messie » ne peut être systématique dans les manuscrits de Qumrân. Le même terme désigne aussi des personnages du passé comme en CD II 12 : ויודיעם ביד משיחו<י>משיחו<רוח קדשו, « et il (Dieu) les (ceux qui entrent dans l'Alliance) instruisit de son esprit saint, par l'intermédiaire de ses oints »[18]. Il s'agit probablement des prophètes dépositaires de l'esprit divin selon 1 R 19, 16 ou Is 61, 1. John J. Collins rappelle enfin qu'aucune confusion ne peut être faite entre ce qui est messianique et ce qui est eschatologique car, dans la littérature juive, un contexte eschatologique n'implique pas nécessairement la présence d'une figure messianique[19].

Lorsque le contexte du fragment permet la reconnaissance d'une figure messianique royale sans le terme משיח, on constate que l'interprétation messianique se fonde sur une exégèse de passages de l'Ancien Testament. Parmi les versets utilisés, trois semblent avoir joué un rôle particulièrement important dans les derniers siècles avant Jésus-Christ, bien qu'ils ne comportent pas le terme משיח :

– les bénédictions de Jacob en Gn 49, 10 :
> Le sceptre ne s'écartera pas de Juda, ni le bâton de commandement d'entre ses pieds jusqu'à ce que vienne celui auquel il appartient et à qui les peuples doivent obéissance.

– l'oracle de Balaam en Nb 24, 17 :
> Je le vois, mais ce n'est pas pour maintenant ; je l'observe, mais non de près : de Jacob monte une étoile, d'Israël surgit un sceptre qui brise les tempes de Moab et décime tous les fils de Seth.

– la prophétie d'Is 11, 1–6 :
> Un rameau sortira de la souche de Jessé, un rejeton jaillira de ses racines. Sur lui reposera l'esprit de YHWH : esprit de sagesse et de discernement, esprit de conseil et de vaillance, esprit de connaissance et de crainte de YHWH ; et il lui inspirera la crainte de YHWH. Il ne jugera pas d'après ce que voient ses yeux, il ne se prononcera pas d'après ce qu'entendent ses oreilles. Il jugera les faibles avec justice, il se prononcera dans l'équité envers les pauvres du pays. De sa parole, comme

---

[18] Litt. « son oint ». S'il s'agit d'une dittographie, corriger : « Et il les instruisit par l'intermédiaire des oints de son esprit saint ». Mais l'auteur avait déjà noté un singulier pour nommer une catégorie, les « rescapés », à la ligne précédente.

[19] J.J. COLLINS, « What Was Distinctive about Messianic Expectation at Qumran? », in *The Bible and the Dead Sea Scrolls. Volume 2: The Dead Sea Scrolls and the Qumran Community*, J.H. CHARLESWORTH (éd.), Waco, Baylor University Press, 2006, p. 73–76.

d'un bâton, il frappera le pays, du souffle de ses lèvres il fera mourir le méchant. La justice sera la ceinture de ses hanches et la fidélité, le baudrier de ses reins. Le loup habitera avec l'agneau, le léopard se couchera près du chevreau. Le veau et le lionceau seront nourris ensemble, un petit garçon les conduira.

Les manuscrits de Qumrân, entre autres textes, reprennent ces passages en leur donnant une portée messianique.

Ainsi, le passage de Gn 49, 10–11 conserve une formulation assez énigmatique dans la Septante qui traduit la fin de Gn 49, 10, ainsi : « jusqu'à ce que vienne ce qui lui est réservé, et lui, il est l'attente des nations ». Les apologistes chrétiens connaissent le verset avec une formulation moins énigmatique : « jusqu'à ce que vienne celui pour qui cela est réservé »[20]. Ce verset est même compris comme un « témoignage » sur le Christ. Les deux versets bibliques sont cités dans un commentaire de la Genèse[21], où le « sceptre » (שבט) est explicitement interprété en lien avec le « messie de justice, la branche de David » (משיח הצדק צמח דויד). Une telle interprétation n'est pas réservée aux esséniens puisqu'elle est connue dans les *targumim* du Pentateuque avec la mention du « roi messie ». Le sens messianique donné à la bénédiction de Jacob est aussi conservé dans le Testament de Juda XXII, 3 avec un écho en 1, 6. Le mot « sceptre » (שבט) est donc devenu un terme technique pour désigner le messie royal.

L'oracle de Balaam en Nb 24, 17 reçoit aussi un sens messianique dans les manuscrits de Qumrân. Le passage vétérotestamentaire est décrypté à la lumière de la doctrine essénienne en CD VII 18–21 :

> Et l'étoile, c'est le chercheur de la *Torah*, celui qui est venu (à) Damas, comme il est écrit : « Une étoile a fait route de Jacob et un sceptre a surgi d'Israël. » Le sceptre, c'est le prince de toute la congrégation et quand il se lèvera, « il décimera tous les fils de Seth. »

On reviendra plus loin sur l'identification du chercheur de la *Torah* ; le « sceptre » correspond bien à l'attente du messie royal. D'autres passages découverts dans les grottes de Qumrân donnent aussi une interprétation messianique au verset biblique[22]. L'interprétation n'est pas spécifique aux textes de Qumrân car un hymne du Testament de Juda (XXIV, 1–6) ou bien les *targumim* donnent clairement un sens messianique à Nb 24, 17.

---

[20] Justin de Néapolis, *Apologie pour les chrétiens* 32 ; 54 ou *Dialogue avec Tryphon* 52 et 120, chez Clément d'Alexandrie, *Le Pédagogue* 1.5.6, ou chez Irénée de Lyon, *Contre les hérésies* 4.10.2.

[21] 4Q252 5,3–7 ; 6,1–7.

[22] 1QSb V 27–28 ; 1QM XI 4–9 ; 4Q175 1, 9–13.

Par exemple, le targum du Pseudo-Jonathan lit : « Quand règnera un roi puissant d'entre ceux de la maison de Jacob et que sera exalté le messie et le sceptre fort (issu) d'Israël ». Il est aussi possible que Flavius Josèphe connaissait cette lecture de l'oracle lorsqu'il mentionne un « oracle ambigu » qui prédisait que « quelqu'un de leur pays commanderait le monde »[23]. Toutefois, Flavius Josèphe se distingue de ses contemporains en appliquant l'oracle à son protecteur Vespasien. Philon d'Alexandrie a peut-être repris une interprétation messianique du verset[24]. L'étoile guidant les mages venus d'Orient vers Jésus, « roi des Juifs », en Mt 2, 2 correspond probablement à la même interprétation du verset biblique. Aussi, le surnom de Shim'on bar Kosiba', dit Bar Kokhba, littéralement le « fils de l'étoile », semble relever de la même compréhension. La tradition rabbinique rappelle que cet homme se prétendait le messie ou au moins, a-t-il été proclamé ainsi par ses disciples selon le talmud de Jérusalem[25], le talmud de Babylone[26] ou chez Justin de Néapolis[27] et Irénée de Lyon[28]. Le « sceptre » (שבט) et l'« étoile » (כוכב) apparaissent comme des titres du messie royal. Toutefois, le rapprochement de l'« étoile » avec le chercheur de la *Torah* dans quelques manuscrits esséniens est d'une autre nature, nature que nous examinons plus loin.

La prophétie d'Is 11, 1–6 est mise en relation avec l'action à venir du roi David dans un *pesher* d'Isaïe[29] découvert à Qumrân. Une bénédiction adressée au « prince de la congrégation »[30] (נשיא העדה) cite des extraits de l'oracle isaïen. Elle envisage le rôle futur du prince missionné par Dieu, rôle qui l'assimile au messie royal. La même interprétation est sous-jacente dans le *Règlement de la Guerre*[31]. L'oracle interprété dans une perspective messianique jouit d'une certaine célébrité dans les littératures juive et chrétienne. Ainsi, la vision en 4 Esdras XIII, 1–13 applique la citation d'Is 11, 4 à l'homme qui montait de la mer. Le targum d'Isaïe traduit Is 11, 1 ainsi : « Et un roi sortira des fils de Jessé et le messie sera exalté des fils de ses fils ». Le passage d'Is 11, 2 a probablement influencé la rédaction du

---

[23] *Guerre des Juifs* VI 312–313.
[24] *De Vita Mosis* 1, 52.290, *De praemiis et poenis* 16.95 ; *Orphica* 31 (d'après le fragment 4, 5 d'Aristobule).
[25] *Taanit* 4,5/8.
[26] *Sanhédrin* 93b.
[27] *Apologies des chrétiens* 31 et *Dialogue avec Tryphon* 106.
[28] *Contre les hérésies* 3.9.2.
[29] 4Q161 7–10 iii 15–29.
[30] 1QSb V 20–29.
[31] 4Q285 7, 1–6.

Testament de Lévi XVIII, 7. La Septante a aussi mis en avant une interprétation messianique d'Is 11, 10 : « Et il y aura en ce jour, la racine de Jessé, celle qui se lève pour gouverner les nations ». Paul de Tarse reprend cette citation pour signifier son accomplissement avec Jésus en Romains 15, 12. Les premiers écrits chrétiens développent à l'envie l'interprétation messianique de l'oracle isaïen[32].

Ce panorama (rapide) livre quelques enseignements. Outre les mentions de משיח dans les manuscrits de Qumrân, d'autres mots désignent le messie royal. Ces mots sont devenus des titres messianiques à partir de l'interprétation de passages du fonds vétérotestamentaire. Cependant, les passages de Gn 49, 10, Nb 24, 17 et Is 11, 1–6 ne sont pas repris *ex abrupto*. Ils sont, à chaque fois, intégrés dans une véritable opération de traduction des idées initiales vers une signification messianique. Les figures obscures décrites dans ces passages, dissimulées derrière des expressions difficiles à comprendre, acquièrent ainsi une identité claire. Des milieux écrivant au tournant de l'ère chrétienne s'engouffrent dans la nature nébuleuse, quelquefois équivoque, des expressions bibliques. Ils les interprètent toujours afin de leur donner un sens messianique. L'interprétation assimile souvent les figures anonymes de l'Ancien Testament avec le messie royal de lignage davidique. Ainsi, les locutions צמח דויד, « branche de David », et נשיא העדה, « prince de la congrégation » dans les manuscrits de Qumrân désignent le messie roi issu de la maison de David.

On s'attendrait à découvrir le même procédé littéraire dans les manuscrits de Qumrân pour désigner le messie sacerdotal. Il n'en est rien. Alors que la prophétie de Zacharie 3, 1–10 semblait toute indiquée, elle n'est jamais citée dans les manuscrits conservés pour désigner le messie prêtre, contrairement au terme כהן, « prêtre » et à la locution כהן הרואש, « le grand prêtre »[33]. Plusieurs hypothèses peuvent être formulées pour expliquer cette différence avec la désignation du messie royal. L'origine sacerdotale de la communauté de Qumrân pourrait expliquer une reprise

---

[32] Clément d'Alexandrie adopte la même explication en *Stromates* 5, 6. Le passage isaïen est cité à de nombreuses reprises. Par exemple, le verset 1 est repris en Ac 13, 22–23 ; Ap 5, 5 ; 22, 16 ; chez Justin de Néapolis, *Apologie des chrétiens* 32 et *Dialogue avec Tryphon* 87 ; chez Clément d'Alexandrie, *Le Pédagogue* 1, 7 ; chez Irénée de Lyon, *Contre les hérésies* 3.9.3. Le verset 2 est repris en Ép 1, 17 ; 1P 4, 14 ; chez Irénée de Lyon, *Contre les hérésies* 3.17.1. Le verset 3 a influencé la rédaction de Jn 7, 24 ; *Le Pédagogue* 1, 7 de Clément d'Alexandrie y fait aussi allusion. Le verset 4 est utilisé en Jn 7, 24 ; Ép 6, 17 ; 2 Thes 2, 8 ; Ap 19, 11 ; *Le Pédagogue* 1, 7 de Clément d'Alexandrie ; *Contre les hérésies* 4.33.1 d'Irénée. Le passage de Ép 6, 14 fait allusion à Is 11, 5.

[33] 1QSa II 12.19 ; 1QM II 1 ; XV 4 ; XVI 13 ; XVIII 5 ; XIX 11 ; 4Q285 7, 5 ; 4Q491 10 ii 13 ; 4Q494 4.

de l'idéologie lévitique ou bien d'une idéologie lévitique[34] pour affirmer une attente messianique sacerdotale. Ainsi, celle-ci ne requiérait pas la même opération de justification à partir de textes vétérotestamentaires que pour le messie royal. Toutefois, l'interprétation de versets bibliques aurait pu renforcer la légitimité de l'attente d'un messie prêtre.

Les modèles du prophète eschatologique aux traits messianiques

Fort de ces constats et de ces débats, comment comprendre dans les manuscrits de Qumrân, ces figures eschatologiques qui ne s'apparentent ni au messie royal, ni au messie sacerdotal, mais qui semblent appeler à sauver le peuple juif d'une manière ou d'une autre ? L'identité de ces agents demeure débattue.

Le messianisme duel[35] relevé dans les textes de Qumrân à partir des occurrences du terme משיח a été revu. Les études récentes sur l'intégralité de la « bibliothèque » conservée de Qumrân discernent trois types de figures messianiques : une figure royale, une figure sacerdotale et une figure prophétique[36]. Gardons toutefois à l'esprit que tous les passages mentionnant un prophète, même avec le terme משיח comme en CD II 12–13 ou 1QM XI 7, ne se réfèrent pas à une figure messianique. Le contexte prévaut comme on l'a signalé plus haut. Le passage de 1QS IX 10–11 expose conjointement les trois figures. Le prophète est clairement un agent eschatologique aux traits messianiques :

ונשפטו במשפטים הרשונים אשר החלו אנשי היחד לתיסר בם עד בוא נביא
ומשיחי אהרון וישראל *vacat*

Ils [les membres de la communauté] seront jugés par les premières lois[37] dans lesquelles les membres de la communauté commencèrent à être instruits jusqu'à la venue du prophète et des messies d'Aaron et d'Israël.

---

[34] D. HAMIDOVIĆ, « Aux origines du messianisme sacerdotal », dans *Attentes messianiques*, à venir.

[35] A.S. VAN DER WOUDE, *op. cit.*, p. 245–246, par exemple.

[36] F. GARCÍA MARTÍNEZ, *op. cit.*, p. 173 et 203–207 mentionne « Drei 'Messiasse': der endzeitliche Prophet » ; J.J. COLLINS, *The Scepter and the Star*, *op. cit.*, p. 12 ; J. ZIMMERMANN, *op. cit.*, p. 467 ; G.G. XERAVITZ, *op. cit.*, p. 205–219 et 224.

[37] Ou « les premiers jugements ». Le Maître de Justice a communiqué de son vivant les lois cachées dans la *Torah*. Après ce mot en 4Q258 4a i+4b, 9, il y a quatre lignes dans la colonne. Il semble que la place disponible soit insuffisante pour contenir tout le texte de 1QS IX 10–15. Cf. D. HAMIDOVIĆ, « La *halakhah* chez les esséniens et son rôle dans la question messianique », *REJ* 167 (2008), p. 345–365.

Un autre manuscrit, dit *Testimonia*[38], pourrait confirmer l'aspect messianique du prophète. Un passage cite Dt 18, 18–19 où Dieu s'adresse à Moïse : « Je leur susciterai d'entre leurs frères un prophète comme toi ». Moïse apparaît alors comme le modèle de la figure messianique de prophète. Derrière la figure anonyme de la *Règle de la Communauté*, il faut peut-être reconnaître une figure prophétique comme Moïse attendue à la fin des temps. Cette désignation de Moïse comme prophète ne doit pas surprendre dans les textes de Qumrân car Moïse y est présenté comme celui qui délivre le message divin. Moïse et ses écrits sont, d'ailleurs, mis en parallèle avec les prophètes et leurs écrits[39]. Dans la *Règle de la Communauté*, on relève aussi que le prophète n'est pas qualifié de משיח à la différence du messie prêtre et du messie roi.

Un autre texte découvert à Qumrân, nommé à tort « apocalypse messianique »[40], présente une figure messianique de prophète. Les fragments conservent une composition eschatologique au genre littéraire difficile à préciser. Le fragment 2 ii 1–2 ne décrit pas clairement la fonction attribuée au משיח à l'*eschaton* :

[כי הש]מים והארץ ישמעו למשיחו [וכל א]שר בם לוא יסוג ממצות קדושים

[Car les cie]ux et la terre écouteront son messie [et tout ce q]ui en eux ne se détournera pas des commandements des saints.

Les cieux et la terre écoutent le messie comme des signes de sa venue décidée par Dieu. Pour identifier ce messie, on a cherché un indice[41] dans la colonne suivante, 4Q521 2 iii 1–2 :

ואת חק חסד{יד}ך ואתר אותם ב]...[נכון באים אבות על בנים א]שרי(?)...[

et le précepte de ta *ḥesed* et je les libérerai […] C'est sûr : 'les pères retourneront vers les fils.' B[éni (?)…]

La prophétie de Malachie 3, 24 a été insérée en 4Q521 2 iii 2. Par cette citation, légèrement modifiée, est probablement signifié le retour du prophète Élie avant le jour de Dieu afin de réconcilier les pères et les fils[42]. Le nom du prophète n'est, cependant, pas conservé dans le manuscrit.

---

[38]   4Q175 5.

[39]   CD V 21-VI 1 ; 1QS I 3 ; 4Q397 14–21, 10. Cf. G.G. XERAVITZ, *op. cit.*, p. 175–176 pour l'expression « serviteur (עבד) de Dieu » qui qualifie Moïse et les prophètes dans les textes de Qumrân.

[40]   4Q521.

[41]   D'autres indices sont discutés, cf. J.J. COLLINS, *The Scepter and the Star*, *op. cit.*, p. 133.

[42]   Cf. J. ZIMMERMANN, *op. cit.*, p. 382–383 ; M. BECKER, « *4Q521* und die Gesalbten », *RQu* 18 (1997), p. 73–96.

Le messie de la colonne 2 correspond-t-il à la figure d'un prophète, le nouvel Élie, ou doit-on reconnaître un messie distinct du prophète attendu derrière le locuteur de 4Q521 2 iii 1 à la première personne du singulier (« je les libèrerai ») ? On ne peut exclure deux contextes différents et donc deux figures différentes car les colonnes 2 et 3 sont disjointes. É. Puech[43] distingue le messie royal de la colonne 2 et le prophète Élie[44], précurseur du messie. La traduction du terme שבט par « sceptre » (du messie royal) en 4Q521 2 iii 6 lui permet d'identifier le messie de la colonne 2 comme une figure messianique royale. En revanche, J.J. Collins[45], J. Zimmermann[46] et G.G. Xeravitz[47], traduisent par « tribu », le second sens de שבט, à la suite de Si 48, 10[48]. Ce verset, placé dans la prière d'Élie, cite le passage de Malachie avec le même terme introductif qu'en 4Q521 2 iii 2 : נכון, « c'est sûr ». De surcroît, il est difficile de concevoir que celui qui déclare « je les libérerai » soit une figure humaine. Par conséquent, à la suite de J.J. Collins[49], on pense davantage à Dieu mais la qualification de « son messie » en 4Q521 2 ii 1 signifie une référence à Dieu à la troisième personne du singulier. Une telle variation de locuteur est fréquente dans les textes prophétiques comme en Is 61, 1 comparé à Is 61, 8. Si on comprend Dieu comme le locuteur de 4Q521 2 iii 1, alors le prophète Élie est celui qui est attendu[50] et non pas celui qui prédit. Le passage de 4Q521 2 ii 1–2 peut alors désigner une seule et même figure eschatologique derrière le vocable משיח : la figure prophétique du nouvel Élie[51].

---

[43] É. Puech, *La croyance des Esséniens en la vie future : immortalité, résurrection, vie éternelle ? : histoire d'une croyance dans le judaïsme ancien*, Études bibliques, nouvelle série 21, Paris, J. Gabalda, 1993, p. 634, 645–646, 669, 672–673 ; F. García Martínez et J. Trebolle Barrera, *The People of the Dead Sea Scrolls*, Leyde, Brill, 1995, p. 168–170.

[44] Ou le nouveau Moïse à la faveur d'une possible citation de Mal 3, 22 en 4Q521 2 iii 1 : חק חסד ד{יד}. La proposition d'É. Puech, « 4Q521. 4QApocalypse messianique », in *Qumrân Grotte 4. XVIII. Textes hébreux (4Q521–4Q528, 4Q576–4Q579)*, É. Puech (ed.), DJD 25, Oxford, Clarendon Press, 1998, p. 19, est moins évidente.

[45] J.J. Collins, « The Works of the Messiah », *DSD* 1 (1994), p. 103.

[46] J. Zimmermann, *op. cit.*, p. 367.

[47] G.G. Xeravitz, *op. cit.*, p. 189.

[48] Aussi Si 45, 11.

[49] J.J. Collins, *The Scepter and the Star, op. cit.*, p. 136.

[50] Cf. Lc 1, 17 ; Mt 11, 14 ; 17, 12–13.

[51] Dans un manuscrit en araméen, 4Q558 54 ii 3–4, le prophète Élie est explicitement nommé. Le contexte fragmentaire ne permet d'établir avec certitude le rôle attribué à Élie. Son apparition est peut-être précurseur du jour du jugement, cf. G.G. Xeravitz, *op. cit.*, p. 187–188. J.A. Fitzmyer, « The Aramaic Elect of God Text from Qumran Cave 4 », *CBQ* 27 (1965), p. 371, pense que le prophète est précurseur d'une autre figure messianique ; J. Starcky, « Les quatre étapes du messianisme à Qumrân », *RB* 70 (1963), p. 498, É. Puech, *La croyance des Esséniens, op. cit.*, p. 677–678 et J. Zimmermann, *op. cit.*, p. 415, reconnaissent un même rôle de précurseur pour une figure messianique davidique en se fondant sur le « huitième de l'élu », le huitième fils de Jessé : David.

Dans le *pesher* sur Melkisedeq en 11Q13 II 18, une figure eschatologique de prophète prend clairement les traits d'un messie : « messie de l'esprit » (משיח הרוח). Le fragment cite Is 61, 1–3 dans un contexte eschatologique. Le texte raconte les événements du dixième jubilé, depuis la première semaine d'année jusqu'à la dernière. Melkisedeq en est l'acteur principal. En 11Q13 II 13, son rôle est précisé : « Et Melkisedeq exercera la vengeance des jugements di[vins et en ce jour, il les libé]re[ra de la main de] Bélial et de la main de tous les es[prits de son lot] ». Melkisedeq apparaît comme le bras vengeur de Dieu après le jugement dernier. À la ligne suivante, les êtres divins (« êtres de [justice], [הצדק] אלי) l'aideront dans sa tâche. Le statut de Melkisedeq était précisé quelques lignes plus avant, à la ligne 10, par une citation du Ps 82, 1 : « à propos de lui, dans les chants de David qui a dit : 'Elohim [אלוהים] s'est [dres]sé dans l'ass[emblée divine], au milieu des *elohim* [אלוהים], il juge'. » Melkisedeq est qualifié d'*elohim*, non pas au sens d'une hypostase divine[52], mais comme un être céleste entourant Dieu, conformément au jeu de mots sur le nom אלוהים. Il juge les autres êtres célestes et il apparaît comme une figure angélique de premier plan. Dans ce contexte, une autre figure est décrite en 11Q13 II 15–21 :

הזראת הואה יום ה[שלום א[שר אמר]..ביד ישע[י]ה הנביא אשר אמר] מה [
נאוו על הרים רגל[י]ן מבש[ר מ]שמיע שלום מב[שר טוב משמיע ישוע]ה
[א]ומר לציון [מלך]אלוהיך פשרו ההרים [המה] הנביא[י]ם [המה א]...[מ.] [ ] לכול
...[..] והמבשר הו]אה [משיח הרו[ח] כאשר אמר דנ]יאל עליו עד משיח נגיד
שבועים שבעה ומבשר] טוב משמי[ע ישועה]הואה הכתוב עליו אשר [...] לנח[ם]
ה[אבלים פשרו ל]ה]שכילמה בכול קצי הע[ולם...] באמת למ[...]

Ce sera le jour de la [paix à pro]pos de ce qu'il a dit [...[53] à travers Isaïe], le prophète, qui a dit : ['Quelle] beauté sur (les) montagnes, les pieds [du] messa[ger qui pro]clame la paix, le mes[sager de bonté qui annonce le sal]ut, [dis]ant à Sion : ton Dieu [règne]' (Is 52, 7). Son interprétation : les montagnes [sont] les prophète[s], ils [...] à tout [...][54] Et le messager e[st] le messie de l'es[prit] comme Dan[iel] dit [à propos de lui : 'Jusqu'à un oint, un prince, il y a sept semaines' (Dn 9, 25). Et le messager de] bonté qui annon[ce le salut] est celui à propos duquel est écrit [...][55] 'Pour réconfo[rter] l'[affligé' (Is 61,

---

[52] J.T. Milik, « Milkî-sedeq et Milkî-reša' dans les anciens écrits juifs et chrétiens », *JJS* 23 (1972), p. 125.

[53] Peut-être « sur Melkisedeq ».

[54] É. Puech, *La croyance des Esséniens, op. cit.*, p. 525, restitue : « les montagnes, [ce sont] les prophètes, eux q[ui ont écouté et ont prêté attention dans leur [cœu]r à tout ce [que Dieu a commandé] ».

[55] É. Puech, *La croyance des Esséniens, op. cit.*, p. 525, propose : « [Il leur enverra "pour consoler les affligés, pour veiller sur les affligés de Sion" (Is 61,2–3)] », mais d'autres passages ont pu être cités, car le début de la ligne 20 reprend le début du verset isaïen.

2). Son interprétation :] pour les [ins]truire de tous les âges du mon[de...]
en vérité pour [. . .]

Le passage interprète la citation d'Is 52, 7 mentionnant un messager
(מבשר) dont les pieds sont sur les montagnes. Dans le texte biblique, le
messager est une figure prophétique qui annonce le salut de Sion et le
règne de Dieu. L'auteur du *pesher* interprète les montagnes comme « les
prophètes » et le messager comme « le משיח de l'esprit » en référence à
Is 61, 1. Tout comme Melkisedeq est une figure céleste, le messager ou « le
משיח de l'esprit » est une figure terrestre. Il est chargé d'annoncer le salut
au peuple et de l'instruire[56]. Une citation de Dn 9, 25 précise l'identité
du « משיח de l'esprit » : il est qualifié de prince devant venir dans sept
semaines d'années, un jubilé. Le verset dans le contexte originel du livre
de Daniel désigne probablement le grand prêtre Josué. L'interprétation
qui est faite du verset semble un peu différente car le contexte de 11Q13
oriente davantage l'identification vers une figure messianique de prophète.
En effet, le messie a ses pieds sur les montagnes, c'est-à-dire les prophètes
dans l'interprétation. En 11Q13 I 12, le nom de Moïse est conservé mais le
contexte est très lacunaire. On peut se demander si le prophète, « messie
de l'esprit », correspond à Moïse, à un nouveau Moïse, mais le coefficient
d'hypothèse demeure fort.

D'autres figures eschatologiques ont des traits messianiques discutables[57]. Parmi celles-ci, on peut distinguer la figure eschatologique du Maître de Justice (מורה צדק ou מורה צדק). On a déjà cité CD VII 18–21 comme
exemple de l'interprétation de Nb 24, 17 en contexte eschatologique[58].

---

[56] Il est aussi probablement le messager de Melkisedeq selon les lignes fragmentaires
23 à 25.

[57] Des savants, comme J.J. COLLINS, *The Scepter and the Star, op. cit.*, p. 12 : « four basic
messianic paradigms (king, priest, prophet, and heavenly messiah », ont distingué une
figure messianique céleste. Les trois autres figures messianiques (roi, prêtre, prophète)
décrivent des figures terrestres mais il faut aussi constater que ces mêmes figures présentent tour à tour des caractéristiques terrestres et une dimension céleste. Par exemple,
le manuscrit araméen 4Q246, copié au début de l'ère chrétienne, décrit une figure messianique royale avec des épithètes divines comme « fils de Dieu » (ברה די אל) et « fils du
Très-Haut » (בר עליון). La qualité d'agent supranaturel donnée aux figures messianiques
pour établir le salut à la fin des temps suppose des relations entre le monde terrestre et le
monde céleste. Les passages de 1 Hénoch 48, 10 ; 52, 4 et de 4 Esdras VII, 28 ; XII, 32 illus-
trent cette relation proche dans le messianisme juif ancien. C'est pourquoi l'identification
de figure(s) messianique(s) céleste(s) est difficile. Cf. A. YARBRO COLLINS, J.J. COLLINS, *King
and Messiah as Son of God, op. cit.*

[58] La citation de l'oracle de Balaam est généralement introduite dans des passages
eschatologiques. On ne sait si le « chercheur de la *Torah* » est un personnage du passé,
le Maître de Justice, ou un personnage à venir. L'ambiguïté du passage peut être résolue si on songe aux temps eschatologiques comme ayant déjà débuté, cf. D. HAMIDOVIĆ,

Il est fait mention du « chercheur de la *Torah* » (דורש התורה) identifié à
« l'étoile » (כוכב) et à « celui [qui] est venu (à) Damas ». La première locution est déjà connue dans le même écrit[59]. Le « chercheur de la *Torah* »
correspond alors au מחוקק, qu'il faut traduire ici par « législateur » et non
« bâton ». Comme résultat d'une chaîne d'interprétation, la référence au
législateur fait écho à un autre passage des Nombres, Nb 21, 18, également
cité[60]. Dans ce dernier passage, il est fait allusion à Moïse[61]. On peut comprendre l'attente du messie royal derrière la référence au « législateur »,
mais l'attente de nouvelles interprétations de la *Torah* semble correspondre davantage au rôle assigné à la fin des temps au Maître de Justice,
figure du nouveau Moïse[62]. Les esséniens attendent de nouvelles prescriptions jusqu'à l'avènement de « celui qui enseigne la justice (יורה הצדק) à
la fin des jours »[63]. De plus, le Maître de Justice est présenté comme ayant
séjourné dans la région de Damas avec les premiers esséniens[64]. Le « pays
de Damas » rappelle 1 Rois 19, 15 où le prophète Élie reçoit l'ordre de Dieu
d'aller oindre le roi de Syrie « en direction du désert de Damas ». Aussi,
le passage d'Os 10, 12, « jusqu'à ce qu'il vienne et enseigne la justice pour
toi », qui semble avoir inspiré CD VI 11 est appliqué au prophète Élie dans
la tradition juive plus tardive[65]. Ainsi, le Maître de Justice semble perçu
de son vivant comme un nouveau Moïse[66], puisqu'il délivre les premières
interprétations de la *Torah*. Aussi, à l'avènement de « celui qui enseigne
la justice », figure eschatologique du Maître de Justice peut-être perçu
comme un nouveau prophète Élie, de nouvelles prescriptions sont atten-
dues. Par la nature même du personnage considéré, le Maître de Justice,
le modèle prophétique qui lui est attribué à la fin des temps correspond

---

« La *halakhah* chez les esséniens et son rôle dans la question messianique », *REJ* 167/3–4
(2008), p. 345–365.

[59] CD VI 9.

[60] CD VI 3–4.

[61] Cf. 4 Esdras VII, 89 ; Flavius Josèphe, *Guerre des Juifs* II, 145.

[62] Cf. N. WIEDER, « The 'Law Interpreter' of the Sect of the Dead Sea Scrolls : The Second
Moses », *JJS* 4 (1953), p. 158–175 ; A.S. VAN DER WOUDE, *op. cit.*, p. 186 ; H.M. TEEPLE, *The
Mosaic Eschatological Prophet*, SBLMS 10, Philadelphie, Society of Biblical Literature, 1957,
p. 54. Comparer Testament de Lévi XVI, 3 ; Testament de Juda XXIV, 1–3.

[63] CD VI 11, cf. S. Schechter, *Fragments of a Zadokite Work*, Cambridge, University Press,
1910, p. xiii.

[64] CD VI 5 ; VII 15.18–19 ; 4Q267 2, 12.

[65] Cf. la lecture de Rashi du Talmud de Babylone, *Berakhot* 24a et L. GINZBERG, *op. cit.*,
p. 211–212, écrit que « in no fewer than eighteen passages in the Talmud Elijah appears
as one who, in his capacity of precursor of the Messiah, will settle all doubts on matters
ritual and juridical. »

[66] On ne peut confondre un nouveau Moïse avec une figure de prophète comme Moïse,
cf. les remarques de G. JEREMIAS, *Der Lehrer der Gerechtigkeit*, Göttingen, Vandenhoeck &
Ruprecht, 1963, p. 274–275.

à un développement essénien. On ne sait si ce développement est ancré dans une conception juive dépassant l'essénisme, à savoir un législateur eschatologique comme nouvel Élie.

Alors qu'il ne peut exister qu'un roi et/ou qu'un grand prêtre à la fois en Judée, il peut exister plusieurs prophètes dans la société juive. La pluralité des titres de messie pour le messie roi, et dans une moindre mesure pour le messie prêtre, se conçoit comme une multitude de désignations pour une seule et même figure messianique. En revanche, il semble coexister plusieurs modèles de prophète eschatologique dans les manuscrits de Qumrân : celui de Moïse et celui d'Élie. Parmi les grandes figures prophétiques du judaïsme, les esséniens semblent mettre en avant celles de Moïse et d'Élie. Placés dans un contexte eschatologique, ces deux prophètes servent de modèles au prophète attendu à la fin des temps. La cohabitation des deux modèles de prophète eschatologique n'est pourtant pas unique. En Apocalypse 11, 3–4, il est question de « deux témoins » qui sont appelés à « prophétiser ». Ils sont comparés au verset 4 à « deux oliviers » et à « deux chandeliers » se tenant devant Dieu. R.H. Charles[67] les identifia à Élie et à Moïse. Les « deux oliviers » semblent le pendant des « deux fils de l'huile » en Za 4, 12 : Zorobabel et Josué, le grand prêtre[68]. La comparaison orienterait à l'*eschaton* vers l'identification du messie roi et du messie prêtre en Apocalypse 11, 3–4, mais le rôle échu aux deux figures de prophétiser fait penser davantage à Élie et à Moïse comme modèles de prophète eschatologique.

Le contexte fragmentaire des manuscrits de Qumrân empêche souvent d'établir une identification précise de la figure messianique de prophète et du contexte qui justifie sa mention. Toutefois, on peut relever que dans le *pesher* de Melkisedeq (11Q13) et en 4Q521, il est désigné par le titre de משיח à la différence de 1QS IX 10–11. Le prophète eschatologique endosse un rôle explicite de sauveur du peuple juif par l'instruction, l'enseignement tiré de la *Torah*. Ce rôle est justifié par des passages vétérotestamentaires, le même procédé littéraire que pour justifier la venue du messie royal. On remarque aussi que les occurrences du prophète eschatologique aux accents messianiques sont plus rares dans les manuscrits de Qumrân que les références au messie royal et au messie sacerdotal. Le simple argument statistique rend difficile la conclusion d'une catégorie encore mal défi-

---

[67] R.H. CHARLES, *A Critical and Exegetical Commentary on the Revelation of St. John*, I, Edimbourg, T&T Clark, 1920, p. 284–285.

[68] On peut toutefois se demander si cette double identification, devenue classique dans les commentaires sur le livre de Zacharie, n'est pas à réexaminer en contexte, cf. C. NIHAN et H. GONZALEZ, « Figures de la restauration dans les XII » lors du colloque de 3ème cycle en Bible hébraïque « Aux origines du messianisme juif », le 10 novembre 2012 à l'Université de Fribourg.

nie d'espérance(s) messianique(s), tout comme la conclusion d'une place moins importante du prophète eschatologique dans les croyances messianiques de la communauté de Qumrân est hasardeuse. En plus des figures messianiques du roi et du prêtre, les manuscrits de Qumrân révèlent aussi des attentes messianiques derrière la figure du prophète attendu à la fin des temps.

Le rapport entre les trois figures messianiques

Les textes de Qumrân donnent, en revanche, peu d'informations sur les rapports entre les trois figures messianiques. Seul le passage de 1QS IX 10–11 et le manuscrit 4Q175 mettent en relation les trois figures messianiques du roi, du prêtre et du prophète. Comme les deux manuscrits semblent copiés par le même scribe[69], on ne peut écarter la possibilité d'un scribe essénien ou d'une école de scribes promouvant le modèle des trois figures messianiques. Les autres textes découverts à Qumrân mentionnent soit une figure messianique, soit deux figures de messie. Quoi qu'il en soit, la croyance dans les trois figures messianiques est bien attestée dans la « bibliothèque » de Qumrân au tournant de l'ère chrétienne. Dans le passage de la *Règle de la Communauté*, la figure prophétique n'est pas qualifiée de משיח, mais d'autres textes découverts à Qumrân montrent que cette qualification peut être donnée à une figure prophétique et que d'autre part, elle ne préjuge pas de la qualité messianique du prophète.

La dénomination de la figure messianique de prophète et les contextes étudiés ne permettent pas de statuer sur des précurseurs au messie royal et au messie sacerdotal. Cette croyance ne semble pas attestée dans la « bibliothèque » conservée de Qumrân[70]. Ainsi, lorsque J. Starcky[71] lisait :

---

[69] E.C. ULRICH, « 4QSamᶜ: A Fragmentary Manuscript of 2 Samuel 14–15 from the Scribe of the *Serek Ha-yaḥad* (1QS) », *BASOR* 235 (1979), p. 3 ; E.J.C. TIGCHELAAR, « In search of the Scribe of 1QS », in *Emanuel: Studies in Hebrew Bible, Septuagint, and Dead Sea Scrolls in Honor of Emanuel Tov*, VTSup 94, S.M. PAUL *et al.* (éds.), Leyde, Brill, 2003, p. 439–452.

[70] G.F. MOORE, *Judaism in the First Centuries of the Christian Era*, II, New York, Simon and Schuster, 1971 (1927), p. 357, écrit : « it was the universal belief that shortly before the appearance of the Messiah Elijah should return ». La figure du prophète eschatologique Élie comme précurseur du messie semble affirmée avant tout dans la littérature chrétienne : Mc 9, 11 ; Mt 17, 10 ; Jn 1, 19–21 ; Ap 11, 4–7 ; Justin de Néapolis, *Dialogue avec Tryphon* 49. Cf. M. ÖHLER, *Elia im Neuen Testament. Untersuchungen zum Bild des alttestamentlichen Propheten im frühen Christentum*, BZNW 88, Berlin, W. de Gruyter, 1997 ; A. YARBRO COLLINS, *Mark: A Commentary*, Hermeneia, Minneapolis, Fortress Press, 2007, p. 429–430. Toutefois, le prophète a déjà un rôle eschatologique en Mal 4, 5 ; Si 48, 10, voire peut-être 1M 14, 41. Celui-ci est mis en avant en *Oracles sibyllins* II, 187–189 ; *Apocalypse d'Élie* ; *Livre d'Élie*.

[71] J. STARCKY, *op. cit.*, p. 498.

« c'est pourquoi j'enverrai Élie de[vant…] », il semble préférable de traduire « devant vous, j'enverrai Élie, le jus[te…] »[72] :

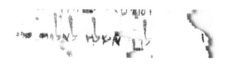

4Q558 54 ii 4 (*courtesy of IAA*)
[...אט]לכן אשלח לאליה קש[...

Bien que le contexte soit très fragmentaire, le passage ne permet pas
de conclure que le prophète Élie est la figure eschatologique précurseur
de(s) messie(s). Au contraire, le manuscrit dit « Florilège »[73], établit que
le « chercheur de la *Torah* » est appelé à se lever « avec » (עם) le messie
royal après une citation de 2 Samuel 7, 13–14 :

הואה צמה דויד העומד עם דורש התורה

Il (est) la branche de David qui se lèvera avec le chercheur de la *Torah*.

Il n'est pas possible de dégager ici une chronologie dans l'apparition des
figures messianiques à la fin des temps. Elles semblent arriver conjointement. Hors de la « bibliothèque » de Qumrân, 4 Esdras VII, 28[74] pourrait
affirmer aussi que les figures messianiques apparaissent en même temps[75] :

> revelabitur enim Filius meus Iesus cum his qui cum eo, et iucundabit qui relicti
> sunt annis quadringentis.
> Mon fils, Jésus, sera révélé avec ceux qui sont avec lui et ceux qui resteront
> se réjouiront durant quatre cents ans.

La version latine, citée ci-dessus, atteste « Jésus » comme le fils de Dieu.
Elle montre une (re)lecture chrétienne du passage. La version syriaque
et la première version arabe du même texte semblent conserver une
version plus ancienne du passage. Elles préservent une identification
plus générale de la figure messianique, « mon fils, le messie », en lieu et
place du « Jésus » de la version latine. De même, la version éthiopienne
conserve « mon messie » ; la seconde version arabe note « le messie » ; la

---

[72] 4Q558 54 ii 4.
[73] 4Q174 1 i 10–13.
[74] *4 Esdras* aurait été rédigé à la fin du Ier siècle apr. J.-C.
[75] Sur l'engendrement du messie, cf. 1QSa II 11–12 ; 1QH[a] III 6–18 ; 4Q174 1 i 10–11 ; 4Q534
1 i 10, cf. A. Caquot, « Retour à la mère du Messie : 1QH 3 (Sukenik), 6–18 », *RHPR* 80
(2000), p. 5–12.

version arménienne préserve « le messie de Dieu » ; la version géorgienne lit « mon messie élu ». Le groupe désigné seulement comme « ceux qui sont avec lui » reste difficile à identifier. Un autre passage, 4 Esdras XIII, 52, interprète la vision de l'homme qui montait de la mer. Il se termine par l'explication de cette image :

> *Sicut non potest hoc vel scrutinare vel scire quis, quid sit in profundo maris, sic non poterit quisquam super terram videre Filium meum vel eos qui cum eo sunt nisi in tempore diei.*
> De même que personne ne peut sonder ni connaître ce qui est au fond de la mer, de même personne sur terre ne pourra voir mon fils ni ceux qui sont avec lui, si ce n'est au moment de son jour.

On peut comprendre la locution comme les compagnons du messie mais toute l'interprétation en 4 Esdras XIII, 25–53 présente le messie comme une figure seule face à la multitude. La multitude « pacifique » rassemblée « autour de lui » en 4 Esdras XIII, 39 est clairement identifiée aux « dix tribus », ou « neuf tribus et demi » ou bien « neuf tribus » selon les versions, qui furent emmenées en captivité par les Assyriens en 722 av. J.-C. Le peuple resté au pays complète plus loin cette multitude. Ainsi, il est improbable que « ceux qui sont avec lui », le messie, soient la multitude pacifique car elle ne peut être invisible avant le jour de la visite divine. On propose de reconnaître derrière cette locution d'autres figures eschatologiques qui apparaissent en même temps que le messie. À ceux qui ont échappé aux maux de la fin des temps est promis le salut et 4 Esdras VI, 26 ajoute :

> *Et videbunt qui recepti sunt homines, qui mortem non gustaverunt a nativitate sua*
> On verra aussi les hommes qui ont été enlevés et qui n'ont pas goûté la mort depuis leur naissance.

L'ère messianique débute donc aussi avec le retour des personnages qui ont été enlevées selon la tradition juive. On pense alors à Hénoch, Élie et même Moïse dont la tombe est inconnue selon Dt 34, 6. Il est alors possible que le milieu rédacteur de *4 Esdras* attende la venue de figures eschatologiques de prophète, telles Élie voire Moïse, en même temps que l'arrivée du messie[76]. En l'état des textes de Qumrân, on ne peut reconnaître une chronologie dans l'apparition des figures messianiques. 4Q174 et *4 Esdras*

---

[76] J.J. COLLINS, *The Scepter and the Star, op. cit.*, p. 209 : « He [le messie] is "revealed with those who are with him," a formulation that seems to imply preexistence. »

attestent plutôt que, dans certains milieux juifs, on s'attend à ce que des figures messianiques surgissent ensemble.

Dès lors, il devient difficile de penser un développement chronologique du premier messianisme juif à partir des seuls textes de Qumrân. Ceux-ci confirment la pluralité des attentes messianiques et l'existence de locutions diverses avec un sens messianique au tournant de l'ère chrétienne. Ils mettent aussi en avant la croyance en un prophète eschatologique aux traits messianiques, en plus du messie royal et du messie sacerdotal[77]. La locution « messie d'Aaron et d'Israël »[78] est propre aux textes esséniens ; elle pourrait correspondre à une formulation tardive dans l'histoire essénienne, au tournant du IIe et du Ier siècle avant notre ère, si l'on suit l'analyse de l'histoire littéraire de la *Règle de la Communauté* selon Sarianna Metso[79]. La locution indique probablement une prééminence du messie prêtre par rapport au messie roi dans la communauté de Qumrân. En revanche, la fusion des différentes figures messianiques en une seule figure n'est pas attestée dans les textes de Qumrân. Néanmoins, les manuscrits de Qumrân permettent de penser quelques évolutions du premier messianisme juif. Outre l'histoire littéraire de la *Règle de la Communauté*, la comparaison des manuscrits 4Q285 et 1QM documentent l'évolution littéraire de la place réservée au messie royal dans la guerre eschatologique ; d'autres textes, comme 4Q246, donnent à voir l'évolution de la compréhension du titre « fils de Dieu » appliqué au messie.

---

[77] J.J. Collins, *op. cit.*, p. 215–216, insiste sur la possible fluidité des caractéristiques messianiques entre ces trois figures : « While some permutations and combinations were possible, a prophetic figure does not become a king or a priest by virtue of being a "messiah", nor does a royal messiah automatically become a priest or prophet. There were different messianic paradigms, not one composite concept of Messiah. »

[78] 1QS IX 11 ; CD XII 23-XIII 1 ; XIV 19 ; XIX 10–11 ; XX 1 ; 4Q266 10 i 10.

[79] S. Metso, *The Textual Development of the Qumran Community Rule*, STDJ 21, Leyde, Brill, 1997, p. 72, envisage un ajout du passage 1QS VIII 15-IX 11. Pour une autre proposition, cf. P. Alexander, « The Redaction-History of *Serekh ha-Yaḥad*: A Proposal", *RevQ* 65–68 (1996), p. 437–456.

Y A-T-IL UNE COMPOSANTE IRANIENNE DANS L'APOCALYPTIQUE JUDÉO-CHRÉTIENNE ? RETOUR SUR UN VIEUX PROBLÈME*

Frantz Grenet

Quand on entreprend d'examiner la question de l'apocalyptique, il n'est pas mauvais de commencer par relire la plus célèbre des apocalypses, celle que l'on n'a jamais cessé de méditer dans notre culture commune, je veux dire celle de Jean. Au chapitre 10, la liste des fléaux qui marqueront la chute de l'Empire romain et la venue des derniers temps s'ouvre par l'invasion des sauterelles, un thème emprunté aux sept plaies d'Égypte et aux prophéties de Joël. Que nous dit Jean ?

> L'aspect de ces sauterelles était pareil à des chevaux prêts pour la guerre, avec leurs faces comme des faces d'homme. Elles avaient des cheveux comme des cheveux de femmes. Elles avaient des thorax comme des thorax de fer et le bruit de leurs ailes était comme un bruit de chars et de chevaux qui courent à la guerre.

Chez les modèles dont Jean s'inspire, les sauterelles n'étaient qu'une calamité agricole. Chez lui, elles sont devenues une armée, préfigurant l'armée humaine qui, quelques versets plus loin, est décrite franchissant l'Euphrate. À l'image traditionnelle des sauterelles vient désormais se superposer celle des cavaliers parthes, archers (l'image du cavalier archer apparaissait déjà fugitivement en 6, 2), à la longue chevelure flottante et revêtus d'armures de cataphractaires ; ces deux traits contrastés se retrouvent dans la saisissante description de la bataille de Carrhes par Plutarque. En 40 av. notre ère, les Parthes avaient occupé pendant quelques mois la Judée, où certains les avaient accueillis en libérateurs. La réalité politique de la menace iranienne s'est invitée bruyamment dans l'univers des apocalypses. Elle n'en est pas toujours sortie, et depuis un certain onze septembre elle a même fait un retour marqué dans des branches extrêmes de l'évangélisme américain.

Dès lors, la question qui se pose et qui s'est posée au monde savant depuis les débuts de la *Religionsgeschichtliche Schule* à la fin du XIXᵉ siècle,

---

* Ce texte reproduit (avec quelques modifications de forme et de mise à jour) l'article publié sous le même titre à Bucarest dans *Archaevs* 11–12 (2007–2008), p. 15–36. Je remercie les éditeurs de la revue pour avoir accueilli les premiers cette contribution et m'avoir accordé l'autorisation de la republier.

est de chercher à déterminer si, au-delà des emprunts de mise en scène
à l'Iran, il y a eu des emprunts de contenu. La littérature zoroastrienne
comporte en effet plusieurs textes apocalyptiques.

Le plus long et le plus fameux d'entre eux, le *Zand ī Wahman Yasn*, est
écrit en pehlevi, ancêtre du persan actuel et langue de l'empire sassanide[1].
Dans l'état actuel, le texte se compose d'états rédactionnels échelonnés
du VIᵉ au IXᵉ siècle, qui sont censés remonter au commentaire (*zand*) de
livres perdus de l'Avesta, le recueil sacré des zoroastriens dont la composition s'est poursuivie jusque vers l'époque de la conquête d'Alexandre.

On voit dès maintenant dans quels termes problématiques se pose notre
interrogation initiale : ceux, dont je suis, qui pensent pouvoir affirmer la
présence de doctrines iraniennes dans l'apocalyptique judéo-chrétienne,
se verront opposer que la tradition exerçant l'influence n'est documentée
que plusieurs siècles après la tradition subissant cette influence.

Au préalable, il n'est peut-être pas inutile de clarifier certaines définitions, car on a trop souvent voulu comparer tout et n'importe quoi.
Qu'est-ce au juste qu'une apocalypse ? Selon la formule lapidaire de l'iraniste Jacques Duchesne-Guillemin, c'est un « procédé consistant à redire
le passé comme si c'était l'avenir »[2]. On peut ajouter que ce discours mêle
inextricablement un enseignement sur les fins dernières de l'humanité
et un message politique toujours violent et très spécifique au groupe qui
l'émet. Dans certaines apocalypses, comme celle de Jean, le passé qui est
redit est le passé immédiat : la tyrannie de Néron et de Domitien, ainsi que
la menace parthe susceptible de faire basculer à tout instant ce monde
détesté. Dans d'autres cas, c'est un passé lointain mais réactualisé : ainsi
Daniel, censé prophétiser au temps de la captivité de Babylone, s'adresse
en fait aux Juifs de Palestine opprimés par les Séleucides quatre siècles
plus tard ; parce qu'elle prétend annoncer la chronique des événements
qu'ils ont alors sous les yeux, sa vieille prophétie se trouve validée dans
l'ensemble de son message, y compris la victoire finale d'Israël et la résurrection des morts.

Au sens strict, l'apocalyptique ne se confond pas avec l'eschatologie collective, dont elle représente seulement un aspect spécifique. La distinction

---

[1] L'édition-traduction de référence est actuellement celle de C. Cereti, *The Zand ī
Wahman Yasn. A Zoroastrian apocalypse*, Serie Orientale Roma 75, Rome, Instituto italiano
per il Medio ed Estremo Oriente, 1995.

[2] J. Duchesne-Guillemin, « Apocalypse juive et apocalypse iranienne », dans *La Sote-
riologia dei culti orientali nell'impero romano*, U. Bianchi, M.J. Vermaseren (éd.), Études
préliminaires aux religions orientales dans l'Empire romain 92, Leyde, Brill, 1982, p. 753–761,
sp. 756.

a son importance pour ce qui va suivre, car, d'emblée, je dirai que la composante iranienne de l'apocalyptique judéo-chrétienne me paraît se situer davantage dans le contenu mythique eschatologique que dans le cadre narratif, pour lequel la primauté de l'Iran pose davantage problème.

La recherche sur l'apocalyptique iranienne et son possible rayonnement est passée par des phases contrastées. Depuis le moment où elle s'est constituée à la fin du XIXe siècle, la *Religionsgeschichtliche Schule* a affirmé (notamment avec Bousset et Reitzenstein) l'origine iranienne d'une part considérable de la sotériologie du judaïsme post-exilique et du christianisme naissant, ainsi que l'origine fondamentalement iranienne de certaines théories gnostiques, telle l'ascension de l'âme à travers les sphères planétaires. Dans les années trente, le savant belge Franz Cumont apporta sa propre pierre à l'édifice en annexant à la démonstration les mystères romains de Mithra, dont il était alors le plus éminent spécialiste[3]. Il assignait une place essentielle à un texte sur lequel je vais revenir ici même en détail, les *Oracles d'Hystaspe*, un traité apocalyptique connu à travers des citations latines et qui se présentait explicitement pour la doctrine iranienne de la fin des temps. En combinant les enseignements de ce texte, des apocalypses connues en langues iraniennes, et des monuments figurés du mithriacisme romain, Cumont reconstruisait un impressionnant édifice cosmogonique comprenant la division de l'histoire du monde en sept millénaires placés chacun sous le signe d'une planète, la fin du sixième étant marquée par une série de calamités et de combats apocalyptiques récurrents d'une source à l'autre. Cette époque, marquent la fin de notre pauvre humanité terrestre, se clôt par l'apparition d'un Apollon solaire venu ressusciter les morts, et derrière lequel on peut clairement reconnaître le Mithra originel, c'est à dire le Mithra iranien.

L'âge d'or solaire auquel il préside dure mille ans, au terme desquels un ultime réveil du Prince des démons, l'Ahriman du zoroastrisme, aboutit à un embrasement généralisé qui consume le monde et donne naissance à un monde parfait. La conception chrétienne de la parousie et du Jugement dernier aurait hérité de plusieurs éléments de ce substrat. Cependant Cumont, et c'est là une autre de ses contributions propres, attribuait ledit substrat non pas seulement à l'Iran, mais à une hybridation remontant à l'époque achéménide, entre d'une part le pur zoroastrisme contenu

---

[3] F. CUMONT, « La fin du monde selon les Mages occidentaux », *RHR* 103 (1931), p. 29–96 ; J. BIDEZ, F. CUMONT, *Les Mages hellénisés : Zoroastre, Ostanès et Hystaspe d'après la tradition grecque*, Paris, Belles Lettres, 1938.

dans l'Avesta, et d'autre part une astrologie doublée d'un fatalisme tout
« sémitiques » – c'est en ces termes mêmes, certes un peu datés, qu'il formule les catégories.

Cette doctrine aurait été véhiculée dans un milieu de mages, prêtres de
la religion iranienne, qui auraient vécu dans les satrapies les plus occidentales de l'empire achéménide et, de ce fait, se seraient trouvés très tôt au
contact des milieux juifs et grecs, d'où le nom de « Mages hellénisés » sous
lequel Cumont les a popularisés. C'est aussi chez eux, dans leur labeur
éclectique, qu'il situait les origines des mystères de Mithra.

Les auteurs qui se sont ensuite inscrits dans cette perspective franchement iranocentriste, et dont le plus prolifique fut jusqu'aux années 1980
le savant suédois Geo Widengren[4], n'ont modifié qu'à la marge les acquis
combinés de la *Religionsgeschichtliche Schule* et de Cumont.

Une seconde période de la recherche s'ouvrit à partir de 1979, avec une
intervention assez retentissante de Jacques Duchesne-Guillemin[5], qui
faisait alors autorité dans les études zoroastriennes – il fut jusqu'à son
décès en 2012 le dernier survivant des légendaires rencontres Eranos d'As-
cona et, à plus de cent ans, possédait toujours autant d'humour. S'étant
jusqu'alors tenu dans les lignes que je viens d'évoquer[6], il se ralliait désormais à l'idée d'une dépendance des apocalypses iraniennes par rapport
à l'apocalyptique juive. Cette idée avait déjà été émise en 1967, mais de
manière isolée, par un esprit brillant et original, Edward Bickerman, qui
avait démontré que dans l'apocalypse zoroastrienne du *Zand ī Wahman
Yasn*, le schéma de l'arbre à quatre branches métalliques était tributaire
de celui du « colosse aux pieds d'argile » de Daniel 2[7].

Les Iraniens n'auraient été que des épigones du genre apocalyptique,
dont les origines ultimes seraient grecques et égyptiennes, mais qui aurait
atteint sa forme indépassable dans le judaïsme d'époque hellénistique.
Bien que Duchesne-Guillemin n'ait pas remis en cause l'ancienneté de la
sotériologie iranienne, ni même la présence de mythes iraniens dans les
Oracles d'Hystaspe et la littérature juive intertestamentaire, son intervention entraîna la chute d'un vieux tabou scientifique.

---

[4] Pour un résumé de ses positions, qui n'ont guère changé par la suite, voir commodément G. Widengren, *Les religions de l'Iran*, Paris, Payot, 1968, notamment p. 228–243.

[5] J. Duchesne-Guillemin, « Apocalypse juive et apocalypse iranienne », *op. cit.*

[6] J. Duchesne-Guillemin, *La religion de l'Iran ancien*, Mana 1. Les anciennes religions
orientales 3, Paris, PUF, 1962, p. 343–349.

[7] E. Bickerman, *Four strange books of the Bible, Jonah, Daniel, Koheleth, Esther*, New
York, Schocken Books, 1967, p. 68, 116 et 127.

Dans les vingt années qui suivirent, la totalité des thèses de la *Religions-geschichtliche Schule* fut soumise à un feu nourri de critiques. Disons-le sans détours : beaucoup de ces critiques ont marqué des points décisifs. En particulier l'imposante reconstruction de Cumont. Celle-ci apparaît aujourd'hui comme un champ de ruines, d'où n'émergent plus que quelques beaux pans de mur[8].

Aucun iraniste contemporain, pas même Mary Boyce, disparue en 2006, qui avait tout fait pour sauver ce qui pouvait l'être (et même davantage) de la thèse de l'antécédence iranienne[9], n'a continué à affirmer que l'Iran avait cru à la combustion finale du monde. Le zoroastrisme assigne un rôle au feu dans le tri final des morts, ce qui a pu entraîner des confusions chez certains auteurs antiques, mais l'*ekpyrosis* est une idée pythagoricienne reprise par les stoïciens. L'origine du thème de l'ascension de l'âme à travers les sept sphères planétaires a, quant à elle, été clairement réattribuée au moyen platonisme et aux traités hermétiques. Élaboré à partir de la théologie astrale babylonienne, le schéma de l'ascension de l'âme a très vite été popularisé tant vers les mystères de Mithra que vers le gnosticisme naissant. Sur ce point, personne ne conteste plus les conclusions atteintes par Ioan Petru Culianu dans *Psychanodia* I (Leyde, 1983), de tous ses ouvrages celui qui sans nul doute demeure aujourd'hui le plus important pour les iranistes. Quant aux « Mages hellénisés », sur lequel repose la démonstration de Cumont, on a bien de la peine à découvrir des personnages historiques correspondant à leur profil, les mages d'Asie mineure ou maguséens qu'ont connu les prosélytes chrétiens se signalant plutôt par leur conservatisme et leur fermeture sur la tradition[10].

---

[8] R.L. BECK, « Mithraism since Franz Cumont », *ANRW*, II.17.4, Berlin, W. de Gruyter, 1984, p. 2002–2015.

[9] M. BOYCE, « On the antiquity of Zoroastrian apocalyptic », *BSOAS* 47 (1984), p. 57–75 ; et son chapitre « Zoroastrian contributions to Eastern Mediterranean religion and thought in Greco-Roman times », dans M. BOYCE, F. GRENET (ed.), *A History of Zoroastrianism*, III: *Zoroastrianism under Macedonian and Roman rule*, Leyde, Brill, 1991, p. 361–490. L'ouvrage de N. COHN, *Cosmos, chaos and the world to come,* New Haven, Yale University Press, 2001², est pour son information iranologique très dépendant de M. Boyce, dont il ne fait guère que résumer les positions en en gommant les nuances.

[10] Voir A. DE JONG, *Traditions of the Magi. Zoroastrianism in Greek and Latin Literature*, Religions in the Graeco-Roman World 133, Leyde, Brill, 1997, p. 404–413. De son côté M. Boyce (dans M. BOYCE, F. GRENET, *A History of Zoroastrianism, op. cit.*, p. 371–383) a proposé un substitut au paradigme des « Mages hellénisés » : les « Sibyllistes perses », qui, selon elle, auraient œuvré autour des temples achéménides d'Anatolie occidentale et auraient, les premiers, répandu certaines doctrines eschatologiques iraniennes au moyen d'oracles publiés en grec. Mais la base documentaire est des plus minces : Varron (*apud* Lactance, *Institutions divines* I.6.8) mentionne bien la « Sibylle perse » comme la plus ancienne

La *Religionsgeschichtliche Schule* s'est aussi trouvée être la victime indirecte de l'effort de relecture de l'Avesta, recueil de l'authentique tradition zoroastrienne d'époque pré-achéménide et achéménide, qu'on peut
tenir pour antérieure à toute influence possible du côté juif comme du
côté grec. Cette relecture, amorcée dans les années cinquante par l'école
philologique d'Erlangen, a permis des traductions beaucoup plus sûres
que celles dont on disposait depuis le début du XXᵉ siècle. En particulier,
les termes clefs sont désormais interprétés en fonction des critères de la
philologie indo-iranienne et non plus en fonction de l'exégèse cléricale
d'époque sassanide et post-sassanide, qu'on peut toujours soupçonner
d'avoir introduit des distorsions de sens, éventuellement influencés par
d'autres traditions religieuses. La révision a été plus radicale sur la partie
la plus ancienne de l'Avesta, les Gāthās, datables à quelques siècles près
des environs de 1000 av. notre ère et où Zoroastre est supposé s'adresser
directement aux dieux. Pour notre propos, il est à relever que ce travail de
révision a particulièrement affecté le vocabulaire eschatologique.

Or, si l'ancienneté et la continuité de l'eschatologie individuelle iranienne ont bien été confirmées au terme de cet examen, on ne peut en
dire autant de l'eschatologie collective et *a fortiori* du genre apocalyptique. Concernant l'eschatologie individuelle, des motifs essentiels comme
le caractère multiple de l'âme, la rencontre avec la jeune fille personni-
fiant la conscience religieuse du défunt, le pont que franchissent les sau-
vés pour aller au paradis et d'où les damnés sont précipités en enfer, tous
ces thèmes investissent l'univers zoroastrien dès les Gāthās et ils ne le
quitteront plus jamais. Leur existence au cours des siècles est bien balisée.
Notamment grâce à des témoins-relais tels que l'inscription divinatoire du
mage Kerdīr au IIIᵉ siècle de notre ère, que j'ai republiée[11] et qui vient à
point nommé meubler le vide béant de la tradition écrite séparant Avesta
récent et traités pehlevis.

Contrairement aux motifs de l'eschatologie individuelle, reconnaître
au stade initial donné par les Gāthās un seul des concepts connus plus
tard dans l'eschatologie collective relève de l'acte de foi. Pour citer la

---

de toutes, mais celle-ci ne se trouve pas dans les autres listes ; certains auteurs antiques
ne voyaient en elle qu'une réplique de la tout aussi problématique « Sibylle chaldéenne »
(prologue aux *Oracles Sibyllins*), voire de la « Sibylle juive » (scholie à Platon, *Phèdre*).

[11] F. GRENET, « Pour une nouvelle visite à la 'vision de Kerdīr' », *Studia Asiatica* 3 (2002),
p. 5–27 ; Id., « Quelques nouvelles notes sur Kerdīr et 'sa' vision », dans « *Maître pour l'éter-
nité* ». *Florilège offert à Philippe Gignoux pour son 80ᵉ anniversaire*, R. GYSELEN, C. JULLIEN
(éd.), Studia Iranica 43, Paris, Association pour l'avancement des études iraniennes, 2011,
p. 123–139.

formule cruelle de Jean Kellens : « il faut laisser dormir dans le grenier poussiéreux des études avestiques ordalies, grands tournants, jugements derniers et œuvres finales »[12]. Certes tous les spécialistes n'approuvent pas cette exclusion totale ; on s'accroche en particulier à un verset où il est question de la « satisfaction que tu donnes, ô Ahura Mazdā, par ton feu rougeoyant et par le métal fondu »[13]. Mais s'agit-il bien du fleuve de métal incandescent qui, selon des textes beaucoup plus tardifs, opéra le tri entre les morts ressuscités ? Le temps du présent, employé ici, ne relie-t-il pas plutôt cette imagerie aux manipulations du rituel ?

L'examen est en apparence plus rassurant si l'on se réfère aux textes de l'Avesta récent, en particulier à l'un d'eux, l'hymne à la Terre ou *Zamyād Yasht*, dont la composition finale se situe sans doute à l'époque achéménide[14]. Il est bien question de la venue d'un Sauveur, *Astuuat-ereta*, littéralement « celui qui donne des os à l'Harmonie ». Il surgira sur le Mont Ushadhā, rougeâtre, situé au milieu d'un lac, et vraisemblablement identifiable au Kuh-e Khwājah (Fig. 1) au Sistān, dans l'actuel sud-est iranien. *Astuuat-ereta* brandira la massue. Avec la troupe de ses compagnons (encore indifférenciée dans ce texte, mais que les livres pehlevis se chargeront de peupler en puisant dans les listes de sacrifiants mentionnés dans l'Avesta), il fera fuir les démons. Il fera se « dresser les morts » et se renouveler la création.

Dans un autre hymne avestique de même époque (le *Frawardīn Yasht*), ce Sauveur ultime est précédé par deux autres, et plusieurs indices font penser que les trois mères des sauveurs sont, déjà, des vierges miraculeusement fécondées dans le lac par la semence de Zoroastre, tradition bien enregistrée par la suite. Tout cela constitue des thèmes essentiels de la tradition eschatologique zoroastrienne, et aussi, pour celui de la vierge mère du Sauveur, une synapse assez remarquable avec la tradition chrétienne, synapse qu'après d'autres je me borne ici à signaler.

---

[12] J. KELLENS, *La quatrième naissance de Zarathushtra*, Paris, Seuil, 2006, p. 129.

[13] *Y*.51.9, traduction de J. KELLENS, E. PIRART, *Les textes vieil-avestiques* I, Wiesbaden, Reichert, 1988, p. 183. À comparer avec la traduction quelque peu glosée de H. HUMBACH (autre représentant éminent de l' « école d'Erlangen »), *The Gāthās of Zarathushtra* I, Indogermanische Bibliothek. Reihe 1, Lehr- und Handbücher Heidelberg, Winter, 1991, p. 188 : « Which satisfaction Thou apportionest by mean of Thy red fire, according to balance, O Wise One, (by the ordeal) with molten metal ». La traduction par « balance » de *rānōibiiā-*, datif duel de *rāna-*, l'un des termes les plus controversés du vocabulaire gâthique, est propre à cet auteur.

[14] A. HINTZE, *Der Zamyād-Yašt*, Wiesbaden, 1994 ; H. HUMBACH, P.R. ICHAPORIA, *Zamyād Yasht*, Wiesbaden, Harassowitz, 1998.

Fig. 1. Le Kuh-e Khwājah au Sistān, vraisemblablement identifiable au Mont Usadhā de l'Avesta (document F. Grenet).

Mais, à côté de cela, que d'incertitudes. Ce feu eschatologique et ce fleuve de métal fondu qu'on a bien de la peine à trouver dans les Gāthās, on ne les trouve pas davantage dans l'Avesta récent et on ne saurait dire qu'ils sont explicitement attestés avant le IXᵉ siècle. Quant aux autres thèmes de l'eschatologie collective, ils tombent dans le vide béant dont je viens de parler et qui sépare l'Avesta récent et les livres pehlevis, c'est-à-dire environ Alexandre et l'époque islamique ancienne. Onze siècles, c'est beaucoup. Enfin, même si le texte du *Zamyād Yasht* comporte certains éléments à caractère apocalyptique – la venue du Sauveur et de ses compagnons, les combats finaux –, il ne constitue pas à proprement parler une apocalypse : il ne redit pas le passé lointain ou immédiat en le projetant dans l'avenir, mais il est tout entier concerné par celui-ci.

Devant une eschatologie iranienne certes riche en mythes, mais qui à aucune période ancienne ne se laisse saisir dans son entier, devant une chronologie documentaire trouée de toute part, devant enfin les certitudes alternées de la *Religionsgeschichtliche Schule* et de ses détracteurs, on comprend que certains se découragent aujourd'hui d'explorer les contributions de la pensée iranienne à d'autres religions du Proche-Orient antique. C'est ce qu'admet franchement Albert de Jong dans son livre *Traditions of the Magi*, paru en 1997[15], et qui est aujourd'hui la meilleure étude des témoignages grecs et latins sur le zoroastrisme.

---

[15] *Ibid.*, p. 324, n. 3: « This is not to deny the validity of an inventory of mutual interests (…), or the possibility of influences (either way) between Judaeo-Christian and

Et pourtant, je pense pour ma part qu'on n'a pas le droit de délaisser ce champ d'étude. L'incitation à le reprendre aujourd'hui nous vient en réalité des biblistes, au moins de ceux avec lesquels je suis plus spécialement en contact, c'est-à-dire ceux de l'école française, celle qui a notamment travaillé autour des documents de Qumrân. Je suis tout particulièrement redevable à André Lemaire, Simon Mimouni et Arnaud Sérandour, mes collègues à l'EPHE, de me tenir au courant des dernières avancées de la discipline. Or, ces avancées ne peuvent pas laisser indifférent l'historien du zoroastrisme.

Pour le dire rapidement, la tendance chez les historiens du judaïsme semble actuellement à un retour en grâce des hypothèses en faveur d'une forte influence iranienne amorcée à l'époque de la construction du Second Temple sous l'autorité des rois achéménides, et poursuivie bien au-delà[16]. Comme je l'ai rappelé en introduction, après la conquête romaine la perspective d'une conquête parthe fut perçue comme une alternative politique très acceptable par une partie des Juifs de Palestine, informés du sort meilleur que connaissaient leurs coreligionnaires en Mésopotamie.

Par ailleurs, la datation de certains textes de l'Ancien Testament est soumise à des révisions importantes : la Genèse qui ouvre le Pentateuque est maintenant tenue par certains comme le plus tardif de ses textes, élaboré parallèlement à la mise en place du calendrier septénaire sous la domination perse et recevant sa forme finale vers 300 av. notre ère, donc peu de temps avant sa traduction dans la Septante qui est le seul repère chronologique vraiment assuré. Or, tant dans la Genèse que dans la tradition iranienne consignée (certes bien plus tard) dans le traité pehlevi du *Bundahishn*, Dieu crée le monde en six jours (ou six étapes[17]) et le septième lui est consacré. Pour ceux, et ils ne sont pas d'hier, qui soupçonnent un emprunt, la question de sa direction n'est désormais plus si évidente. Quant à Ézéchiel, dont la vision des os qui se lèvent évoque curieusement les descriptions zoroastriennes du « lever des morts », toute sa dernière partie (40–48 : l'arpentage du Temple) est maintenant assez

---

Zoroastrian traditions. That subject belongs to a category of investigations with which the present study is not concerned ».

[16] Parmi les savants israéliens, le représentant le plus convaincu de cette ligne d'interprétation est actuellement Shaul Shaked ; pour un résumé commode (bien que déjà ancien) de ses arguments, voir Sh. SHAKED, « Iranian influence on Judaism: first century B.C.E. to second century C.E. », in *Cambridge History of Judaism*, vol. I, 1984, Cambridge, University Press, p. 308–325.

[17] C.G. CERETI, D.N. MACKENZIE, « Except by battle: Zoroastrian cosmogony in the 1st chapter of the *Greater Bundahišn* », dans *Religious themes and texts of pre-Islamic Iran and Central Asia. Studies in honour of Gherardo Gnoli*, C.G. CERETI, M. MAGGI, E. PROVASI (éd.), Beiträge zur Iranistik 24, Wiesbaden, Reichert, 2003, p. 31–59.

généralement attribuée à une actualisation opérée au IVe ou au IIIe siècle ; il n'est pas totalement exclu que cette dernière réécriture ait aussi affecté le chapitre 37, celui précisément qui contient la vision des ossements.

Il y a aussi la « révolution qumrânienne ». Dès le moment où les documents de la mer Morte ont été connus, on a signalé dans plusieurs textes attribuables aux esséniens des parallèles saisissants entre certaines doctrines complètement innovantes par rapport à la tradition juive et les doctrines eschatologiques du zoroastrisme. À elle seule, la mention dans un texte fragmentaire du « pont du grand Abîme établi pour la traversée (de la multitude des morts) » suffirait à prouver l'existence d'éléments zoroastriens[18]. Dans certains cas, il est vrai, on a peut-être péché par excès d'enthousiasme. Pour ma part j'ai tendance à penser que les emprunts de subtiles doctrines ne sont jamais démontrables, sauf quand l'emprunt est affiché, mais qu'en revanche des parallèles phraséologiques massifs méritent l'attention, parce qu'ils ont des chances de renvoyer à un substrat textuel commun.

C'est bien le sentiment très net que donne l'un des passages de la *Règle de la Communauté*, texte qu'on date du début du Ier siècle av. notre ère. Ce passage fameux est connu conventionnellement comme « l'instruction sur les deux Esprits ». Afin de faire commodément apparaître les parallèles, j'en place de courts extraits (on pourrait en retenir beaucoup d'autres) à la suite du résumé fidèle de l'eschatologie mazdéenne que donne Plutarque dans le *de Iside et Osiride*. Les liens lexicaux les plus nets entre les deux textes sont marqués en caractères gras. Le texte de Qumrân, fondamentalement identique par le contenu, se trahit comme plus proche encore d'un original zoroastrien : il serait même très facile d'en faire une rétroversion en langue iranienne, ce que j'ai tenté de suggérer en ajoutant entre crochets et en italiques les principaux termes techniques zoroastriens qui sous-tendent le texte hébreu.

---

[18] Manuscrit Qumrân 4Q521, fr. 7, ligne 12 (la fin est restituée *ad sensum*), voir É. PUECH, « Apports des manuscrits de Qumran à la croyance à la résurrection dans le judaïsme ancien », dans *Qoumrân et le judaïsme du tournant de notre ère*, A. LEMAIRE, S. MIMOUNI (éds.), Collection de la Revue des Études Juives 40, Paris-Louvain, Peeters, 2006, p. 81–110, notamment p. 96–100. Le thème du Pont de l'Enfer connaît ensuite une éclipse dans la littérature eschatologique juive et chrétienne, avant de réapparaître dans cette dernière à partir de la *Vision de Saint Paul* (IIIe siècle).

Plutarque, *de Iside et Osiride* 46–47, citant Théopompe (IVe s. av. J.-C.)	*Règle de la Communauté*, III–IV (extraits[19])
Horomazès est né de la plus pure **lumière** et Areimanès de la **ténèbre**, et ils sont en **guerre** l'un avec l'autre. **En alternance** de 3000 ans le dieu bon dominera l'autre et sera dominé par lui, et pendant 3000 autres années ils se combattront et se feront la **guerre**, jusqu'à ce que l'un s'empare du domaine de l'autre. **À la fin** Hadès périra et les hommes seront heureux.	Du Dieu des connaissances (provient) tout ce qui est et sera ; et, avant que (les êtres) ne fussent, Il a établi tout leur plan [*frazām ī kār*][20] ; (…) et Il a disposé pour l'homme deux Esprits [*Spenta Mainyu / Angra Mainyu*] de vérité [*ahlayīh*] et de fausseté [*drug*]. Dans une fontaine de **lumière** est l'origine de la Vérité, et d'une source de **ténèbres** est l'origine de la Perversion (…) Et une **ardeur combative** (les oppose l'un à l'autre) au sujet de toutes leurs ordonnances. Car c'est par **parties égales** que dieu a disposé ces (deux Esprits) jusqu'au **terme décisif** [*zamān ī brīn*], celui du Renouvellement [*frašgird*].

Je suis persuadé que c'est en croisant non pas des systèmes conceptuels largement reconstruits par nous, mais, comme je viens de le faire, des textes pris dans leur littéralité, que l'on peut espérer marquer quelques progrès dans l'élucidation des influences.

C'est au moyen de cette méthode qu'il convient de revisiter maintenant les *Oracles d'Hystaspe*, auxquels j'ai déjà fait plusieurs fois allusion dans le présent exposé. Ce traité, qui existait d'abord en grec, est mentionné par plusieurs auteurs chrétiens à partir de 150 de notre ère. Il en subsiste des citations substantielles principalement dans le livre VII des *Institutions divines* de Lactance, écrites en latin au début du IVe siècle. L'importance des *Oracles d'Hystaspe* dans la discussion qui nous occupe est considérable, pour plusieurs raisons.

Les *Oracles d'Hystaspe* sont présentés donnés comme une apocalypse iranienne, et contrairement à nombre d'élucubrations antiques mises sous le nom de Zoroastre ou du Mage Ostanès, on a des raisons de croire que,

---

[19] Traduction d'A. Dupont-Sommer, dans *La Bible. Écrits intertestamentaires*, A. DUPONT-SOMMER, M. PHILONENKO (éd.), Bibliothèque de la Pléiade 337, Paris, Gallimard, 1987, p. 3–57.

[20] Plus précisément, la notion en cause ici est la « création mênôgienne » (qu'on peut approximativement traduire « spirituelle »), qui précède la création matérielle et lors de laquelle les créatures choisissent leur camp dans la lutte à venir entre les deux Esprits.

dans ce cas précis, la prétendue source iranienne n'est pas qu'un prête-nom. Si l'on parvient à établir le fait, on tient le chaînon tant attendu entre l'eschatologie de l'Avesta récent et les textes apocalyptiques pehlevis des VIe–IXe siècles. Autre circonstance importante, les *Oracles d'Hystaspe* ont bénéficié d'un prestige certain dans le monde judéo-chrétien des premiers siècles. Au IIIe siècle, ils sont utilisés par Commodien, le plus ancien poète latin chrétien. Pour ce qui est des époques antérieures, on a supposé, sans doute avec raison, qu'ils avaient inspiré des passages du huitième livre des *Oracles Sibyllins*, une apocalypse juive christianisée mise en forme vers 180, et même qu'ils avaient été l'une des sources de l'Apocalypse de Jean – ce qu'en l'espèce, je ne crois pas.

Les *Oracles d'Hystaspe* se sont trouvés pris entre l'enclume de la *Religionsgeschichtliche Schule* et le marteau de ses détracteurs. Le premier camp les avait annexés en 1929, avec l'étude magistrale du savant hollandais Windisch[21] qui s'efforçait d'y dégager aussi précisément que possible la substance iranienne. Peu après, Cumont cautionnait ses résultats et mettait les *Oracles* au centre de sa reconstruction de l'apocalyptique des « Mages hellénisés ».

Par un inévitable retour des choses, les *Oracles d'Hystaspe* furent ensuite parmi les premières victimes de la grande remise en cause des années 80. En 1982 le savant israélien David Flusser, un éminent bibliste bien informé sur les questions iraniennes, publiait dans le premier volume de la série *Irano-Judaica* un article très fouillé intitulé « Hystaspes and John of Patmos »[22]. Partant de l'idée que tout ce que Lactance avait reproduit entre deux citations explicites des *Oracles* en provenait aussi, il démontrait aisément la prépondérance écrasante du contenu juif sur les éléments iraniens. À partir de cette constatation, il faisait des *Oracles* un pseudépigraphe de polémique antiromaine antérieur à la chute du Second Temple, pseudépigraphe auquel il concédait tout juste une lointaine source iranienne impossible à reconstituer. Depuis lors les *Oracles* ne sont guère sortis du discrédit où les avait jeté Flusser, dont les conclusions furent

---

[21] H. Windisch, *Die Orakel des Hystaspes*, Amsterdam, Koninklijke Akademie van Wetenschappen te Amsterdam, 1929.

[22] *Irano-Judaica I. Studies relating to Jewish contacts with Persian culture throughout the ages*, Sh. Shaked, A. Netzer (éd.), Jérusalem, Ben Zvi Institute, 1982, p. 12–75. Dans son article, Flusser traduit presque tous les passages de Lactance qu'il attribue aux *Oracles d'Hystaspe*, p. 24–29, 34–35. Les passages moins nombreux attribués à Hystaspe depuis Windisch sont reproduits dans l'original latin et mis en parallèle avec le *Zand ī Wahman Yasn* par Bidez et Cumont, *Les Mages hellénisés*, II, *op. cit.*, p. 364–376.

endossées et même durcies par Philippe Gignoux, l'un des tenants les plus convaincus du caractère tardif de l'apocalyptique iranienne[23].

En y regardant de près, je suis arrivé à la conclusion que la grille de lecture de Flusser était viciée dès le départ. Je voudrais pour ma part cheminer dans le fil du texte en suivant la méthode appliquée au texte qumrânien.

Prenons bien garde, au préalable, à ce que Lactance dit de sa propre méthode de compilation : « mais les choses qui sont dites par les prophètes et les devins comme devant se produire avant que la fin dernière ne vienne sur le monde, je vais les ajouter, les ayant collectées et accumulées de tous » (VII.14.17).

Comment introduit-il les *Oracles* ? Je cite : « Hystaspe aussi qui était un très ancien roi des Mèdes a livré à la mémoire de la postérité un rêve merveilleux, selon l'interprétation d'un enfant qui vaticinait, annonçant longtemps avant la fondation de la nation troyenne que l'empire romain et son nom seraient ôtés du monde » (VII.15.19). Wištâsp (que les Grecs ont adapté en Hystaspe) est dans la tradition zoroastrienne le souverain protecteur de Zoroastre ; il faisait l'objet d'un texte spécifique dans l'Avesta, le *Wištāsp sāst*, perdu mais connu par de brefs commentaires pehlevis[24]. Ceux-ci parlent effectivement d'un rêve où Hystaspe est transporté dans l'au-delà, anticipant, entre autres choses, la carrière de son fils Pishōtan, doué d'immortalité et qui figure comme l'un des libérateurs dans tous les récits apocalyptiques. Quoi qu'on en ait dit, la collaboration d'un visionnaire et d'un enfant peut difficilement s'expliquer par une volonté d'adaptation au cadre daniélique, puisque Daniel n'est pas un enfant, mais elle trouve un excellent parallèle dans le récit iranien du mage Kerdīr[25]. La matière iranienne de ce récit-cadre ne saurait donc faire de doute. J'irai

---

[23] Voir en particulier Ph. GIGNOUX, « Sur l'inexistence d'un Bahman Yasht avestique », *Journal of Asian and African Studies* 32 (1986), p. 53–64 ; « Apocalypses et voyages extra-terrestres dans l'Iran mazdéen », dans C. KAPPLER *et al.* (éd.), *Apocalypses et voyages dans l'au-delà*, Paris, Cerf, 1987, p. 351–374 ; « L'apocalyptique iranienne est-elle vraiment ancienne ? », *RHR* 216 (1999), p. 214–227 (compte-rendu très critique dans un volume représentatif de « l'école suédoise » prolongeant la Religionsgeschichliche Schule, *Apocalyptique iranienne et dualisme qumrânien*, G. WIDENGREN, A. HULTGÅRD, M. PHILONENKO (éd.), Recherches intertestamentaires 2, Paris, Maisonneuve, 1995).

[24] Sur le *Wištāsp sāst* et les passages pehlevis qui supposaient en dériver, voir M. MOLÉ, *Culte, mythe et cosmologie dans l'Iran ancien*, Annales du musée Guimet. Bibliothèque d'études 69, Paris, PUF, 1963, p. 348–386 ; *La légende de Zoroastre selon les textes pehlevis*, Travaux de l'Institut d'études iraniennes de l'Université de Paris 3, Paris, Klincksieck, 1967, p. 58–59 et 120–121.

[25] F. GRENET, « Pour une nouvelle visite à la 'vision de Kerdīr' », *op. cit.*

plus loin : la narration eschatologique aurait pu, dans un premier temps, être attribuée à Wishtāsp (stade dont témoigneraient tant les bribes du *Wishtāsp sāst* que les *Oracles d'Hystaspe*), puis seulement plus tard (au moment de la rédaction des commentaires sassanides de l'Avesta ?), elle aurait été transférée à Zoroastre pour lui assurer davantage d'autorité (stade dont témoigne le *Zand ī Wahman Yasn*).

Tout de suite après l'introduction, le récit de Lactance nous confronte à un discours qui tranche avec les paragraphes qui précèdent :

> Dix rois surgiront en même temps, qui diviseront le monde, non pour le gouverner, mais pour le consumer (…) Alors un ennemi très puissant surgira soudainement des limites extrêmes des régions septentrionales ; ayant détruit trois (des rois) qui étaient alors en possession de l'Asie, il sera admis dans l'alliance des autres et sera institué prince de tous (…).

Dans cette description du premier antéchrist, on reconnaît aussitôt un cadre qui n'est pas zoroastrien, car il vient de Daniel 11 : la lutte entre le « roi du Nord » et le « roi du Midi » (chez Daniel, les Séleucides et les Lagides), la succession ou la rivalité de dix rois, l'émergence d'un onzième qui soumet trois des autres. Selon une technique similaire à celle que l'on trouve dans les *Oracles Sibyllins*, les termes sont réactualisés pour refléter la situation de crise dans l'Empire romain dans la deuxième moitié du IIIe siècle. L'ennemi qui « surgira soudainement des limites extrêmes des régions septentrionales » et s'abattra sur l'Asie, ce ne peut être que les Goths, qui en 250 ont franchi le Danube (considéré depuis Auguste comme la limite septentrionale symbolique du monde connu) et qui ont en 267–268 ravagé l'Asie mineure. Le corollaire de ce constat, c'est que ce passage ne pouvait se trouver dans le texte des *Oracles d'Hystaspe* dont l'existence est avérée dès 150 chez Justin Martyr (*Première Apologie*).

Toutefois, il n'est pas correct d'invoquer cette mention, comme le fait Flusser, pour judaïser la totalité du texte. La source ici est différente, c'était à mon avis une version parallèle au treizième livre des *Oracles Sibyllins* qui nous est parvenu[26]. Fidèle à la méthode qu'il avait annoncée, Lactance a fabriqué son texte de bouts et de morceaux.

---

[26] *The Old Testament Pseudepigraphia*, I : *Apocalyptic Literature and Testaments*, J.H. CHARLESWORTH (éd.), Londres, Darton Longman and Todd, 1983, p. 453–458 ; D.S. POTTER, *Prophecy and history in the crisis of the Roman empire. A historical commentary on the 13th Sibylline Oracle*, Oxford, Clarendon Press, 1990.

Juste après survient le récit des calamités naturelles, et ici les parallèles sont très différents : la liste, jusque dans son ordre, est très proche du huitième livre des *Oracles Sibyllins*[27] qui l'a évidemment inspirée et qui d'ailleurs est citée. En même temps, elle présente des correspondances précises, depuis longtemps remarquées, avec certains passages du *Zand ī Wahman Yasn* iranien[28]. Parfois même la correspondance n'est qu'avec ce texte. Je mets sous les yeux du lecteur les contenus des trois textes. J'indique en gras ce qui est commun aux trois. En outre, je souligne ce qu'on ne trouve que dans Lactance et dans le texte iranien :

---

[27] J.H. CHARLESWORTH (éd.), *op. cit.*, p. 415–429. Commodien (*Carmen de duobus populis*), qui comme Lactance intercale Hystaspe et l'actualité politique du IIIe siècle, identifie explicitement le « roi du Nord » avec le roi des Goths.

[28] Désormais cité *ZWY*. Les numéros des chapitres sont donnés selon l'édition de C.G. CERETI, *op. cit.* Les passages les plus proches (ceux qui énoncent les calamités naturelles et, de manière non contextualisée, les calamités sociales) sont concentrés dans le long chapitre 4, avec une brève reprise en 6.4 (calamités naturelles). Le reste du texte présente des caractères différents. Les chapitres 1 et 3 décrivent deux visions prophétiques de Zoroastre, des arbres respectivement à quatre et à sept branches métalliques, visions dont le contenu a été actualisé à l'époque islamique ancienne et qui, pour leur schéma-cadre, trahissent sans guère de doute possible une dépendance par rapport à Daniel. Selon Lydus, *De mensibus*, II.4, un passage des *Oracles d'Hystaspe*, peut-être situé au début et qui n'a pas été transmis par Lactance, traitait de la domination des planètes sur les jours de la semaine et sur les millénaires. Mais ce renseignement est difficile à utiliser pour une comparaison avec *ZWY* 3, où les âges métalliques se partagent un seul millénaire (celui où nous vivons), pas les sept, et dans un ordre qui n'est compatible avec aucun système planétaire connu dans l'Antiquité. Bien plutôt, le passage mentionné par Lydus révèle une influence des conceptions « chaldéennes » (devenues à cette époque le bien commun de l'astrologie proche-orientale et gréco-romaine) sur le milieu où a été rédigé le texte grec des *Oracles* (voir là-dessus H.G. KIPPENBERG, « Die Geschichte der mittelpersischen apokalyptischen Traditionen », *Studia Iranica* 7 (1978), p. 49–80, en particulier p. 70–75). Le chapitre 2 du *ZWY*, une injonction à ne pas diffuser l'enseignement du texte en dehors du cercle des prêtres, est rapporté à l'époque du roi sassanide Khosrow Ier Anōshervān (531–579). Les chapitres 5–6 sont presque tout entiers consacrés à l'évocation très actuelle des malheurs politiques de l'Iran au IXe siècle (qui n'occupaient que certains passages du chapitre 4, intercalés entre les thèmes généraux qui seuls se prêtent à une comparaison serrée avec les *Oracles*). Les chapitres finaux (7–9) décrivent la venue du sauveur eschatologique, fils posthume miraculeux de Zoroastre, et de ses auxiliaires : ici aussi des rapprochements se présentent avec les *Oracles* mais ils font davantage problème, voir ci-après.

Lactance, *Institutions divines* VII	Oracles Sibyllins	Zand ī Wahman Yasn
16.5 : séismes, inondations, épidémies et famines	VIII, 175 : épidémies et famines	4.57, 64 : séismes
16.6 : irrégularités atmosphériques entraînant la stérilité des cultures et la perte des fruits	VIII, 178–180 : irrégularités atmosphériques	4.18–19, 42–45 : irrégularités atmosphériques entraînant la perte des fruits et des grains
16.7 : sources et rivières asséchées, eau changée en sang ou en amertume, entraînant la pénurie d'animaux	VIII, 181 : germes empoisonnés disséminés sur la terre	4.45 : vermine infestant les pluies, sources et rivières asséchées, entraînant la pénurie de bétail
16.8 : comètes, chute d'étoiles	VIII, 190–193 : comètes, chute d'étoiles	6.4 : signes célestes
16.9 : soleil assombri, lune ensanglantée, été en hiver et hiver en été	VIII, 203, 214–215 : soleil assombri, été en hiver	4.16 : soleil « plus direct » et plus petit
16. 10 : année, mois et jour diminuent	VIII : Rien	4.16, 64 : année, mois et jour diminuent
16.11 : montagnes aplaties, mers non navigables, trompette céleste	VIII, 234–239 : montagnes aplaties, mers non navigables, trompette céleste	rien sur les montagnes aplaties, mais c'est un thème courant dans les textes zoroastriens
16.14 : il reste un homme sur 10 et un juste sur 3	III, 554, V, 103, Apoc. IX.15.18 : un sur 3	4.55 : il reste un homme sur 10

Deux conclusions se dégagent de ce tableau. La première est que la Huitième Sibylle, datable, je l'ai dit, vers 180, a très vraisemblablement utilisé une source iranienne qui, en l'occurrence ne peut être que les *Oracles d'Hystaspe*. Même si une partie de ces calamités se retrouve dans le fonds commun des prophéties juives, les correspondances avec le *ZWY* sont trop précises pour être fortuites. En langage mathématique, on peut même les dire bijectives : tout ce qui est dans la Sibylle est dans *ZWY* 4, tout ce qui est dans ce dernier est dans la Sibylle (à quelques très rares exceptions près, et si l'on élimine des descriptions politiques et sociales spécifiques à l'époque de la dernière rédaction du texte iranien[29]).

Seconde conclusion. Dans ce passage, Lactance suit la Sibylle dans les grandes lignes, mais il retourne parfois à la source : les *Oracles d'Hystaspe*. Le parallèle entre Lactance, *Institutions divines* VII.16.6–8 et *ZWY* 4.43–47 est particulièrement impressionnant. Non seulement l'ordre des calamités est le même, jusque dans les détails, mais encore l'enchaînement des causes est formulé de la même manière :

Lactance, *Institutions divines* VII	Zand ī Wahman Yasn
16.6–8 : « Car l'atmosphère sera viciée, et deviendra corrompue et pestilentielle, tantôt par des pluies hors de saison, tantôt par une sécheresse stérile, parfois par des froids, parfois par des neiges estivales (…). Ni champ, ni arbre, ni vigne ne produiront rien ; au contraire, après avoir donné les plus grands espoirs dans la fleur, ils failliront dans le fruit. Les sources aussi et les rivières s'assècheront (…) et les eaux seront changées en sang ou en amertume. À cause de ces choses, les quadrupèdes feront défaut sur la terre (…). »	4.43–47 : « Et des nuages de brume obscurciront tout le ciel. Et le vent chaud et le vent froid viendront et enlèveront le fruit et le grain des blés. Et aussi la pluie ne tombera pas en son temps, et même, dans le peu qu'il pleuvra, il pleuvra davantage de vermine (*xrafstar*, littéralement « bêtes rampantes ») que de pluie. Et l'eau des rivières et des sources diminuera et ne montera pas. Et les chevaux, les bœufs et les moutons naîtront plus petits et avec moins de capacités. »

[29] C.G. Cereti envisage surtout des contextes immédiatement post-sassanides, de la fin du VIIe siècle (voir notamment « On the date of the *Zand i Wahman Yasn* », *Second International Congress Proceedings of the K.R. Cama Oriental Institute*, Bombay, K.R. Cama Oriental Institute Publications, 1996, p. 243–258), mais en réalité les derniers niveaux de rédaction sont plus tardifs : il existe des allusions codées mais décryptables à la révolution abbasside (747–750), puis aux révoltes de Bābak et de Mazyār toutes deux vaincues par les

Quant au passage 16.14 du livre septième des *Institution Chrétiennes* de Lactance, il offre, comme l'a bien noté Cumont, un exemple caractéristique de sa méthode[30] : les Sibylles et l'Apocalypse, se fondant sur la tradition juive, disent seulement qu'un homme sur trois sera sauvé, la source iranienne (reflétée dans le *ZWY*) parle d'un homme sur dix, Lactance combine les deux informations.

Le passage suivant des *Institutions divines* traite des antéchrists. Le deuxième sera un « roi surgi de Syrie » ; entre autres méfaits, il fera tuer un prophète, qui ressuscitera au bout de trois jours, puis il se proclamera lui-même prophète. On se retrouve ici dans la veine des Sibylles juives, voire plus précisément, comme l'a démontré Flusser, d'une source commune à l'Apocalypse de Jean. Mais ici encore cette source a été adaptée aux réalités politiques du IIIᵉ siècle : ce roi sorti de Syrie est dit éliminer les restes de la précédente tyrannie, c'est-à-dire les Goths. Sa figure est une élaboration de celle d'Odenath, prince de Palmyre, qui domina un temps tout l'Orient romain, chassa les Goths d'Asie mineure, et sur les exploits duquel se clôt aussi le treizième livre des *Oracles Sibyllins* (qui lui est favorable, contrairement à la source de Lactance, *InsChr* VII.17.1–8). Par conséquent, ce passage ne pouvait pas non plus se trouver dans les *Oracles d'Hystaspe* qu'on connaissait déjà vers 150.

Selon la technique d'alternance des sources que nous l'avons vu pratiquer, Lactance revient ensuite à l'énumération des calamités finales. Celles-ci sont désormais d'ordre social, et débouchent sur l'appel au Sauveur. Ici les parallèles proviennent surtout du *ZWY* et comme par hasard, Hystaspe est explicitement cité maintenant. L'authenticité de l'extrait est garantie par le nom même donné à Dieu : « Jupiter », « Zeus » dans l'original grec, c'est-à-dire Ahura Mazdā dans l'original iranien sous-jacent : ici Lactance

---

Abbassides en 838–840 (voir Ph. GIGNOUX, « Apocalypses et voyages extra-terrestres dans l'Iran mazdéen », *op. cit.*, p. 360–363, et pour des précisions supplémentaires T. DARYAEE, « A historical episode in the Zoroastrian apocalyptic tradition: the Romans, the Abbasids, and the Khorramdēns », dans *The Spirit of Wisdom. Essays in memory of Ahmad Tafazzoli*, T. DARYAEE, M. OMIDSALAR (éd.), Costa Mesa, Mazda Publishers, 2004, p. 64–73). Les ultimes mentions historiques (6.10), non reconnues jusqu'à présent, mais qu'explicitent des passages parallèles dans l'*Ayādgār ī Jāmāspīg* et dans le *Bundahishn* (33.25), visent plusieurs gouverneurs de la dynastie des Ṭāhirides et aussi peut-être Yaʿqīb ibn Laith (fondateur de la dynastie saffāride du Sistān), conventionnellement réunis dans la figure d'un seul tyran de vile origine surgi du Khurāsān, participant à la défaite des Zoroastriens des montagnes caspiennes (la révolte de Mazyār), et enfin persécutant les Zoroastriens du Fārs, ensemble d'événements qui renvoie à la période 840–879.

[30] « La fin du monde selon les Mages occidentaux », *op. cit.*, p. 79, n. 2.

n'a pas éprouvé le besoin de christianiser sa source en écrivant « Dieu » à la place de « Jupiter »[31] :

Lactance, *Institutions divines* VII	*Zand ī Wahman Yasn*
17.9 : plus de loi ni d'ordre, plus de respect familial, ruine de la terre par le brigandage	**4.11–15 :** plus de loi ni d'ordre, plus de respect familial, ruine de l'Iran par « tromperie, avidité, mauvais gouvernement » **4.7 :** « la violence et le vol se manifesteront »
17.10 : fuite des justes au désert, sur une montagne	**4.54 :** fuite des justes vers le nord **5.9, 6.10 :** dans les montagnes de la Caspienne
17.11–18.2 : « Dieu enverra du Ciel un **grand roi** (…). Car Hystaspe que j'ai nommé plus haut, ayant décrit l'iniquité de la fin de ce siècle, dit que les pieux et les fidèles, s'étant séparés des malfaisants, tendront leurs mains vers le Ciel avec des pleurs et des lamentations, et imploreront la protection de **Jupiter**. »	**7.27 :** « Et moi, le créateur **Ahura Mazdā**, avec les **archanges**, je viendrai au mont Hukairya et j'ordonnerai aux archanges de dire à tous les dieux et aux esprits : 'Allez aider le glorieux **Pishōtan** [le chef de l'armée des Immortels]'. Et **Mithra** aux vastes pâtures (…) viendra à la rescousse aider le glorieux **Pishōtan**. »
19.5 : « Soudain une épée descendra du ciel (…) et **le chef de la sainte milice** (…) descendra en compagnie des **anges** au milieu de la terre. »	

Un peu plus loin, Lactance décrit le feu qui accompagnera le Sauveur. Ici les parallèles iraniens ne se trouvent pas dans le *ZWY*, dont le récit néglige le Jugement final, mais dans le *Bundahishn*, traité pehlevi sur la

---

[31] Ce qui paraît peu compatible avec l'hypothèse d'un substrat juif constant défendue par Flusser, dont l'embarras est ici manifeste : « It is hard to imagine that a Jewish author even in order to give the impression that his work is a Gentile prophecy, called God 'Zeus' ». Even the *Sibylline Oracles* which are Jewish – and Christian – works in Gentile garb, dare not go so far. », cf. D. Flusser, *op. cit.*, p. 39–40.

Création, qui se clôt sur le Jugement[32]. Au second extrait des *Institutions divines* de Lactance, je joins un passage du poète Commodien[33], qui a lui aussi emprunté à Hystaspe et où se lit encore plus précisément la doctrine iranienne du feu eschatologique, lequel, contrairement au feu biblique, ne sort pas du ciel ni de la bouche d'un prophète, mais surgit de la terre elle-même :

Lactance, *Institutions divines* VII	*Bundahishn*	Commodien, *Instructiones*
21.3–4 : « La nature de ce feu est différente de celle de notre feu (…) ce feu divin vit toujours par lui-même et prospère sans aucune nourriture ; il n'est pas non plus **mêlé de fumée**, mais il est pur et liquide. »	**4.27** : « Puis [Ahriman] vint au feu : il y **mêla la fumée** et l'obscurité. »	
21.6 : « Mais quand Dieu jugera les justes, il les soumettra aussi à l'épreuve du feu. Alors ceux dont les péchés l'emporteront en poids ou en nombre seront écorchés par le feu et brûleront ; mais ceux qui seront imprégnés par la justice et par la mûre vertu ne percevront pas ce feu. »	**34.18–19** : « Alors le Feu et le dieu Airyaman feront **fondre le métal qui est dans les collines et les montagnes**, et sur cette terre il sera comme un fleuve. Et ils feront passer tous les hommes dans ce métal fondu, et ils les purifieront ; et au juste, cela semblera comme s'il passait par du lait chaud ; et au pécheur, cela semblera comme s'il passait dans le monde par du métal fondu. »	**I. 48.9–19** : « Dieu jugera les pécheurs dans la flamme du feu ; le feu ne touchera pas les justes, il ne fera que les lécher. La chaleur sera si grande que **les pierres fondront**. »

---

[32] Pour ces deux passages, voir B.T. ANKLESARIA, *Zand-Âkâsīh. Iranian or Greater Bundahishn*, Bombay, Rahnumae Mazdayasnan Sabha, 1956.

[33] D'après D. FLUSSER, *op. cit.*, p. 34.

À propos des modalités de la descente du Sauveur, décrites dans les extraits précédents, on peut discuter la nature exacte du dosage opéré par Lactance. La situation est paradoxale : d'une part, comme je l'ai dit, c'est l'un des rares thèmes apocalyptiques ou quasi apocalyptiques qui soient bien attestés dès l'Avesta récent, mais d'autre part Flusser a bien montré qu'ici le récit de Lactance pouvait s'expliquer dans le développement continu de la prophétie juive, d'Ézéchiel à Hénoch et à l'*Apocalypse d'Esdras*. En effet, ce dernier texte, dans la sixième vision, donne un récit assez proche de celui de Lactance, tout en identifiant clairement la montagne eschatologique avec le Mont Sion[34]. On est ici dans un cas où le travail de démêlage des fils paraît un peu désespéré.

En tant qu'archéologue, je me tourne ensuite vers l'iconographie. En effet, il existe une tradition iranienne authentique sur Mithra armé, conçu à l'image du Grand Roi iranien (à moins que ce ne fût l'inverse), surgissant sur la montagne pour venir en aide à ses fidèles[35]. Dans l'actuel Afghanistan, à la fin du Ier siècle de notre ère, c'est-à-dire exactement à l'époque des apocalypses de Jean et d'Esdras, un roi décida, pour des raisons qui nous restent inconnues, d'effacer sa personne derrière celle du dieu Mithra. Sur ses monnaies (Fig. 2), le roi ne nous livre pas son portrait, mais celui du dieu iranien figuré comme un Apollon grec tenant une flèche. Au lieu de son nom, il ne nous livre qu'un titre : *Sôtèr Mégas* « le Sauveur, le Grand », assimilant sa personne à celle du dieu solaire et sauveur. Provenant des mêmes régions, un sceau un peu plus tardif (Fig. 3) montre Mithra solaire surgissant de derrière la montagne, prêt à dégainer l'épée, tandis qu'un fidèle le supplie les mains étendues. Relisons Lactance : « les pieux et les fidèles (…) tendront leurs mains vers le Ciel avec des pleurs et des lamentations, et imploreront la protection de Jupiter ; Dieu enverra du Ciel un grand roi »[36]. Certes la montagne derrière laquelle surgit le Mithra du sceau est le Mont Harā, géographiquement identifiable à l'Hindukush central[37], tandis que le Sauveur zoroastrien apparaîtra sur le Mont Ushadhā au Sistān (*Zamyād Yasht*), ou bien sur le Mont Hukairya que la tradition tardive situe dans la région caspienne. L'analogie de mise en scène n'en est pas moins saisissante.

---

[34] D. Flusser, *op. cit.*, p. 62–64.

[35] J'ai discuté ces deux documents, et d'autres, dans F. Grenet, « Mithra, dieu iranien : nouvelles données », *Topoi* 11 (2001–2003), p. 35–58.

[36] Lactance, *Institutions divines* VII 17.11.

[37] I. Gershevitch, *The Avestan hymn to Mithra*, Oriental Publications 4, Cambridge, University Press, 1959.

Fig. 2. Empreinte de sceau (Afghanistan, fin du IVe ou début du Ve s.) : Mithra solaire prêt à dégainer l'épée surgit de derrière la montagne pendant qu'un fidèle le supplie, les mains étendues (document British Museum).

Fig. 3. Monnaie du roi anonyme Sôtèr Mégas (Afghanistan, fin du Ier s. de notre ère) : à l'avers, Mithra figuré comme un Apollon grec tenant une flèche ; au revers, le roi cavalier (document O. Bopearachchi).

J'espère avoir convaincu de la présence d'un élément iranien dans l'apocalyptique judéo-chrétienne, durant les siècles précisément où elle cesse d'être juive pour devenir chrétienne. Les modalités concrètes de transmission et de réception des thèmes restent l'objet d'une enquête encore largement inachevée. Seule ou presque, à ma connaissance, Mary Boyce a tenté de poser le problème en termes sociologiques[38] : pourquoi l'influence iranienne se détecte-t-elle de manière privilégiée dans certains écrits esséniens, un milieu juif marginal même s'il a au bout du compte exercé une influence certaine sur les débuts du christianisme ? Elle suggère que les ancêtres des *ḥasidim*, les « pieux » qui émergent dans l'histoire judéenne au moment de la révolte des Maccabées et qui, dès le début, manifestent une croyance très affirmée en la résurrection des corps (2 M 7, 9–29 ; 14, 46), auraient pu être influencés par leurs employeurs perses au cours de leur domination sur la Judée[39]. Même si le mouvement essénien doit son origine première à un schisme dans le milieu sacerdotal au moment de la mainmise de la famille hasmonéenne sur le Temple[40], ses adeptes se recrutaient majoritairement dans les milieux populaires et ils revendiquaient pour eux-mêmes le nom de « *ḥasidim* », origine probable de celui des « esséniens »[41]. Quant aux *Oracles d'Hystaspe*, dont le noyau iranien me paraît décidément résister à toutes les tentatives de déconstruction[42], ils ne peuvent s'expliquer à mon sens que comme un acte délibéré de propagande anti-romaine. Ils ont sans doute été produits dans un milieu juif ou judéo-chrétien très bien informé des doctrines iraniennes, dans le but de montrer que les Perses, putatifs vainqueurs de l'Empire, nourrissaient des doctrines confortant les attentes de ceux que le pouvoir romain

---

[38] M. BOYCE, F. GRENET, *op. cit.,* notamment p. 405–412 et 419.

[39] M. BOYCE, *op. cit.,* p. 412 : « If this was so, it is readily understandable that it should have been poorer Jews who were exposed to Zoroastrianism in ways that wealthy Jewish landowners and priests were not ».

[40] S.C. MIMOUNI, dans S.C. MIMOUNI et P. MARAVAL, *Le Christianisme des origines à Constantin*, Paris, PUF, 2006, p. 35–36.

[41] S.C. MIMOUNI, *op. cit.*; É. PUECH, *op. cit.,* p. 97. Cependant, je dois à Émile Puech la suggestion alternative selon laquelle ces doctrines iraniennes se seraient trouvées dans certains des livres de la bibliothèque du Temple de Jérusalem dont auraient hérité les fondateurs sacerdotaux de la secte essénienne.

[42] La seule échappatoire possible serait de supposer qu'aux VIe–IXe siècles les rédacteurs du *Zand ī Wahman Yasn*, ou tout au moins des passages qui présentent des correspondances littérales avec les *Oracles*, avaient accès à ces derniers (qu'en Occident plus personne après Lydus au VIe siècle ne se prévaut d'avoir directement consultés), ou à des textes qui en dérivaient, ainsi la Huitième Sibylle. Cela paraît bien difficile à soutenir, ne serait-ce que parce que de tels textes n'existent pas dans la littérature syriaque qui est l'intermédiaire historique entre la littérature gréco-latine et la littérature pehlevie. L'*Apocalypse de Baruch*, qui dans la Bible syriaque a longtemps remplacé celle de Jean, présente encore moins que celle-ci de correspondances décelables avec les *Oracles*.

opprimait. La circonstance provocatrice aurait pu être l'invasion parthe de 40 av. notre ère, ou bien, cent cinquante ans plus tard, la rébellion des provinces orientales au lendemain des éphémères conquêtes parthes de Trajan, alors qu'en Mésopotamie Elchasaï, fondateur de la secte baptiste des Elchasaïtes où Mani fut d'abord éduqué, prophétisait lui aussi la chute imminente de l'Empire[43].

Si, au terme de cet examen, une donnée doit s'imposer, c'est le métissage des croyances et des expressions. Dès le moment où elles se sont trouvées en contact, c'est-à-dire au lendemain de la captivité de Babylone, les doctrines juives et iraniennes du salut de l'humanité ont su se reconnaître. Cette symbiose, certes d'intensité variable selon les milieux et les époques, s'est trouvée être particulièrement active au moment où la littérature chrétienne prenait naissance. Il est vain de prétendre reconstruire, comme on a parfois tenté de le faire, une pure apocalyptique iranienne, juive ou chrétienne, observées dans leur fraîcheur printanière. Il faut le redire une fois de plus : c'est à travers l'autre qu'on se saisit le mieux soi-même.

---

[43] D. FLUSSER, *op. cit.*, p. 40–41, rapproche l'apocalypse d'Elchasaï (connue seulement par les réfutations chrétiennes d'Hippolyte et d'Épiphane) des *Oracles d'Hystaspe*. Il faut cependant souligner que, mis à part les thèmes politiques de l'apocalypse, la doctrine elchasaïte telle qu'elle nous a été transmise ne présente aucun élément iranien reconnaissable. M. PHILONENKO (« Les "Oracles d'Hystaspe" et deux textes qumraniens », *Semitica* 47 (1997), p. 111–115) signale que la doctrine du raccourcissement des années et des jours, étrangère à la Bible juive mais commune aux *Oracles d'Hystaspe* et au *ZWY*, se retrouve dans le fragment qumrânien 4Q385 3. Par ailleurs, il décèle un parallèle phraséologique très étroit entre la *Règle de la Communauté* VIII 12–14, et Lactance VII,17.10, deux passages où il est question de la séparation des justes d'avec les méchants et de leur fuite au désert, et suppose que le lien de dépendance est du premier texte vers le second. Cependant, comme la *Règle de la Communauté* était un texte qui ne circulait pas, il me semble que l'hypothèse d'un emprunt essénien aux *Oracles* à une source iranienne ne saurait être écartée.

JÉSUS : MESSIE « FILS DE DAVID » ET MESSIE « FILS D'AARON »

Simon C. Mimouni

Toute doctrine messianique est une idéologie qui repose sur un ou des penseurs lui insufflant telle ou telle orientation spécifique. Le messianisme davidique comme le messianisme sacerdotal, qui apparaissent très liés, proviennent, l'un comme l'autre, de milieux issus de la classe lévitique, des prêtres et des scribes, qui gravitent autour du temple de Jérusalem et qui en sont restés très attachés. Ces messianismes ont pour objectif de proclamer, voire de répandre, la croyance en la messianité de Jésus auprès des Judéens de Palestine : pour ce faire, ils font valoir son origine, soit davidique soit sacerdotale, au travers de généalogies dont le caractère factice n'est que trop évident – à moins de prêter plus attention à ce que disent les sources, de les croire . . . Les chrétiens d'origine judéenne, vraisemblablement ce que l'on appelle les nazoréens, ont chargé leur Messie des deux titres de « roi » et de « prêtre » – comme l'ont fait aussi, avant eux, les esséniens.

La consultation de quelques manuels de christologie montre qu'il y est rarement question des figures du « Fils de David » et du « Fils d'Aaron » pour qualifier Jésus de Nazareth[1]. C'est dire combien ces figures n'ont guère attiré l'attention des dogmaticiens en dehors des exégètes et des historiens – ce sans doute pour diverses raisons d'ordre théologique dans lesquelles on ne peut entrer ici.

On va montrer que ces figures sont d'origine judéenne et qu'elles sont marquées par des idéologies trop ethniquement orientées – des idéologies qui ont conduit aux révoltes judéennes contre Rome, celles de 66–74, de 115–117 et de 132–135. Raisons pour lesquelles, sans doute, ces figures n'ont pas été reprises par la plupart des penseurs chrétiens, à l'exception de ceux qui sont d'origine judéenne.

Elles posent le problème des généalogies de Jésus qu'on ne peut pas traiter ici, mais que l'on doit cependant signaler[2] : le témoin le plus

---

[1] Voir par exemple J. Doré, B. Lauret, J. Schmitt, *Christologie*, Paris, Cerf, 2003⁴ ou H. Blocher, *La Doctrine du Christ*, Vaux-sur Seine, EDIFAC, 2002.

[2] À ce sujet, voir V. Gillet-Didier, « Généalogies anciennes, généalogies nouvelles. Formes et fonctions », *Cahiers Foi et Vie* 99 (2001), p. 3–12.

ancien et le plus important, en dehors de l'Évangile selon Matthieu et de l'Évangile selon Luc, étant Jules Africain qui écrit en Palestine dans les années 240[3].

La double attente messianique se rencontre par ailleurs, de diverses manières, dans le mouvement essénien : dans la *Règle de la Communauté*, deux messies sont annoncés, un messie-prêtre et un messie-roi, qui restaureront les pouvoirs sacerdotaux et régaliens (IX 10–11) ; dans l'*Écrit de Damas*, est évoqué au singulier « l'avènement de l'oint d'Aaron et d'Israël » (XII 23–XIII 1)[4].

Avant d'aborder successivement les figures de Jésus comme Messie « Fils d'Aaron » et comme Messie « Fils de David », il convient de donner des éléments d'introduction d'ordre épistémologique et méthodologique à la question du messianisme dans le christianisme[5].

Le messianisme dans le christianisme

Il convient en principe de distinguer messianisme et prophétisme, d'autant que dans la première de ces deux idéologies est proclamé *un* messie tandis que dans la seconde sont reconnu *des* prophètes : unicité dans le premier cas ; pluralité dans le second cas.

De fait, le messianisme et le prophétisme ont reçu dans le mouvement chrétien des développements originaux par rapport à leurs équivalents dans les autres mouvements théologico-politiques du judaïsme. À cela une raison : la doctrine chrétienne repose sur le Messie qui est arrivé et dont on attend le retour alors que les autres mouvements, toutes tendances confondues, restent toujours en attente de Messie.

Le messianisme comme le prophétisme tiennent, par conséquent, une place différente selon que l'on est dans le registre du christianisme ou dans le registre des autres mouvements composant le judaïsme. Il convient cependant de relever que Jésus, de son vivant, a été considéré par ses disciples comme prophète et non pas comme messie – c'est la thèse qui a été déployée jadis dans un article publié en 2002[6].

---

    [3] À ce sujet, voir plus loin.
    [4] Voir J.J. COLLINS, *The Scepter and the Star. Messianism in Light of the Dead Sea Scrolls*, Grand Rapids, Eerdmans, 2010 (1995).
    [5] L'originalité de ces notes est fort relative, tellement elles sont redevables à ceux qui nous ont précédés dans un domaine aux publications foisonnantes.
    [6] Voir S.C. MIMOUNI, « Jésus de Nazareth : personnage prophétique ou messianique ? », dans *Nier les dieux, nier Dieu*, G. DORIVAL, D. PRALON (éd.), Aix-en-Provence, PUP, 2002,

Tous les développements dont il s'agit, messianisme ou prophétisme, sont d'ordre idéologique : en ce sens qu'ils ont émergé et évolué dans des contextes sociaux précis – ce qui permet de comprendre leurs richesses et leurs divergences.

L'identification de Jésus de Nazareth, non seulement avec un messie, mais aussi avec le Messie attendu par le peuple judéen, appartient au cœur de l'essentiel de la croyance de ses premiers disciples[7]. Cette identification a été tellement centrale et décisive pour les proclamations doctrinales des premières communautés qui se réclament de Jésus de Nazareth que, moins d'une génération après sa crucifixion, le néologisme grec « chrétien » a été forgé dans la communauté chrétienne d'origine judéenne hellénophone d'Antioche en Syrie (Ac 11, 26). Ce terme a eu une telle diffusion, qu'un peu plus tard, le roi Agrippa II s'en sert tout naturellement dans sa réponse à Paul (Ac 26, 28).

En réalité, la formule originelle de « Jésus le Christ », ou « le Christ Jésus », a été si généralement utilisée et a fait si bien partie du langage quotidien que, dans les cercles pagano-chrétiens (évangélisés par Paul), elle s'est contractée pour devenir « Jésus-Christ » et même « Christ ». Ainsi, désignation d'une fonction au départ, le terme est devenu un nom propre.

Deux questions doivent être posées pour une approche du messianisme dans le mouvement chrétien du Ier siècle : (1) que représente le messianisme pour les contemporains de Jésus ? (2) les témoignages chrétiens les plus anciens permettent-ils de saisir si lui-même et ses disciples immédiats ont cru qu'il a accompli ces espérances ? On a souvent répondu à la première, mais pas vraiment à la seconde. À cette fin, disons ou redisons que dans le monde judéen du Ier siècle de notre ère, le terme « messie » est utilisé pour désigner un « sauveur » ou un « rédempteur », dont les formes et les apparences peuvent être diverses. Malgré cet aspect de la question qui est évident, il convient mieux de s'attacher à la différence entre l'attente messianique générale chez les Judéens de Palestine, et les spéculations messianiques particulières à des minorités cultivées et/ou ésotériques.

Quoi qu'il en soit, à cette époque, si un homme se proclamait ou était proclamé « le Messie », les auditeurs auraient tout naturellement entendu par là le « rédempteur davidique », le « Fils de David » et se seraient

---

p. 225–252 (= *Les traditions anciennes sur la Dormition et l'Assomption de Marie. Études littéraires, historiques et doctrinales*, Leyde, Brill, 2011, p. 341–364).

[7] À ce sujet, voir G. VERMES, *Jésus le Juif. Les documents évangéliques à l'épreuve d'un historien*, Paris, Desclée, 1978, p. 173–210.

attendus à voir une personne douée d'un ensemble précis de qualités comme la vaillance militaire, la justice et la sainteté.

Il y a en plus dans la question, toujours à cette époque, un aspect spéculatif qui est à maints égards essentiel.

L'idée d'un personnage messianique, qui remplit toutes les fonctions d'ordre sacerdotal, prophétique et monarchique, est répandue dans certains milieux ésotériques judéens. En effet, la méditation et la réflexion messianiques vont de pair parfois avec la croyance que le Messie est déjà venu : il est fait allusion ainsi à la dissimulation « dans le ciel » et à la révélation ultérieure d'un Messie « préexistant », et aussi, bien que l'attestation est peut-être tardive, à un Messie « mis à mort » (Testament de Lévi XVIII, 2–7).

Observons encore dans ces quelques remarques subsidiaires, que Jésus ne s'est jamais affirmé directement ou spontanément Messie : ce fait est admis par la plupart des exégètes chrétiens, même s'il n'est pas évident au regard des textes qui peuvent parfois revêtir une certaine ambigüité (voir par exemple Mt 16, 13–20).

Le titre traditionnel de « Messie » qui lui est attribué est donc fondé, au mieux, par des preuves indirectes. Ce qui permet de comprendre la diversité de sa perception comme Fils de David ou comme Fils d'Aaron – comme messie royal ou comme messie sacerdotal.

La figure de Jésus comme Messie Fils de David

Dans le mouvement chrétien, la figure de Jésus comme Messie Fils de David est une tradition que l'on trouve dans la documentation canonique, mais qui est absente dans toute autre documentation, en dehors d'Hégésippe[8]. Paul semble le premier, dans le temps, à préciser que le « Fils de Dieu » est « né de la semence de David selon la chair » (Rm 1, 3). L'auteur de la Deuxième Épître à Timothée, relevant d'un cercle paulinien, reprend cette information dans une profession de croyance messianique (2 Tm 2, 8). Il en est de même dans l'Apocalypse de Jean où Jésus est qualifié par deux fois comme « la racine » ou « le rejeton de David » (Ap 5, 5) et « le rejeton » de « la lignée de David » (Ap 22, 16), indiquant de surcroît qu'il est celui qui ouvrira le « Livre scellé de sept sceaux » (Ap 5, 5). L'appartenance de Jésus à cette même lignée davidique est également mentionnée dans les

---

[8] À ce sujet, voir C. BURGER, *Jesus als Davidssohn. Eine traditionsgeschichtliche Untersuchung*, FRLANT 98, Göttingen, Vandenhoeck und Ruprecht, 1970.

Évangiles synoptiques et dans les Actes des Apôtres. Elle est notamment exprimée dans les généalogies figurant dans l'Évangile selon Matthieu (Mt 1, 1–18) et dans l'Évangile selon Luc (Lc 3, 23–38) qui veulent placer Jésus dans la chaîne d'une filiation davidique. Il en est aussi question dans les récits de l'enfance chez Mt 1, 20 et 2, 2–6 comme chez Lc 1, 26.32 et 2, 4–5. De plus, dans l'Évangile selon Luc, on trouve une insistance particulièrement davidique et messianique dans le Psaume de Zacharie (Lc 1, 68–79) et par l'annonce de la naissance par les anges aux bergers (Lc 2, 10–11).

Dans les Actes des Apôtres, il en est encore question dans le premier discours public de Pierre lors de la fête de Pentecôte (Ac 2, 14–30) et dans le discours de Paul à Antioche de Pisidie (Ac 13, 16–41). En revanche, il n'en est pas question dans l'Évangile selon Jean et elle est ignorée, apparemment par omission, dans l'Évangile selon Marc.

Hégésippe, vers le milieu du IIe siècle, un chrétien d'origine judéenne, affirme sans aucune réticence la filiation davidique de Jésus dans un épisode montrant que l'ascendance davidique de la famille de Jésus est, à la fin du Ier siècle, acceptée à la fois par les membres de la parenté et par les autorités impériales romaines (Eusèbe de Césarée, *Histoire ecclésiastique* III, 12.19–20)[9].

Il n'y aurait donc pas de raison majeure de douter que Jésus ait appartenu à « la semence de David » : aucun témoignage ne venant le contredire de manière explicite, même si cette filiation est parfois discutée ou refusée – notamment en Jn 7, 40–43.

C'est pourquoi la question mérite d'être reprise en raison non seulement des différences entre les quatre évangiles, mais aussi en raison de la subtilité des deux évangiles de l'enfance, mais encore parce que tous discutent cette filiation même quand ils l'expriment positivement. Cette complexité provient du fait que la figure du roi David, au Ier siècle de notre ère, n'est pas seulement celle d'un personnage prestigieux du passé judéen, elle est aussi celle d'une représentation collective de l'avenir du peuple judéen. Autrement exprimé, le roi David est la figure messianique par excellence : en effet, le Messie, l'Oint, attendu par les Judéens est généralement le Fils de David et il doit être le Fils de David – comme il est observé en Ac 1, 6, « la restauration de la royauté en Israël est le relèvement de David ».

---

[9] À ce sujet, voir S.C. MIMOUNI, « La tradition de la succession 'dynastique' de Jésus », dans *Pèlerinages et lieux saints dans l'Antiquité et le Moyen Âge. Mélanges offerts à Pierre Maraval*, B. CASEAU, J.-C. CHEYNET, V. DÉROCHE (éd.), Paris, Association des Amis du Centre d'histoire et civilisation de Byzance, 2006, p. 291–304.

La question de l'appartenance de Jésus à la descendance de la maison de David peut se dédoubler en deux moments essentiels : (1) l'appartenance de Jésus à la lignée davidique est-elle un fait réel ? Ou bien (2) est-elle une croyance née de la ferveur messianique des disciples et des foules identifiant Jésus comme le Messie ?

On ne fera ici que poser quelques jalons à une question difficile et controversée car de son appréciation dépendra la manière dont on peut percevoir Jésus et les nombreuses figures développées dans les premières communautés qui sont issues des interprétations multiples s'opposant tout au long du Ier siècle, et sans doute après[10].

Dans le judaïsme, l'attente du messie royal, davidique, est largement répandue, même s'il est difficile de dire à partir de quand elle s'exprime avec le titre de « Fils de David ». En tout cas, la plus ancienne attestation connue de ce titre se trouve dans les *Psaumes de Salomon*, en 17, 21. Quant aux attestations dans la littérature essénienne ou dans la littérature rabbinique, elles sont soit imprécises, pour les premières, soit tardives, pour les secondes.

La figure de David que l'on rencontre dans le judaïsme antique est très diverse : ce personnage emblématique et symbolique est, en effet, tour à tour considéré comme un roi victorieux, un roi et un juge idéal, un psalmiste, un prophète, un exorciste, un pieux et un juste, enfin comme le fondateur du culte du temple de Jérusalem[11].

L'appartenance de Jésus à la lignée davidique est-elle un fait réel ?

Seules les généalogies de Jésus fournies en Mt 1, 1–18 et en Lc 3, 23–38 permettent de répondre à cette question et ce malgré leurs importantes différences[12]. Or ces deux généalogies sont non seulement très différentes, mais encore parfaitement incompatibles : des divergences qui rendent

---

[10] Voir J.-M. VAN CANGH, « 'Fils de David' dans les Évangiles synoptiques », dans *Les sources judaïques du Nouveau Testament*, BETL 204, Louvain, Peeters, 2008, p. 551–602.

[11] À ce sujet, voir K.E. POMYKALA, « Images of David in Early Judaism », dans *Of Scribes and Sages: Early Jewish Interpretation and Transmission of Scripture, I. Ancient Versions and Traditions*, C.A. EVANS (éd.), Londres-New York, T&T Clark, 2004, p. 33–46. Voir aussi K.E. POMYKALA, *The Davidic Dynasty tradition in Early Judaism: Its History and Significance for Messianism*, Atlanta, Society of Biblical Literature, 1995.

[12] À ce sujet, voir M.D. JOHNSON, *The Purpose of the Biblical Genealogies: with special reference to the setting of genealogies of Jesus*, SNTSMS 8 Cambridge, University Press, 1969. Voir aussi R.E. BROWN, *The Birth of the Messiah*, Londres, 1993 (réédition, cop. 1977). Voir encore R. BAUCKHAM, *Jude and the Relatives of Jesus in the Early Church*, Edimbourg, T&T Clark, 1990, p. 315–373.

d'ailleurs futiles toutes les tentatives, souvent très ingénieuses, d'harmonisation. La sécheresse narrative de ces deux généalogies ne doit pas dissimuler leur appartenance à un genre littéraire dont les évangélistes usent de manière différente. Observons déjà que l'hypothèse, parfois avancée, selon laquelle la généalogie de Luc représenterait l'ascendance de Jésus du côté de sa mère est absolument sans fondement.

Les exégètes ont longtemps estimé que les généalogies de Matthieu et de Luc prouvent de manière indubitable la réalité de l'origine davidique de Jésus et de sa famille. Actuellement, cette position est de moins en moins admise par les exégètes qui estiment que les généalogies sont complexes et ne permettent nullement une conclusion aussi tranchée. Dans ces généalogies, Matthieu et Luc présentent la lignée de Jésus du côté de Joseph, son père adoptif suivant les données mêmes de ces évangiles. Comme à l'époque, la paternité légale, qui prime sur la paternité biologique, confère tous les droits héréditaires, ces généalogies veulent donc bien tout de même présenter à leurs destinataires l'ascendance davidique de Jésus. Précisons encore que la généalogie de Matthieu remonte seulement à Abraham, tandis que celle de Luc remonte jusqu'à Adam – un choix qui résulte de considérations théologiques précises, sans doute en fonction des destinataires : chrétiens plutôt d'origine judéenne pour la première et chrétiens plutôt d'origine grecque pour la seconde.

En bref, car on ne peut ici entrer dans une analyse détaillée, si la généalogie de Jésus selon Matthieu est une lecture et une interprétation de la lignée davidique dans le passé d'Israël, celle selon Luc intronise Jésus comme fils au sens messianique du terme. Autrement dit, les deux généalogies affirment, par des moyens littéraires qui leur sont propres, en puisant surtout dans les Écritures saintes d'Israël, que Jésus est et n'est pas Fils de David. En effet, ni chez Matthieu ni chez Luc, le lecteur ne peut trouver une raison suffisante pour dénier à Jésus la filiation davidique, en revanche, il se heurte au paradoxe d'une filiation que l'un et l'autre évangéliste affichent en une sorte d'énigme dans une lignée discontinue ou bien ramenée à l'humanité indivisible en Adam et jusqu'à une origine inappropriable au Dieu d'Israël. C'est que Matthieu et Luc veulent faire de Jésus un personnage « mystique », hors du commun des mortels, mais sans lui enlever sa filiation davidique : sinon il ne pourrait pas être identifié comme le Messie. Ainsi, ils sont l'un et l'autre profondément marqués par la culture judéenne de leur temps qui veut que le Messie doit être nécessairement de la lignée davidique – cela a d'ailleurs été le cas pour tout « chef » du peuple judéen, et ce durant longtemps. Une revendication qui a permis de légitimer toute autorité : ainsi, par exemple, celle des patriarches de la Palestine romaine et celle des exilarques de la Babylonie iranienne.

R. Bauckham a défendu l'historicité de la généalogie donnée par Luc en essayant de montrer qu'elle repose sur des traditions familiales bien établies[13]. Une hypothèse dont il a tenté de trouver la confirmation dans le fait qu'il décèle en Jude 6 une allusion à 1 Hénoch 10, 12 (= 4QEn 1, 4.10) – il s'agit d'un passage selon lequel à la septième génération du temps du monde, l'archange Michel a reçu l'ordre d'enchaîner les Veilleurs pour 70 générations jusqu'au jour de leur jugement : dans un tel schéma, les semaines rythment le temps et chaque sabbat revêt une importance particulière. Ainsi, selon lui, cela serait aussi le cas en Lc 3, 23–38 où Jésus survient en dernier lieu, lors de la 77e semaine, au moment où doit justement prendre place le dernier jugement. Parmi, les autres arguments avancés, il mentionne un témoignage de Jules Africain qui, après avoir tenté de démontrer la compatibilité des généalogies de Matthieu et de Luc, indique qu'elles proviennent de membres de la famille de Joseph. D'après ce même témoignage, Hérode aurait fait détruire les généalogies des grandes familles et seules quelques unes, dont celle de Joseph, auraient réussi à reconstituer leur ascendance en se fondant sur des traditions orales et sur des documents ayant échappé à la destruction. Un point de vue contredit cependant par P.-A. Bernheim pour qui le témoignage de Jules Africain semble plutôt montrer que les chrétiens éprouvent des difficultés à justifier l'authenticité des généalogies de Jésus puisqu'ils doivent recourir à l'argument malaisé, voire douteux, des documents détruits[14]. Par ailleurs, R. Bauckham observe l'existence d'une ancienne tradition judéenne qui fait descendre le messie de David par une branche non royale de la famille, comme c'est le cas dans l'Évangile selon Luc. Ce faisceau d'hypothèses, ingénieuses au demeurant, ne renforce pas nécessairement l'argumentation de leur auteur car elles sont parfois tissées de manière trop complexe pour être convaincantes.

Bref, on ne peut manquer de le constater, les généalogies de Jésus ne permettent pas de confirmer aisément son origine davidique car elles ne sont pas suffisamment fiables du point de vue historique. Il est donc difficile de prouver la réalité de l'appartenance de Jésus à la lignée davidique à partir des généalogies de Matthieu et de Luc dont le caractère fictif n'est que trop évident.

[13] R. BAUCKHAM, *op. cit.*, p. 315–373.
[14] P.-A. BERNHEIM, *Jacques, frère de Jésus*, Paris, Noêsis, 1996, p. 60.

L'appartenance de Jésus à la lignée davidique est-elle une croyance née de la ferveur messianique des disciples et des foules identifiant Jésus comme le Messie ?

On doit se demander si cette question renvoie à une présentation de Jésus de Nazareth qui est conforme à ses actions et à ses paroles ou bien s'il s'agit d'une relecture élaborée par ses disciples après sa mort à une époque difficile à déterminer : autrement exprimé, remonte-t-elle, oui ou non, à l'époque de Jésus ? Cela conduit à une autre question que l'on doit absolument poser : Jésus de Nazareth a-t-il été un prophète mis en échec, c'est-à-dire défait, dont l'identité et la portée ont été modifiées par ses disciples mais non par sa famille[15] ?

Les premiers textes chrétiens manifestent une vénération messianique, laquelle enflamme le monde judéen de la Palestine au Ier siècle de notre ère : dans un tel contexte, le titre de « Fils de David » est nécessairement synonyme de Messie/Oint. Dans l'Évangile selon Matthieu et dans l'Évangile selon Luc, cette équivalence entre David et le Messie est posée dès l'entrée de ces ouvrages, dans les récits de l'enfance (Mt 2, 2–6 ; Lc 1, 26–27.32.68–75 et 2, 4–5). Dans l'Évangile selon Luc, cette équivalence est éloquente : « je viens vous annoncer (…) un Sauveur qui est le Christ du Seigneur dans la ville de David » (Lc 2, 10–11). Dans l'Évangile selon Matthieu, des personnages interpellent Jésus par le titre « Fils de David » : par deux aveugles à deux reprises (Mt 9, 27–31 ; 20, 29–34), par la Cananéenne (Mt 15, 21–28), et par la foule lors de l'entrée triomphale de Jésus à Jérusalem (Mt 21, 1–17). De plus, si l'Évangile selon Matthieu est celui des quatre évangiles qui proclame le plus l'ascendance davidique de Jésus, l'Évangile selon Marc est celui qui la proclame le moins[16]. Dans les trois évangiles synoptiques, la filiation davidique du Messie ou de Jésus est discutée de manière explicite : à la question posée, Jésus rétorque toujours une objection en argumentant à partir du Ps 110, 1 (Mc 12, 35–37 ; Mt 22, 41–46 ; Lc 20, 41–44). L'Évangile selon Jean rapporte, pour sa part, une intéressante discussion où s'affrontent trois groupes : ceux qui reconnaissent en Jésus « le prophète », ceux qui le reconnaissent comme « le Messie » et ceux qui ne le reconnaissent pas du tout – pour ces derniers, le Messie doit être « de la semence de David et originaire de Bethléem », ce qui n'est pas le cas de Jésus car son origine galiléenne est connue de tous

---

15   À ce sujet, voir S.C. MIMOUNI, « Jésus de Nazareth », *op. cit.*, p. 225–252.

16   Voir S.H. SMITH, « The Function of the Son of David Tradition in the Mark's Gospel », *NTS* 42 (1996), p. 523–539.

(Jn 7, 40–43). C'est la seule référence à David dans l'Évangile selon Jean –
voir aussi cependant Jn 6, 14–15.

On ne peut que répondre positivement à la question posée : cette
croyance de l'appartenance de Jésus à la lignée davidique paraît avoir été
une conséquence de la vénération messianique des disciples et des foules
identifiant Jésus comme le Messie. Matthieu l'affirme clairement quant à
sa présentation de la figure de Jésus. Luc l'accepte. Marc l'ignore. Jean la
discute explicitement mais ne se prononce pas clairement, du moins en
apparence.

*Jésus a-t-il été un messie royal pour le monde terrestre ou un messie
mystique pour le monde céleste ?*

Cette question pose le problème des divers aspects de son caractère messianique. Autrement dit, la question de la filiation davidique de Jésus
est-elle oui ou non identique à celle de son identité messianique ? Il est
certain que l'héritage du message de Jésus a été apprécié de différentes
manières après sa mort : d'une part par ses parents, d'autre part par ses
disciples – sans compter les foules. Une autre question se pose : comment
distinguer les actions et les paroles du Jésus réel de celui de la tradition
qui les a interprétées de diverses manières et en fonction des multiples
circonstances politiques des deux premiers siècles qui touchent le monde
judéen et donc le mouvement chrétien ? Ce n'est pas le moment de répondre à ces délicates questions, d'autant que la documentation est contra-
dictoire à cause du procédé de la dissimulation amphibologique qui y
est utilisé. On dira seulement que l'Évangile selon Jean est un des rares
documents qui a conservé des traces de discussions au sujet du caractère
prophétique ou messianique de Jésus. Le passage entier de Jn 7, 37–52 est
un témoignage fondamental de ces discussions, d'autant qu'elles ont lieu
à Jérusalem lors de la fête de Soukkot – la célébration royale/messianique
par excellence à cette époque[17].

La qualification galiléenne est un élément important pour comprendre
la perception de Jésus par ses opposants, car il ne faut pas oublier que les
sicaires ont aussi été identifiés comme Galiléens à cause notamment du
clan de Judas de Galilée ou de Gamala : c'est une qualification qui conduit

---

[17] À ce sujet, voir L. DEVILLERS, *La Fête de l'Envoyé. La section johannique de la fête
des tentes (Jean 7, 1–10, 21) et la christologie*, Études bibliques. Nouvelle série no 49, Paris,
Gabalda, 2002, p. 308–311 et p. 313–348.

à la crucifixion, moins de 47/46 avant notre ère jusqu'en 73/74 de notre ère, voire après, un certain nombre d'opposants aux pouvoirs en place.

À l'époque de la composition de l'Évangile selon Jean, la question du caractère prophétique ou du caractère messianique d'un personnage charismatique se pose avec une grande acuité : c'est le cas pour Jésus (Jn 7, 40–43), mais c'est aussi le cas pour Jean le Baptiste (Jn 1, 21).

Il est certain que Jésus a été renvoyé, après sa mort, de la sphère terrestre à la sphère céleste, mais le problème est de savoir à quelle époque ce transfert théologique a eu lieu. L'Évangile selon Jean semble avoir été un des témoins de ce transfert : seulement voilà, on le considère comme des années 100 – peut-être faudrait-il revenir sur cette datation et prendre en considération celle proposée par J. Genot-Bismuth et par bien d'autres qui proposent de le situer autour des années 60[18] ? Une datation qui n'est pas évidente mais dont il faudrait reprendre l'étude afin de la déterminer avec plus d'arguments, car il se pourrait bien qu'elle ne soit pas impossible.

*Le Fils de David dans l'*Évangile selon Matthieu[19]

L'auteur de cet évangile utilise à dix reprises, directement ou indirectement, le titre de « Fils de David », alors que Marc et Luc ne le reprennent que trois fois chacun. Matthieu a largement développé la figure du Fils de David comme thérapeute et exorciste qu'on ne rencontre pas ailleurs dans la tradition judéenne, si ce n'est à travers la figure de Salomon comme magicien[20].

Matthieu présente Jésus comme un messie pacifique et humble de cœur que les foules acclament lors de son entrée à Jérusalem (Mt 21, 8–9). Il indique que l'application du titre de « Fils de David » à Jésus par les foules suscite un rejet violent de la part des autorités religieuses qui tentent d'accréditer l'idée que c'est plutôt un magicien et un imposteur (Mt 21, 23–27). Il complète ce titre par ceux de « Fils de l'Homme » et de « Seigneur » dans une sorte d'élargissement de la messianité de Jésus – ce dernier titre paraissant fonctionner, en Mt 15, 22 et 20, 30.31, comme

---

[18] J. Genot-Bismuth, *Un homme nommé salut. Genèse d'une « hérésie » à Jérusalem*, Paris, OEIL, 1986.

[19] À ce sujet, voir C. Focant, « La christologie de Matthieu à la croisée des chemins », *RTL* 41 (2010), p. 3–31, sp. 15–19.

[20] À ce sujet, voir D.C. Duling, « Solomon, Exorcism, and the Son of David », HTS 68 (1975), p. 235–252 ; C. Grappe, « Jésus exorciste à la lumière des pratiques et des attentes de son temps », *RB* 110 (2003), p. 178–196, sp. 191.

l'interprète autorisé et universel du titre de « Fils de David » qui met l'accent sur la messianité judéenne.

On considère généralement que si Matthieu a développé de manière si originale la titulature de « Fils de David », c'est à cause du contexte dans lequel il écrit et qui se trouve à la « croisée des chemins » entre les Judéens chrétiens et les Judéens non chrétiens[21] : il s'agit d'une intense polémique intra-judéenne qui ne fait que commencer et qui se poursuivra durant des siècles. Les disciples de Jésus, du moins ceux de la communauté de Matthieu, sont accusés, comme leur maître Jésus (Mt 12, 24), d'être des magiciens au service de Béelzéboul (Mt 10, 25b). Comme leur maître, qui est accusé d'être un faux messie (Mt 24, 24), les disciples sont traités d'imposteurs (Mt 27, 63–64).

La mise en avant de cette titulature pourrait alors avoir pour objectif de montrer aux opposants de la communauté de Matthieu qu'ils sont aussi Judéens qu'eux et que Jésus est vraiment le Messie issu de la Maison de David de par ses origines (Mt 1, 20) comme de par sa naissance (Mt 2, 1 et 2, 2).

Récapitulatif

Comment déterminer si l'origine davidique de Jésus est une invention des disciples ou si elle remonte à une tradition familiale établie de manière réelle ou fictive ? Il est de toute façon impossible de prouver de manière irréfutable que Joseph est un descendant de David malgré l'affirmation de Mt 1, 20. Pour beaucoup d'exégètes, cette filiation ne serait qu'une affirmation théologique dénuée de tout fondement historique qui aurait été formulée par certains disciples de Jésus après la mort de leur maître. Ces disciples, convaincus du caractère messianique de Jésus, auraient alors naturellement vu en lui le descendant davidique tant attendu – suivant en cela l'annonce qui est faite en 2 S 7, 2–14. Il convient de savoir, on l'a déjà dit, qu'une telle ascendance, chez les Judéens, est fréquente et de nombreux personnages remarquables en ont été revêtus. On peut notamment relever les cas de Hillel le Grand, de Menahem ben Judas[22], un des chefs

---

[21] Voir U. Luz, « L'évangéliste Matthieu : un judéo-chrétien à la croisée des chemins. Réflexion sur le plan narratif du premier évangile », dans *La mémoire et le temps*, D. Marguerat, J. Zumstein (éd.), MdB 23, Genève, Labor & Fides, 1991, p. 77–92. Voir aussi S.C. Mimouni, *Le judéo-christianisme ancien. Essais historiques*, Paris, Cerf, 1998, p. 108–110.

[22] À ce sujet, voir R.A. Horsley, « Menahem in Jerusalem. A Brief Episode among the Sicarii – Not 'Zealot Messianism' », *NovT* 27 (1985), p. 334–348.

de la révolte judéenne contre Rome en 66, et des familles de patriarches dans l'Empire romain ou de celles d'exilarques dans l'Empire iranien. Chaque fois, il est évidemment impossible d'en affirmer ou d'en infirmer la réalité, comme c'est d'ailleurs le cas pour Jésus. Il est probable, pour ne pas dire certain, que ces revendications davidiques soient toutes fictives, fonctionnant comme un attribut de la légitimation d'un pouvoir en train de s'établir.

Dans l'Antiquité, on confère généralement aux personnages exceptionnels le *pedigree* prestigieux approprié qui leur est nécessaire pour légitimer leur pouvoir ou leur charisme : les intéressés, s'ils sont encore vivants, et leur famille n'y trouvent évidemment rien à redire. Au Moyen Âge, de nombreux souverains chrétiens se réclament de la descendance davidique : Charlemagne, par exemple, passera pour un Fils de David – une titulature qui relève évidemment d'une théologie politique permettant d'assurer une certaine légitimité à celui qui en a besoin.

La qualification de « Fils de David », qui est attribuée à Jésus, apparaît comme faisant partie du dispositif théologique mis en place pour montrer à ses fidèles judéens qu'il est bien le Messie attendu par Israël, au même titre que le déplacement de son lieu de naissance de Nazareth à Bethléem et que sa naissance dans une mangeoire – une mention permettant, d'après certains textes bibliques (Lc 2, 7 pourrait évoquer la version de la Septante pour Is 1, 3 ou pour Jr 14, 8[23]) de désigner le sauveur du peuple. Il est possible que cette qualification remonte plus aux milieux des disciples qu'au milieu des parents qui eux ont tendance à se comporter comme des descendants de prêtres ou de lévites – ce qui n'est pas sans poser de problèmes. Il resterait à savoir de manière précise, si jamais c'était le cas, de quel milieu de disciples ce dispositif idéologique provient et à quelle époque il remonte. On peut penser à un milieu pétrinien, plutôt galiléen, mais le milieu paulinien, plutôt diasporique, n'est pas à exclure. Il est discuté, d'ailleurs, dans le milieu johannique qui semble le récuser. Quant à sa date, on peut dire qu'il est antérieur à la première révolte judéenne, celle de 66–74, mais rien n'empêche de le situer peu après la mort de Jésus.

On le constate : beaucoup de questions, peu de réponses avancées avec certitude. En tout cas, il est peu probable que Jésus et sa famille descendent réellement de « la semence de David », d'autant qu'au Ier siècle de notre ère, plus personne ne paraît savoir qui pourrait en descendre. Ce qui a d'ailleurs permis à la revendication de certains chrétiens de s'imposer

---

[23] À ce sujet, voir R.E. BROWN, *The Birth of the Messiah, op. cit.*, p. 418–420.

dans quelques communautés, mais pas, selon toute apparence, dans la communauté de Jérusalem dirigée par la famille de Jésus qui, elle, doit savoir ce qu'il en est. Cette revendication a eu pour conséquence de gommer l'ascendance réelle, qu'il est difficile de retrouver avec certitude.

La figure de Jésus comme Messie « Fils d'Aaron »[24]

La figure de Jésus comme Messie « Fils d'Aaron » est assez rare dans la littérature chrétienne. On la rencontre dans l'Épître aux Hébreux : un écrit canonique du Ier siècle, intégré dans le Nouveau Testament. On la rencontre aussi chez certains auteurs chrétiens postérieurs : Clément de Rome, vers la fin du Ier siècle, qui est d'origine ethnique judéenne[25] ; Hippolyte de Rome, vers le début du IIIe siècle, qui est d'origine ethnique incertaine[26] ; Ambroise de Milan, vers la seconde moitié du IVe siècle, qui est d'origine ethnique non judéenne[27] – sans doute d'autres encore car ce relevé n'est pas exhaustif. On la rencontre encore dans le *Sacerdoce du Christ* ou *Confession de Théodose* : un écrit dit « apocryphe », du VIe siècle, en tout cas non intégré dans le Nouveau Testament ni dans aucun des autres corpus. On la trouve parfois développée à l'époque byzantine dans des textes qu'on classe parmi les récits de controverses entre ce que l'on appelle le judaïsme – de fait le rabbinisme – et le christianisme. Ces textes sont de tendance nettement chrétienne, mais l'origine judéenne de leurs auteurs est évidente[28].

La tradition de la double origine du messie, à la fois fils de Lévi et fils de Juda, se rencontre aussi dans les *Testaments des XII Patriarches* – un écrit qui n'est sans doute pas essénien et pas du Ier siècle avant notre ère, comme l'a avancé son dernier éditeur[29]. Deux variantes de cette tradi-

---

[24] Une version courte de cette partie a déjà été publiée, voir S.C. MIMOUNI, « Jésus, messie "fils d'Aaron" », *Religions et Histoire* 35 (2010), p. 54–59.

[25] Voir A. JAUBERT, « Thèmes lévitiques dans la Prima Clementis », *VC* 18 (1964), p. 193–203.

[26] Voir L. MARIÈS, « Le Messie issu de Lévi chez Hippolyte de Rome », *RSR* 39 (1950–1951), p. 381–396.

[27] Voir *De Benedictionibus Patriarcharum* III, 14, 16.

[28] À ce sujet, voir G. DAGRON, « Jésus prêtre du judaïsme : le demi-succès d'une légende », dans *Leimôn, Studies Presented to Lennart Rydén on his Sixty-Fifth Birthday*, J.O. ROSENQVIST (éd.), Studia byzantina Upsaliensia 6, Uppsala, AAU, Stockholm, Almqvist & Wiksell, 1996, p. 11–24 (= G. DAGRON, V. DÉROCHE, *Juifs et chrétiens en Orient byzantin*, Paris, Association des Amis du Centre d'Histoire et Civilisation de Byzance, 2010, p. 453–463).

[29] Voir M. DE JONGE, *The Testaments of the Twelve Patriarchs*, PVTG 1–2, Leyde, Brill, 1978.

tion s'y trouvent : une première qui prévoit deux messies issus chacun des deux tribus et une seconde qui envisage un seul messie issu d'un mélange des deux tribus[30]. Une tradition qui est extrêmement intéressante car elle a circulé dans des milieux mystiques messianiques non chrétiens et non pharisiens, sans doute de langue et de culture grecque en Palestine après 70 (à rattacher peut-être au judaïsme synagogal[31]), avant de devenir chrétienne – probablement à partir du IVᵉ siècle.

Cette tradition du double caractère de Jésus, à la fois roi et prêtre, refait surface, quelques siècles plus tard, à l'époque de la lutte dans le conflit iconoclaste qui oppose l'empereur et le patriarche de Constantinople.

C'est uniquement à partir de l'Épître aux Hébreux et du *Sacerdoce du Christ* ou *Confession de Théodose* que la question du messianisme sacerdotal va être examinée, en s'étendant plus sur le premier que sur le second tout en tenant compte de la tradition de la double origine messianique qui en est à l'origine.

L'Épître aux Hébreux

L'Épître aux Hébreux accorde une telle importance à la doctrine messianique du sacerdoce du Christ qu'on peut la considérer dans son ensemble comme une prédication centrée sur ce thème. Jésus, le Christ, le Fils de Dieu, est notamment le « prêtre éminent » (Hé 10, 21) ou le « grand prêtre éminent » (Hé 4, 14) : des affirmations qui sont appuyées par un exposé sur le sacerdoce du Christ qui occupe la partie centrale de cet écrit (Hé 3, 1–10, 39)[32]. Les critiques sont extrêmement divisés quand il s'agit de situer l'Épître aux Hébreux dans le temps et dans l'espace. Sans entrer dans cette délicate question, on dira seulement que cet écrit paraît relever d'un milieu judéen de Palestine plus que de Diaspora, mais cependant de langue et de culture grecques, où la classe des prêtres détient une position prépondérante comme paraît l'indiquer l'influence insistante qu'ils

---

[30] Voir Testament de Siméon VII, 1–2 ; Testament de Lévi II, 11 et VIII, 11–15 ; Testament de Dan V, 10 ; Testament de Gad VIII, 1, Testament de Joseph XIX, 6–7 (11–12).

[31] À ce sujet, voir S.C. MIMOUNI, *Le judaïsme ancien du VIᵉ siècle avant notre ère au IIIᵉ siècle de notre ère : des prêtres aux rabbins*, Paris, PUF, 2012, p. 553–566.

[32] À ce sujet, voir A. VANHOYE, « Le Christ, grand-prêtre selon Héb. 2, 17–18 », *NRTh* 91 (1969), p. 449–474 ; A. VANHOYE, « Situation et signification de Hébreux V. 1–10 », *NTS* 22 (1977), p. 445–456. Voir aussi W. HORBURY, « The Aaronic Priesthood in the Epistle to the Hebrew », *JSNT* 19 (1983), p. 43–71 (= *Messianism among Jews and Christians. Twelve Biblical and Historical Studies*, Londres-New York, T&T Clark, 2003, p. 227–254). Voir surtout E.F. MASON, *"You are a Priest Forever": Second Temple Jewish Messianism and the Priestly Christology of the Epistle to the Hebrews*, STDJ 74, Leyde, Brill, 2008.

exercent sur le messianisme sacerdotal particulièrement appuyé qu'on y rencontre[33].

Des membres de la classe lévitique, avant comme après 70, ont en effet rejoint le mouvement chrétien et il ne serait pas étonnant que l'Épître aux Hébreux soit issue de cette catégorie sociétale dont l'ascendance s'est maintenue durant longtemps parmi les Judéens qui n'appartiennent pas au mouvement rabbinique mais relèvent des autres tendances dont la caractéristique principale est d'être majoritaire et de se rattacher à la synagogue et non à l'académie, à la *beth knesset* et non à la *beth midrash*[34].

La mention « Hébreux » qui figure dans le titre de la lettre mérite attention, même s'il s'agit d'une addition postérieure comme le pensent la plupart des spécialistes[35]. Elle pourrait, en effet, renvoyer, de manière directe ou indirecte, à une communauté de chrétiens d'origine judéenne se réclamant de cette appellation spécifique que l'on connaît aussi sous le nom de nazoréens.

Rien ne permet vraiment de la dater d'avant ou d'après la destruction du temple car la description des sacrifices sanglants en tant que réalités actuelles (Hé 10, 1–3) peut aussi bien renvoyer à la période antérieure à 70 ou à celle postérieure à 70, car les sacrifices en question ont continué d'y être offerts. On penche pourtant pour une date de peu postérieure à la destruction du temple.

On penche pourtant pour une date de peu postérieure à la destruction du temple, d'autant qu'elle paraît relever, comme le montrent certains travaux, d'un vaste mouvement de sacerdotalisation qui touche tout le monde romain – y compris les Judéens chrétiens et les Judéens synagogaux mais pas les Judéens rabbiniques – durant le règne de la dynastie des Flaviens et notamment à l'époque de Domitien.

On pourrait alors avec Jörg Rüpke considérer que l'*Épître aux Hébreux* s'adresse à un public instruit, de la fin de l'époque néronienne ou flavienne, qui est rompu à la culture romaine telle qu'elle s'exprime dans les édifices publics, les images et les rituels[36].

---

[33] À ce sujet, voir R.S. Eccles, « The Purpose of the Hellenistic Patterns in the Epistle to the Hebrew », dans *Religions in Antiquity. Essays in Memory of Erwin Ramsdell Goodenough*, J. Neusner (éd.), SHR 1, Leyde, Brill, 1968, p. 207–226.

[34] À ce sujet, voir par exemple S.S. Miller, « Priests, Purities, and the Jews of Galilee », dans *Religion, Ethnicity, and Identity in Ancient Galilee. A Religion in Transition*, J. Zangenberg, H.W. Attridge, D.B. Martin (éd.), WUNT 210, Tübingen, Mohr Siebeck, 2007, p. 375–402.

[35] À ce sujet, voir E. Bickerman, « Le titre de l'Épître aux Hébreux », *RB* 88 (1981), p. 28–41.

[36] J. Rüpke, « Strating Sacrifice in the Beyond Flavian Innovations in the Concept of Priesthood and their Repercussions in the Treatise 'To the Hebrews' », *RHR* 229 (2012), p. 5–30.

Résumé de la doctrine

L'auteur de l'Épître aux Hébreux centre toute sa doctrine messianique sur le thème du sacerdoce du Christ, avec son titre de « prêtre » (*hiereus*) (Hé 10, 21) et de « grand prêtre » (*archiereus*) (Hé 2, 17). Il invite ses auditeurs et ses lecteurs à considérer Jésus comme le grand prêtre de leur communauté (Hé 3, 1) et il présente l'affirmation du sacerdoce du Christ comme le « point capital » de son enseignement (Hé 8, 1). Ainsi, malgré l'appartenance de Jésus à la tribu de Juda et non à celle d'Aaron (Hé 7, 14), l'auteur de cette lettre, en de nombreux endroits, le déclare « prêtre » ou « grand prêtre ». Pour ce faire, il se fonde notamment sur le Ps 110, 1 et 4 qu'il interprète d'une manière que l'on rencontre aussi dans un *pesher* retrouvé parmi les manuscrits de la mer Morte dont il sera question plus loin.

Toutefois, il considère que Jésus relève d'une autre lignée sacerdotale, sans lien avec celle d'Aaron, à savoir celle du sacerdoce de Melchisédeq (Hé 5, 6.10 ; 6, 20 et 7, 1–28). Pour lui cependant, la distance entre les deux sacerdoces est radicale, même si le motif de la Tente du désert, plutôt que celui du Temple, permet d'assurer un certain lien avec les réalités nouvelles. Pourtant, Jésus est présenté comme assumant le rôle du prêtre offrant le sacrifice et celui du grand prêtre au jour de Kippour : ce qui ne l'empêche pas de le montrer, de manière extrêmement originale, non seulement comme prêtre mais aussi comme victime (Hé 9, 14) et de qualifier son sacerdoce d'éternel, d'immuable ou d'intransmissible (Hé 6, 20 ; 7, 24).

Bref, pour l'auteur, le sacerdoce de Jésus, fondé sur la croix de son exécution, fait désormais de lui le seul intercesseur et médiateur (Hé 7, 25 ; 8, 6)[37].

Étude de la doctrine

Pour comprendre la pensée de l'auteur de l'Épître aux Hébreux sur ce point, il convient de tenir compte de ce que représente le sacerdoce dans le monde judéen du Ier siècle de notre ère.

Il n'est évidemment pas possible de développer ici cette question, mais de seulement observer que le prêtre est le seul à être admis dans la demeure divine et que de ce fait il est à l'intersection de deux mouvements

---

[37] Voir aussi C. CLIVAZ, « L'*Évangile du Sauveur*, Hé 5, 7 et la prière de supplication: en quête d'autres traditions sur la prière au Mont des Oliviers », *Apocrypha* 18 (2007), p. 109–137 ; C. CLIVAZ, « Héb 5.7, Jesus' Prayer on the Mount of Olives and Jewish Christianity: Hearing Early Christian Voices in Canonical and Apocryphal Texts », dans *A Cloud of Witnesses. The Theology of Hebrews in its Ancient Context*, Library of New Testament Studies 387, R. BAUCKHAM (éd.), Londres, T&T Clark, 2008, p. 187–209.

contraires : le premier, qui est ascendant, repose sur l'offrande au dieu d'Israël d'un animal immolé ; le second, qui est descendant, repose sur la transmission au peuple des dons du dieu d'Israël. Tout dépend du prêtre, dans un sens comme dans l'autre, et l'efficacité de son geste repose sur l'observance de sa pureté rituelle qui est assurée par sa séparation afin de se protéger de toute souillure éventuelle.

On aura compris que Jésus entre parfaitement dans ce schéma : il participe du mouvement ascendant et du mouvement descendant, parce qu'il sert d'intermédiaire entre Israël et son dieu tant en étant toujours plus considéré comme pur de toute souillure, y compris lors de sa conception et de sa naissance[38].

Quoi qu'il en soit, la démonstration, rigoureuse et allégorique, de l'auteur de l'Épître aux Hébreux, tente de proposer une piste doctrinale nouvelle et originale, par le biais d'une ouverture sur la sotériologie. Son point de départ, qu'on retrouve aussi chez Paul, repose sur l'écart entre la croyance en la messianité de Jésus et l'institution des sacrifices périmés et remplacés : Jésus assure désormais de manière efficace le lien avec le dieu d'Israël, tandis que l'institution sacerdotale demeure impuissante (Hé 4, 15). Toutefois, l'auteur ne ravale pas les sacrifices anciens à la manière d'Étienne dans Ac 7 ou de l'*Épître de Barnabé* : en effet, les sacrifices sanglants sont considérés comme périmés et le sacerdoce changé (Hé 7, 12), mais leur validité n'est pas pour autant mise en cause et l'ancien sacerdoce n'en demeure pas moins authentique.

Sur ces points, la différence est grande avec l'idéologie essénienne, suivant laquelle le sacerdoce de Jérusalem est illégitime et ses sacrifices souillés.

Jésus et Melchisédeq

L'auteur de l'Épître aux Hébreux, en 7, 1–28, assimile Jésus à la figure angélique de Melchisédeq de Gn 14, 17–20, alors qu'il l'a déjà situé, en 1, 7–14, totalement à l'écart des autres anges : c'est une des autres grandes particularités de cet écrit. Ainsi, après avoir signifié fortement la supériorité de Jésus par rapport aux anges, il affirme ensuite combien le sacerdoce nouveau de Jésus s'enracine dans la lignée céleste, sans ascendance, de Melchisédeq, à la différence de celui d'Aaron (Hé 8, 11–28). Bref, pour l'auteur

---

[38] Voir C.H.T. Fletcher-Louis, « Jesus as a High Priest Messiah. », *Journal for the Study of the Historical Jesus* 4 (2006), p. 155–175 et 5 (2007), p. 57–79.

de l'Épître aux Hébreux, Jésus est prêtre « à la manière de Melchisédeq » (Hé 7, 17), expression qu'il emprunte au Ps 110, 4.

Les traditions autour de la figure de Melchisédeq, dont les premières attestations sont bibliques[39], sont, comme l'a souligné, il y a longtemps déjà Moritz Friedländer[40], d'un grand intérêt pour la compréhension du messianisme judéen des deux premiers siècles de notre ère, tant elle est présente dans des milieux apparemment différents pour ne pas dire divergents[41].

L'auteur de l'Épître aux Hébreux développe l'idée d'un tout autre sacerdoce qui s'inaugure alors, dans la lignée de Melchisédeq, « lui qui n'a ni père, ni mère, ni généalogie, ni commencement pour ses jours, ni fin pour sa vie, mais qui est assimilé au Fils de Dieu » (Hé 7, 3). Autrement exprimé, Jésus relève du monde divin, comme Melchisédeq[42].

Cette figure se trouve déjà dans un manuscrit retrouvé dans une grotte proche du *Khirbet* Qumrân : en 11Q13 (= 11Q*Melkisedeq*) II. Dans ce document, qui est fragmentaire, Melchisédeq (« Melki Sedeq ») est considéré comme un messager messianique prévu pour la fin des temps, et son rôle est considérablement développé selon une perspective particulière : c'est ainsi qu'il est nommé l'héritier, le successeur et l'interprète des prophètes. Garant de la figure du messie, il est assimilé aux anges voire même aux dieux (les *'Elohim*) – au point de voir son nom se substituer au tétragramme divin[43].

La figure de Melchisédeq dans ce document (sans doute essénien), qui est d'une grande originalité, a suscité de nombreux débats parmi les critiques sur son caractère ontologique comme être terrestre, être angélique ou être divin : on s'est même demandé si ce personnage ne désignait pas

---

[39] Voir G. GRANERØD, *Abraham and Melkizedek. Scribal Activity of Second Temple Times in Genesis 14 and Psalm 110*, BZAW 406, Berlin, New York, W. de Gruyter, 2010.

[40] M. FRIEDLÄNDER, « La secte de Melchisédec et l'Épître aux Hébreux », *REJ* 5 (1882), p. 1–26 et p. 188–198 ; *REJ* 6 (1883), p. 187–199. Voir aussi M. FRIEDLÄNDER, *Der vorchristliche jüdische Gnosticismus*, Göttingen, Vandenhoeck & Ruprecht, 1898, p. 28–40.

[41] Voir F.L. HORTON, *The Melchizedeck Tradition. A Critical Examination of the Sources to the Fifth Century A.D. and in the Epistle to the Hebrews*, SNTSMS 30, Cambridge, University Press, 1976 ; C. GIANOTTO, *Melchisedek e la sua tipologia. Tradizioni giudaiche, cristiane e gnostiche (sec. II a.C.–sec. III d.C.)*, Supplementi alla Rivista biblica 12, Brescia, Paideia, 1984.

[42] Voir G. GRANERØD, « Melchiszedek in Hebrew 7 », *Biblica* 90 (2009), p. 188–202.

[43] Voir A. FITZMYER, « Further Light on Melchizedech from Qumran Cave 11 », *JBL* 86 (1967), p. 26–41 (= *Essays on the Semitic Background of the New Testament*, Londres, Chapman, 1971, p. 245–267) ; J.T. MILIK, « Milkî-Sedeq et Milkî-Resa` dans les anciens écrits juifs et chrétiens », *IJS* 23 (1972), p. 95–144.

la divinité israélite ou l'un de ses attributs, en l'occurrence la justice[44]. Dans cette perspective, on a pensé aussi que « Melki Sedeq » pouvait être compris comme l'une des multiples dénominations de la divinité israélite, y compris sous la forme d'une hypostase[45] – ce qui n'est pas sans poser alors la question de l'unicité de la divinité et du dithéisme chez les Judéens à partir du moment où ils deviennent messianistes : une déviance qui a touché aussi bien les esséniens que les nazoréens, voire d'autres groupes, et qui a été condamnée dans le mouvement rabbinique[46].

Quoi qu'il en soit, une telle mise en relief de la figure de Melchisédeq dans le cadre d'un messianisme supra-humain ne peut se comprendre que dans un milieu mystique aux tendances apocalyptiques très marquées[47].

Au cours du IIe siècle, la figure de Melchisédeq est au centre des polémiques entre les chrétiens et les rabbins qui se disputent alors la primauté du sacerdoce, les uns et les autres n'en ayant aucune légitimité réelle[48]. Le mouvement rabbinique finit par abandonner la figure de Melchisédeq, non sans l'avoir privé de la dignité sacerdotale, qui est alors transférée sur la figure d'Abraham (*b. Nedarim* 32*b*).

Chez les chrétiens, la figure de Melchisédeq est exploitée autant dans des courants qui vont se considérer comme orthodoxes (voir Justin ou Tertullien) que dans des courants qui vont être considérés comme hétérodoxes (voir Épiphane de Salamine qui parle d'un groupe désigné comme « melchisédechiens » – en *Panarion* LV, 1)[49].

Bref, cette figure permet à tous de contourner la difficulté, autorisant à faire de Jésus un membre du sacerdoce alors qu'il n'est nullement de la tribu de Lévi. Elle permet aussi de le rendre sans généalogie et sans des-

---

[44] Voir J. CARMIGNAC, « Le document de Qumrân sur Melkisédeq », *RevQ* 7 (1970), p. 343–378 ; J.T. MILIK, « Milki-Sedeq et Milkî-Resa` », *op. cit.*, p. 95–144.

[45] Voir notamment C. BATSCH, « Melki Sedeq n'est pas un ange. Une relecture du *pesher* thématique 11Q13 (11Q*Melkisedeq*) II », *Meghillot. Studies in the Dead Sea Scrolls* 5–6 (2008), p. 3–16.

[46] À ce sujet, voir A.F. SEGAL, *Two Powers in Heaven. Early Rabbinic Reports about Christianity and Gnosticism*, SJLA 25, Leyde, Brill, 2002.

[47] Voir P. SACCHI, « Esquisse du développement du messianisme juif à la lumière du texte de Qumrân 11 Q Melch », *ZAW* 100 (1988), p. 202–214.

[48] Voir M. SIMON, « Melchisédech dans la polémique entre Juifs et chrétiens et dans la légende », *RHPR* 17 (1937), p. 58–93 (= *Recherches d'histoire judéo-chrétienne*, EPHE. 6e section, Sciences économiques et sociales. Études juives 6, Paris-La Haye, Mouton, 1962, p. 101–126).

[49] Voir G. BARDY, « Melchisédech dans la tradition patristique », *RB* 35 (1926), p. 496–505 ; 36 (1927), p. 24–45.

cendance : la prêtrise et la royauté du Messie ne sont ni à hériter ni à transmettre et ne doivent rien à tout ce qui est antérieur à son apparition[50].

Origine et postérité de la doctrine

Selon toute apparence, le messianisme sacerdotal n'a eu que peu de réception dans les communautés chrétiennes. Cela ne signifie pas pour autant qu'il n'a pas eu de postérité, car l'idéologie lévitique ou sacerdotale dans le judaïsme des trois premiers siècles de notre ère a été relativement développée. En effet, alors même que le sacerdoce du Ier siècle a été déconsidéré, une revendication traverse les mouvements religieux chrétiens et pharisiens, laquelle a donné naissance à ce que l'on peut appeler le « sacerdoce commun » sans vouloir nécessairement arracher aux prêtres du sanctuaire leur charge proprement sacrificielle.

Cette idéologie lévitique ou sacerdotale est au fondement des pratiques de pureté rituelle et de certains repas communautaires que l'on retrouve chez les esséniens et les pharisiens de Palestine, mais aussi chez les thérapeutes d'Égypte où l'on rencontre cette même idée de manger et de vivre « comme des prêtres » (Philon d'Alexandrie, *De vita contemplativa* 74).

Une telle idéologie repose sur Ex 19, 6 : « Vous serez pour moi un royaume de prêtres et une nation sainte ». Dès lors, chacun doit respecter les règles lévitiques et vivre dans la plus parfaite sainteté, c'est-à-dire dans la séparation d'avec toutes les souillures, alimentaires et autres. Ainsi, il faut vivre le plus possible suivant l'idéal d'une sainteté lévitique, comme cela est affirmé dans le Midrash *Sifra* sur Lv 11, 45 (du IIIe–IVe siècle) : « Comme je suis saint (dit le dieu d'Israël), vous serez saints. Comme je suis séparé, vous serez séparés (*perushim*) ». Or, c'est cet idéal de perfection, en grec *teleiôsis*, qui constitue justement l'un des motifs majeurs de l'Épître aux Hébreux : tous doivent être parfaits comme Jésus est parfait (Hé 2, 10 ; 7, 28) – la perfection de ce sacerdoce lévitique trouvant en lui son achèvement (Hé 7, 11).

Il n'est pas impossible que cette idéologie et sa mise en œuvre aient été d'abord l'apanage de la classe des prêtres avant d'être étendues à d'autres catégories judéennes.

---

[50] Voir aussi P. PIOVANELLI, « 'Much to Say and Hard to Explain'. Melchizedek in Early Christian Literature. Theology, and Controversy », dans *New Perspectives on 2 Enoch. No longer Slavonic Only*, A.A. ORLOV et G. BOCCACCINI (éd.), Studia Judaeoslavica 4, Leyde-Boston, Brill, 2012, p. 411–429.

On peut ainsi mieux préciser le contexte de l'origine du titre attribué à Jésus, à savoir un milieu lévitique ou sacerdotal qui, avant ou après 70, a pénétré tout autant le mouvement chrétien que le mouvement pharisien.

C. Grappe a relevé de cette influence au sein de la communauté chrétienne de Jérusalem, une fraternité marquée par les modèles de l'époque et vivant dans l'attente de la Parousie du Fils de l'Homme – une communauté qui se serait considérée comme la réalisation parfaite du nouveau temple et cela au point d'attribuer à Pierre les prérogatives d'un grand prêtre à la tête d'un groupe de croyants (Mt 16, 17–19). C. Grappe estime que ce type de succession lévitique ou sacerdotale serait à distinguer du type de succession royale ou dynastique représentée par Jacques le Juste, le frère de Jésus[51]. Il est difficile de suivre ce critique dans toute sa démonstration même si à première approche, celle-ci paraît séduisante. En effet, Jacques le Juste est présenté par Hégésippe, comme quelqu'un se comportant comme s'il appartenait à la classe lévitique ou sacerdotale. Il est erroné aussi de considérer que Jésus et ses premiers disciples ont eu une attitude anti-sacerdotale : dans son intervention contre les changeurs et les vendeurs dans l'enceinte du temple, Jésus doit être perçu davantage comme un purificateur des pratiques en vigueur que comme un opposant au sacerdoce ; il veut purifier le sanctuaire de toutes ses souillures.

De fait, ce qui a posé difficulté au messianisme sacerdotal comme d'ailleurs au messianisme davidique, c'est que seules les doctrines messianiques facilitant l'assimilation de Jésus à la divinité judéenne, devenant Dieu, ont été conservées et transmises de manière claire – celles qu'en théologie chrétienne on appelle la christologie.

L'auteur de l'Épître aux Hébreux a certes souligné fortement la filiation divine de Jésus (Hé 1, 2.5.8 ; 3, 6 ; 4, 14 ; 5, 5.8 ; 7, 3.28 et 10, 29), mais cela ne signifie pas pour autant qu'il ait assimilé Jésus à la divinité judéenne, car, pour lui, cette filiation est au principe de son sacerdoce – or la divinité judéenne ne saurait être appelée prêtre ou grand prêtre ! S'il le fallait encore, observons que l'auteur a appliqué à Jésus l'épithète de « médiateur » (*mesitès*), dont il est d'ailleurs le principal témoin : « Jésus médiateur d'une alliance nouvelle » (Hé 12, 24 ; voir 8, 6 et 9) – laquelle aussi ne renvoie nullement à une assimilation de Jésus à la divinité judéenne, car le médiateur est forcément second et non unique comme dans le cas de Dieu.

---

[51] C. GRAPPE, *D'un temple à l'autre. Pierre et l'Église primitive de Jérusalem*, Études d'histoire et de philosophie religieuses 71, Paris, PUF, 1992, p. 103–112.

De ce point de vue, observons que la pensée de l'auteur diffère de celle de Paul ou de Luc qui attribuent la fonction médiatrice à Moïse (Ga 3, 19) ou aux anges (Ac 7, 38), mais jamais à Jésus[52]. Précisons, cependant, que Paul n'assimile pas pour autant Jésus à la divinité judéenne et qu'il a tendance à considérer que Jésus est un médiateur, comme on peut notamment le constater par l'emploi fréquent dans ses lettres de la préposition *dia* (« par l'entremise de ») avec le génitif ou l'accusatif pour signifier son action médiatrice.

Bref, il paraît donc difficile de considérer que, dans l'Épître aux Hébreux, Jésus est assimilé à la divinité judéenne, Dieu, comme le disent de très nombreux exégètes qui estiment toutefois qu'il s'agit là d'une question épineuse, tant la lecture des versets considérés est difficile.

Récapitulatif

On comprend alors que le messianisme sacerdotal n'ait eu qu'une postérité limitée, du moins apparemment, dans les cercles de la Grande Église pour qui Jésus est de plus en plus assimilé à « Dieu » – une assimilation qui n'ira pas de soi comme l'indiquent, parfois en filigrane, les divers débats christologiques postérieurs. Il n'empêche que la question est revenue quand il s'est agi de « sacerdotaliser » le ministère des épiscopes (à partir de 200) et des presbytres (à partir de 250) dans les communautés chrétiennes, notamment en invoquant sa légitimation par l'ancien sacerdoce de l'époque du Temple de Jérusalem.

Il convient éventuellement de rapprocher cette question des conflits qui ont éclaté entre Paul et des milieux que l'on peut qualifier de lévitiques et sacerdotaux. Ces derniers considèrent que les problèmes de rites, de calendriers, de temps marqués et de lieux déterminés demeurent essentiels pour leur croyance messianique, alors que Paul estime que cette attitude est un reste déplorable de l'époque antérieure à Jésus et que de telles considérations ne sont plus nécessaires depuis sa manifestation messianique (Ga 4, 8–20). Clément de Rome, dans la querelle de Corinthe, est peut-être confronté à l'arrivée dans les communautés chrétiennes de groupes lévitiques et sacerdotaux, après la destruction du temple de Jérusalem en 70, qui continuent de briguer certaines de leurs anciennes prérogatives : en effet, dans son Épître aux Corinthiens, en 40–44, il met la querelle, à propos du nom de l'*episkope* (en 1 Clément 44, 1), en miroir

---

[52] À ce sujet, voir A. VANHOYE, « Un médiateur des anges en Ga 3, 19–20 », *Biblica* 59 (1978), p. 403–411.

avec le conflit à propos du sacerdoce résolu par l'épisode du rameau d'Aaron (en 1 Clément 43 ; voir Nb 17, 16–26)[53].

Quoi qu'il en fût, au Ier siècle de notre ère, en Palestine, on passe volontiers dans certains cercles de pensée judéens de la figure du patriarche à la figure du prêtre, ainsi que l'indique la littérature testamentaire dont le caractère apocalyptique (c'est-à-dire mystique) n'est pas négligeable[54]. Cette évolution peut être comprise à partir du rôle médiateur du prêtre entre le monde d'en bas et le monde d'en haut. C'est dans ce contexte qu'il convient sans doute de comprendre l'application à Jésus de la figure du patriarche Melchisédeq et de la figure de prêtre ou de grand prêtre – à cause de son rôle de médiateur, mais alors sans avant (ascendance) et sans après (descendance).

Pour leur part, les Pères de l'Église se fondent sur les milieux de pensée qui ont tendance à valoriser le caractère lévitique du sacerdoce aux dépens de son caractère sadocite – celui remontant aux anciennes familles de prêtres de l'époque antérieure à 70 et qui paraissent subsister puisqu'elles sont encore attestées au VIIe siècle en Galilée et dans toute la Palestine[55].

Le Sacerdoce du Christ *ou* Confession de Théodose[56]

Le *Sacerdoce du Christ* ou *Confession de Théodose* est connu sous deux formes : une longue, la plus ancienne (VIIe siècle), est attestée en grec – la langue d'origine –, en géorgien, en slave et en arabe ; une courte, dont la transmission se subdivise également en deux formes secondaires en grec

---

[53] Voir A. FAIVRE, « Les adversaires vus de Rome. L'art de gérer un conflit en proposant de nouvelles frontières pour l'*Ekklésia* », *RevScRel* 84 (2010), p. 373–385.

[54] À ce sujet, voir R.A. KUGLER, *From Patriarch to Priest: The Levi-Priestly Tradition from Aramaic Levi to Testament of Levi*, Early Judaism and its literature 9, Atlanta (Ga), Scholars Press, 1996.

[55] Voir A. WINDFUHR, « Die galiläischen Heimatorte der 24 Priesterordnungen nach Kalir », *Palästinajahrbuch des Deutschen Evangelischen Instituts* 18–19 (1922–1923), p. 80–89. Voir aussi M. AVI-YONAH, « A List of Priestly Courses from Caesarea », *IEJ* 12 (1962), p. 137–139 ; M. AVI-YONAH, « The Ceasarea Inscription of the Twenty-Four Priestly Courses », dans *The Teachers's Yoke. Studies in Memory of Henry Trantham*, E. JERRY, J.L. GARRETT, Jr., J.B. ADAIR (éd.), Waco/Texas, Baylor, 1964, p. 46–57.

[56] Pour une première approche, voir F.G. NUVOLONE, « Jésus, 22e prêtre du Temple de Jérusalem dans le *Sacerdoce du Christ* », *Religions et Histoire* 15 (2007), p. 50–52. Voir aussi F.G. NUVOLONE, « La Légende du Christ, XXIIe et dernier prêtre du temple de Jérusalem », dans *Anthropos laikos. Mélanges Antoine Faivre à l'occasion de ses 30 ans d'enseignement*, M.-A. VANNIER, O. WERMELINGER, G. WURST (éd.), Paradosis 44, Fribourg, Éd. universitaires, 2000, p. 203–233.

et qui ont fait l'objet de traductions en latin et en slave. La forme primitive de cet écrit pourrait remonter à la fin du IIe siècle, du moins d'après certains critiques.

La narration[57]

Selon cet écrit, le Temple de Jérusalem a abrité en permanence depuis les temps anciens un collège de vingt-deux prêtres (le sacerdoce), le nom de chacun d'eux ainsi que ceux de leurs parents étant inscrits dans le registre. Le candidat destiné à remplacer un prêtre défunt doit être de la descendance de Lévi – l'un des fils de Jacob qui a été désigné comme chef du sacerdoce –, de bonne moralité, d'une famille irréprochable et connaître la Loi et les Prophètes. Lors du décès d'un des prêtres, Jésus, fils de Joseph, qui est alors en Judée, et ne s'est pas encore manifesté, est proposé pour le remplacer. Mais il lui est reproché d'avoir une ascendance non lévitique et d'avoir été la cause du massacre d'enfants innocents à l'occasion de sa naissance. Le prêtre qui soutient sa candidature se borne à alléguer une confusion entre les tribus de Lévi et de Juda, de laquelle descendrait Marie, la mère de Jésus. Joseph étant mort, Marie est appelée à témoigner de la conception et de la naissance miraculeuses de son fils. Une vérification et une enquête aboutissent à la confirmation du caractère miraculeux de l'enfantement de Jésus qui est déclaré comme étant né parfait. Il est alors appelé au Temple pour y être prêtre et inscrit dans le « registre » en ces termes : « Jésus, Fils de Dieu et de Marie la Vierge » (§ 29). Il est précisé dans le texte que Jésus a été le dernier à être inscrit dans le document du Temple et qu'avec lui, le Sauveur du Monde, les rois et les prêtres ont disparu en Israël (§ 30).

La doctrine

Dans le *Sacerdoce du Christ* ou *Confession de Théodose*, l'histoire de la prêtrise de Jésus dont il vient d'être question, est insérée dans un dialogue entre deux amis à l'époque de l'empereur Justinien (527–565) : un chrétien du nom de Philippe, banquier, et un dignitaire d'origine judéenne, chef des Judéens et docteur de la Loi. C'est celui-ci, du nom de Théodose, qui fait ce récit pour expliquer son refus de devenir chrétien.

---

[57] Pour une traduction, voir F.G. Nuvolone, « Sur le Sacerdoce du Christ ou Confession de Théodose », dans *Écrits apocryphes chrétiens* II, P. Geoltrain, J.-D. Kaestli (éd.), Paris, Gallimard, 2005, p. 83–99.

Théodose croit à la venue du Christ, du Messie, dans la personne de Jésus, mais il refuse le baptême car il pense être justifié par la Loi et redoute, de plus, le sort que les chrétiens réservent aux Judéens convertis. Pour aboutir à de telles conclusions, il se fonde sur l'idée que le Christ et les apôtres appartiennent à la nation judéenne et que le salut vient de celle-ci.

Théodose est le chef d'une communauté et, à travers lui, transparaît probablement la croyance de la tendance qui concrétise dans la figure de Jésus, l'idée d'un Messie à la fois sacerdotal, issu de la lignée de Lévi, et royal, issu de la lignée de Juda – une conviction qui découle de la vérification effectuée dans les « Livres » (c'est-à-dire la Bible hébraïque) et qui s'exprime notamment dans le symbolisme du chiffre vingt-deux, qui jette un pont entre Écritures et Sacerdoce : les vingt-deux livres du canon coïncident avec les vingt-deux membres du collège sacerdotal.

Ce symbolisme est attesté dans la littérature essénienne. Dans la *Jérusalem nouvelle*, il est rapporté, en 4Q554a[58], que chaque maison de la ville sainte contiendrait vingt-deux lits suivant le modèle de répartition des vingt-deux princes de la famille de Sadoq dont il est question en 1 Chr 12, 29[59].

Théodose est le porte-parole d'une communauté dont les membres sont appelés « les Hébreux » : une appellation utilisée par les Judéens chrétiens, mais rarement par les Judéens rabbiniques. Il attribue une double ascendance à Marie, grâce à qui Jésus descend d'un mélange de lignées : l'une royale remontant à David par la tribu de Juda ; l'autre sacerdotale remontant à Aaron par la tribu de Lévi. Il spécifie que par un vote unanime les prêtres de Jérusalem ont accepté de reconnaître le caractère sacerdotal de Jésus « fils du Dieu vivant et de la vierge Marie ».

L'attente messianique double, royale et sacerdotale, de la doctrine messianique du *Sacerdoce du Christ*, qui s'apparente à celle attestée dans le messianisme essénien d'avant 70 et dans le messianisme helléniste ou synagogal d'après 70, témoigne de la fusion des deux héritages dans un même « Oint d'Aaron et d'Israël ».

---

[58] Voir L. DiTOMMASO, *The Dead Sea* New Jerusalem *Text. Contents and Contexts*, TSAJ 110, Tübingen, Mohr Siebeck, 2005, p. 49–50.

[59] Voir J. STARCKY, « Jérusalem et les manuscrits de la Mer Morte », *MdB* 1 (1977), p. 38–40 ; É. PUECH, « À propos de la Jérusalem Nouvelle d'après les manuscrits de la Mer Morte », *Semitica* 43–44 (1995), p. 87–102 ; É. PUECH, *La croyance des Esséniens en la vie future : immortalité, résurrection, vie éternelle ? Histoire d'une croyance dans le judaïsme ancien II*, Études bibliques. Nouvelle série 22, Paris, Gabalda, 1993, p. 591–596.

Par rapport à l'Épître aux Hébreux, qui renvoie Jésus à une ascendance selon Melchisédeq, le *Sacerdoce du Christ* le renvoie à une ascendance selon Aaron.

Récapitulatif

Cette recherche d'accréditation sacerdotale ne peut se comprendre qu'à l'intérieur du judaïsme, dans une tendance du mouvement chrétien qui est d'origine judéenne. Cette « sacerdotalisation » paraît postérieure à la destruction du Temple de Jérusalem en 70 et pourrait bien être attribuée à des chrétiens qui proviennent de la classe des prêtres. Ce qui est matière à discussion, c'est la place donnée à Jésus entre la tribu de Lévi et celle de Juda.

Les critiques qui refusent de voir, dans ces textes, des allusions à une ascendance lévitique de Jésus estiment qu'ils dépendent de l'Épître aux Hébreux qui, pour eux, ne semble connaître que l'ascendance par Juda. Une argumentation qui paraît nettement insuffisante puisque la totalité de ces textes ne se réfèrent pas à la figure de Melchisédeq et se détachent donc nettement des perspectives de l'Épître aux Hébreux.

Conclusion

Toute doctrine messianique est une idéologie qui repose sur un ou des penseurs lui insufflant telle ou telle orientation spécifique.

Le messianisme davidique comme le messianisme sacerdotal, qui apparaissent très liés, proviennent l'un comme l'autre de milieux issus de la classe lévitique, des prêtres et des scribes, qui gravitent autour du Temple de Jérusalem et qui en sont restés très attachés. Ces messianismes ont pour objectif de manifester, voire de répandre, la croyance en la messianité de Jésus auprès des Judéens de Palestine. Dans ce but, ils font valoir son origine, soit davidique soit sacerdotale, au travers de généalogies dont le caractère factice n'est que trop évident – à moins de prêter plus attention à ce que disent les sources, de les croire…

Observons seulement que depuis Jules Africain, dans sa *Lettre à Aristide* (conservée en partie par Eusèbe de Césarée, *Histoire ecclésiastique* I, 7)[60],

---

60 Voir G. BARDY, *Eusèbe de Césarée. Histoire ecclésiastique. Livres I–IV*, Sources chrétiennes 31, Paris, Cerf, 1952, p. 25–29 (SC 31) et H. MERKEL, *La pluralité des Évangiles comme problème théologique et exégétique dans l'Église ancienne*, Traditio christiana 3, Berne, Francfort, Lang, 1978, p. 50–57.

le problème des généalogies est double : expliquer par un remariage et un aboutissement différent (Marie au lieu de Joseph) les contradictions entre la généalogie de Matthieu qui remonte à David par Salomon et celle de Luc qui remonte à David par Nathan ; établir que ces deux généalogies, une fois accordées, font apparaître non pas seulement une filiation davidique rattachant Marie et Jésus à la tribu de Juda, mais un mélange des tribus qui fait appartenir le Messie et la Vierge à la fois à la tribu de Juda, dépositaire de la royauté, et à celle de Lévi, dépositaire du sacerdoce.

Les chrétiens d'origine judéenne, vraisemblablement ce que l'on appelle les nazoréens, ont chargé leur Messie des deux titres de « roi » et de « prêtre » – comme l'ont fait aussi, avant eux, les esséniens.

La nouveauté essentielle de l'auteur de l'Épître aux Hébreux est d'utiliser le titre de son époque, celui de « grand prêtre », et non le titre traditionnel, celui de « prêtre ». Il est possible qu'il l'ait récupéré après la vacance de la grande prêtrise en 70 – ce qui permettrait ainsi de dater l'Épître aux Hébreux après 70.

La reconnaissance messianique de Jésus autorise ses disciples à le parer de titres aussi importants et évocateurs pour les Judéens que ceux de « roi » et de « prêtre », notamment en se fondant sur le rituel de l'onction à laquelle ils renvoient pour éveiller l'imaginaire de membres relevant de la classe sacerdotale. Il s'agit là de titres éminemment idéologiques faisant de Jésus un messie politique.

CROYANCES ET CONCEPTIONS MESSIANIQUES DANS LA LITTÉRATURE TALMUDIQUE : ENTRE RATIONALISME ET UTOPIE

Dan Jaffé

Le Messie est d'abord pour la tradition juive le sauveur et le rédempteur qui apparaîtra à la fin des temps. Le terme hébraïque *mashiah* qui a donné le vocable *messie*, se rencontre pour la première fois dans le Lévitique (4, 3–5), appliqué au « prêtre oint ». Il désignait à l'origine toute personne investie d'une mission divine telle que le prêtre ou le prophète[1].

Il est intéressant de souligner que durant l'époque du Premier Temple (X[e]–VIe s. av. J.-C.), le judaïsme n'était pas une religion messianique et le terme *mashiah* n'avait pas la connotation qu'il a prise par la suite. On doit en effet remarquer que le concept de *messie* se mit à véhiculer l'idée de rédemption à partir du moment où il fut associé à la notion de « fin des temps », expression qui, en hébreu, se formule sous la forme « fin des jours » (*aharit ha-yamim*)[2].

Selon les travaux de Gershom Scholem, le messianisme comprend trois caractéristiques : les idées de préservation, de restauration et d'utopie[3]. Historiquement, les textes intertestamentaires témoignent de la volonté de préserver le présent et d'éviter toutes formes de bouleversement. Ce phénomène prend son plein sens à propos du maintien de l'existence du Temple, de son culte et du sacerdoce qui lui est attaché. L'idée de restauration se teinte d'une autre coloration. Elle suppose que l'ère messianique

---

[1] Cf. J. KLAUSNER, *L'idée messianique en Israël depuis le début jusqu'à la clôture de la Mishna*, Jérusalem, Massada Press, 1927 [en hébreu] ; D. BANON, *Le messianisme*, Paris, PUF, 1998.

[2] Cf. A. DA SILVA, « Les rois au Proche-Orient ancien : leurs rapports avec les dieux et avec leurs sujets », dans *Faut-il attendre le Messie ? Études sur le messianisme*, R. DAVID (éd.), Montréal, Paris, Mediaspaul, 1998, p. 15–33 ; T. RÖMER, « Origine des messianismes juif et chrétien. Transformations de l'idéologie royale dans le judaïsme ancien », dans *Messianismes. Variations sur une figure juive*, J.-C. ATTIAS, P. GISEL, L. KAENNEL (éd.), Genève, Labor et Fides, 2000, p. 13–29.

[3] Cf. G. SCHOLEM, « Pour comprendre le messianisme juif », dans *Le messianisme juif. Essais sur la spiritualité du judaïsme*, Paris, Calmann Levy, 1974, p. 23–66. Voir également l'étude de M. LÖWY, « Le messianisme hétérodoxe dans l'œuvre de Gershom Scholem », dans *Messianismes. Variations sur une figure juive, op. cit.*, p. 131–145 (=Id., « Le messianisme hétérodoxe dans l'œuvre de Gershom Scholem », dans *Juifs hétérodoxes. Romantisme, messianisme, utopie,* Paris, Éditions de l'Éclat, 2010, p. 124–137).

rendra le trône de la royauté juive à la maison de David et, selon la conception postexilique, ramènera tous les exilés sur la terre d'Israël. La notion d'utopie est différente car elle aspire à l'avènement d'une société parfaite, où la paix et l'harmonie régneront sur l'humanité, alors que le genre humain dans sa globalité révérera le Dieu unique.

Les concepts de résurrection des morts, de rétribution et de châtiment (individuels et collectifs), de Jugement dernier, de paradis et de géhenne sont étroitement liés à la rédemption messianique. Le livre d'Isaïe dépeint, par exemple, l'ère messianique sous un aspect à la fois catastrophique et utopique. En effet, tous les peuples de la terre afflueront vers une forme d'accomplissement spirituel, seulement celui-ci sera accompagné d'un chaos total[4].

À la fin de l'époque du Second Temple, le messianisme devint un élément prépondérant du judaïsme. C'est à cette époque qu'il acquit sa signification eschatologique[5]. Ce phénomène est fonction de l'histoire de la société juive judéenne qui, à cette époque, vivait dans des conditions défavorables sous le joug romain. Avec l'émergence du mouvement pharisien, la résurrection des morts et l'arrivée imminente du Messie devinrent des éléments capitaux, rejetés toutefois par les sadducéens, rivaux des pharisiens. Pendant toute cette période, la rédemption n'était pas conçue comme un événement bouleversant le cycle de la nature, les hommes, globalement, reconnaîtraient l'unicité divine, une ère de justice suprême régnerait sur la terre et la souveraineté de Dieu serait partout répandue. La figure messianique n'était pas un être doté d'un quelconque pouvoir divin, mais un homme aux vertus idéales qui sauverait le peuple juif. Plusieurs personnages de cette période furent l'objet de telles espérances.

Le messianisme fut l'une des caractéristiques majeures de la secte de la mer Morte ; un groupe de juifs retirés menant une vie quasi monacale, très

---

[4] Cf. J. VERMEYLEN, *Du prophète Isaïe à l'apocalyptique. Isaïe, I–XXXV, miroir d'un demi millénaire d'expérience religieuse en Israël*, t. 1–2, Paris, Gabalda, 1977–1978 ; H. CAZELLES, *Le Messie de la Bible. Christologie de l'Ancien Testament*, Desclée, Paris, 1995 ; J. BECKER, *Messianic Expectation in the Old Testament*, Édimbourg, T&T Clark, 1980. Voir enfin l'ouvrage d'A. ABECASSIS, *La pensée juive. Messianités : éclipse politique et éclosions apocalyptiques*, t. 4, Paris, Le Livre de Poche, 1996.

[5] Cf. J. NEUSNER, W.S. GREEN, E.S. FRERICHS (éd.), *Judaisms and their Messiahs at the Turn of the Christian Era*, Cambridge, New York, Cambridge University Press, 1987 ; I. GRUENWALD, S. SHAKED, G.G. STROUMSA (éd.), *Messiah and Christos: Studies in the Jewish Origins of Christianity. Presented to David Flusser on the Occasion of his Seventy-Firth Birthday*, Tübingen, Mohr Siebeck, 1992 ; P. PIOVANELLI, « Les figures des leaders 'qui doivent venir'. Genèse et théorisation du messianisme juif à l'époque du Second Temple », dans *Messianismes. Variations sur une figure juive, op. cit.*, p. 31–58.

attentive à la pureté et pratiquant le partage des biens. Ces sectaires refusaient le Temple et le sacerdoce de Jérusalem. Ils affichaient des conceptions apocalyptiques très prononcées et orientées vers *l'autre monde*. Ils étaient convaincus qu'une guerre apocalyptique surviendrait à la fin des temps entre eux, les « fils de la lumière », la congrégation élue de Dieu, et les « fils des ténèbres ». L'expression de leurs espoirs messianiques se manifeste à travers des repas rituels appelés banquets messianiques, préfigurations des grands festins messianiques mentionnés dans certains textes de la littérature apocalyptique de l'époque[6].

La croyance messianique a joué un rôle capital dans l'histoire juive ; en effet, après la destruction du Second Temple et les catastrophes qu'elle entraîna, ces croyances permirent à la société juive de cimenter une vie commune contre les vicissitudes de l'histoire. Cette croyance leur permit surtout de passer d'une situation de souveraineté nationale à une époque de dépendance politique diasporique. Durant les périodes de persécutions romaines, dont la littérature talmudique a gardé un souvenir tragique, les croyances messianiques permirent aux juifs de maintenir leur courage et d'assurer le rêve du retour à Sion.

La fin de la période du Second Temple : contexte historique

La fin de l'époque du Second Temple se distingue par la multiplicité des partis et des confréries politico-religieuses qui les composent[7]. Flavius Josèphe énumère certains d'entre eux dans les *Antiquités juives* (13, 289) : les pharisiens, les sadducéens et les esséniens auxquels il ajoute un quatrième mouvement ou « quatrième philosophie » dérivé de celui des

---

[6] Cf. E.-M. LAPERROUSAZ, *L'attente du Messie en Palestine à la veille et au début de l'ère chrétienne*, Paris, Piccard, 1982 ; Id., « L'attente messianique dans les manuscrits de la mer Morte », dans *Qoumran et les manuscrits de la mer Morte. Un cinquantenaire*, E.-M. LAPERROUSAZ (éd.), Paris, Cerf, 1997, p. 367–389 ; J.J. COLLINS, *Apocalyticism in the Dead Sea Scrolls*, Londres, New York, Routledge, 1997 ; P.W. FLINT (éd.), *Eschatology, Messianism, and the Dead Sea Scrolls*, Cambridge, Cambridge University Press, 1997 ; J.H. CHARLESWORTH, H. LICHTENBERGER, G.S. OMEGA, (éd.), *Qumran-Messianism: Studies on the Messianic Expectations in the Dead Sea Scrolls*, Tübingen, Mohr Siebeck, 1998 ; L.H. SCHIFFMAN, *Les manuscrits de la Mer Morte et le judaïsme : apport de l'ancienne bibliothèque de Qumrân à l'histoire du judaïsme*, Québec, Fides, 2003, p. 349–386.

[7] Bien que le terme communément utilisé pour qualifier ces courants soit celui de « sectes », nous préférons parler de confréries politico-religieuses. Ceci considérant la connotation sociologique que le terme de « secte » a pris de nos jours, il ne nous semble pas convenir aux mouvements caractérisant la société pluraliste de la fin de l'époque du Second Temple.

pharisiens à la suite de la révolte de Judas le Galiléen et qui sera nommé parti « zélote » après l'an 66[8]. Les pharisiens eux-mêmes se scindèrent en deux mouvances distinctes : l'école de Hillel et l'école de Shammaï. Quelques sources talmudiques témoignent d'ailleurs d'affrontements véhéments entre ces deux écoles de pensées[9].

Sous l'angle de l'implication politique et sociale, les zélotes et les sicaires s'opposèrent farouchement aux partisans de la paix. Quant aux esséniens, ils s'assemblèrent sur les confins de la mer Morte n'entretenant plus aucun lien avec Jérusalem et son sanctuaire. Ils optèrent pour une vie recluse à caractère monacal et souvent ascétique[10]. Ajouté à cela d'autres groupes apocalyptiques de tendances piétistes, voire quiétistes. Chacun de ces groupes ne reconnaissait d'autorité qu'en ses propres maîtres, possédait ses écritures saintes et se fondait sur des traditions orales particulières. D'une certaine manière, chacun disposait donc de sa propre *halakhah*. Toutefois, des facteurs de cohésion ainsi que des fondements communs reliaient ces différents mouvements[11]. Dans cette perspective, il convient de souligner que le judaïsme, au-delà de ses différentes mouvances, était vécu comme un système cultuel dans le rapport entretenu avec la divinité[12], système dans lequel la circoncision tenait une place

---

[8] Cf. *Antiquités juives* XVIII, 15–25. Notons que le vocable grec désignant ces différents partis est celui de *hairesis* que l'on peut traduire par « choix » et qui ne prendra le sens moderne d'hérésie que beaucoup plus tard. Voir à ce propos M. HADAS-LEBEL, *Flavius Josèphe, le Juif de Rome*, Paris, Fayard, 1989, p. 33–53 et particulièrement p. 35.

[9] Cf. I. BEN SHALOM, *Beth Shamaï et la lutte des zélotes contre Rome*, Jérusalem, Yad ben-Zvi Press, 1994, p. 252–272 [en hébreu].

[10] Il serait erroné de croire que tous les Juifs de cette époque appartenaient à l'un de ces courants. Il est même fort probable que la grande majorité n'adhérait à aucun d'eux, mais formait plutôt un groupe non uniforme ne se démarquant pas, et n'ayant produit aucune littérature.

[11] Ces points de rattachement suffisent pour exclure l'idée fréquemment évoquée de judaïsmes à la place de judaïsme concernant la période du Second Temple. Voir à ce propos J.D.G. DUNN, « Jesus and Factionalism in Early Judaism: How Serious was the Factionalism of Late Second Temple Judaïsm? », dans *Hillel and Jesus: Comparative Studies of two Major Religious Leaders*, J.H. CHARLESWORTH, L.L. JOHNS (éd.), Minnéapolis, Fortress Press, 1997, p. 156–175 ; A.F. SEGAL, *The Other Judaisms of Late Antiquity*, Atlanta, Scholars Press Edition, 1987.

[12] Cf. F. SCHMIDT, *La pensée du Temple. De Jérusalem à Qoumrân. Identité et lien social dans le judaïsme ancien*, Paris, Éditions du Seuil, 1994, p. 14–15 : « Plus que les croyances, qui sont multiples et controversées, ce sont les rites qui tissent le réseau protecteur de l'identité juive. Les rites classent et identifient. Ils tracent une ligne de partage entre juifs et gentils, entre ceux qui entrent dans la communauté et ceux qui en sont rejetés. Ils forment lien entre tous les sous-groupes, toutes les composantes de la communauté juive. En reliant entre elles les générations, ils perpétuent l'identité du groupe ».

prédominante, s'agissant de la condition *sine qua non* de l'appartenance au peuple juif[13].

La destruction du Second Temple en 70 de notre ère engendra des mutations significatives au sein de la société juive. Avec lui disparut une réalité *halakhique* aux multiples implications dans la vie des Judéens. Les instances dirigeantes juives, largement liées à Jérusalem et au Temple, furent transférées en partie à Yavneh. Les « Sages de Yavneh », selon leur propre dénomination, qui se réunirent autour de Yohanan ben Zakkaï remodelèrent la société juive en cherchant comment pallier l'absence du Temple.

L'un des corollaires à ce nouveau contexte est la redéfinition de la *halakhah*. Comme il a été déjà mentionné, lorsque le Temple existait encore, le peuple était fractionné en différents courants, chacun ayant sa propre *halakhah* et une autorité à laquelle se référer. Bien entendu, l'essentiel de la vie cultuelle juive était centré sur le Temple, mais après sa destruction, les Sages devinrent progressivement l'unique pouvoir autonome de la nation. Ils exhortaient à l'étude de la *Torah* qui fut peu à peu vécue comme un substitut au culte sacrificiel[14]. Dans cette optique, l'élaboration de la *halakhah* devint une sorte d'idéal en soi, l'axe reliant les différents membres de la société et auquel chacun devait se référer[15].

L'un des faits saillants au cours de la période transitoire comprise entre 70 et 135 – dates des deux révoltes juives contre Rome – est assurément la disparition progressive des partis politico-religieux caractéristiques de la période du Second Temple. Au final, une césure sépare bel et bien la période précédant la destruction du Second Temple de Jérusalem et celle qui lui succède[16].

---

[13] Cf. C. PERROT, « La pluralité théologique du judaïsme au Ier siècle de notre ère », dans *Jésus de Nazareth. Nouvelles approches d'une énigme*, D. MARGUERAT, E. NORELLI, J.-M. POFFET (éd.), Genève, Labor et Fides, 1998, p. 157–176 ; Pour une conception différente du concept de judaïsmes, voir P. GEOLTRAIN, « Le judaïsme en sa diversité », dans *Jésus, de Qumrân à l'Evangile de Thomas*, A. HOUZIAUX (éd.), Paris, Bayard, 1999, p. 41–48 et spécialement p. 42 : « Il y a bien une infinie diversité, source à la fois de richesse et de conflit ; somme toute, une diversité inhérente à tout groupement humain de quelque importance, qui ne doit cependant pas laisser dans l'oubli les facteurs de cohésion qui, par-delà les différences, font du judaïsme une entité et non une religion éclatée ».

[14] Cf. J. NEUSNER, « The Formation of Rabbinic Judaism: Yavneh (Jamnia) from A.D. 70 to 100 », dans *ANRW*, II, 19, 2 (1979), p. 3–42.

[15] Cf. A. OPPENHEIMER, « L'élaboration de la halakha après la destruction du Second Temple », *Annales. Histoire, sciences sociales* 51 (1996), p. 1027–1055.

[16] C'est dans cette optique que S.C. MIMOUNI, *Le judéo-christianisme ancien, Essais Historiques*, Paris, Cerf, 1998, p. 486 écrit : « Cette césure est, dans le cas présent, la crise religieuse créée dans le judaïsme à la suite de l'échec de la première révolte juive contre

Il semble que les instances dirigeantes, les Sages qui gouvernaient le peuple après la destruction du Temple, provoquèrent la disparition de ces courants en s'activant pour unifier le peuple sous leur férule, afin d'éviter toute forme de division au sein de la société. À cet égard, tout fractionnement interne aurait été perçu comme hautement préjudiciable pour la survie de la société juive. Il semble que ce soit en suivant cette démarche que les Sages parvinrent à implanter leur propre *halakhah*, avec pour objectif de réunifier le judaïsme qui, progressivement, prit un aspect plus monolithique[17].

Dans ces circonstances, seuls ceux qui se ralliaient aux normes des Sages en s'inscrivant dans la ligne pharisienne purent continuer. Le processus de normalisation socio-religieuse établi par les Sages aboutit à l'élaboration d'une *halakhah* qui finira par s'imposer et ainsi à dominer toutes les autres.

Les conceptions messianiques durant l'époque de Yabneh (70–132/135)

Dans la présente étude, nous entendons dégager les grands axes relatifs aux conceptions messianiques qui apparaissent dans la littérature talmudique et montrer les *realia* qui les sous-tendent.

D'emblée, il est important de souligner que nous ne trouvons pas d'aphorismes explicites sur les temps messianiques avant la génération des premiers disciples de R. Yohanan ben Zakkaï, c'est-à-dire la fin du Ier siècle/début du IIe de l'ère chrétienne. Comme le remarque Ephraïm E. Urbach, cela ne sous-entend pas que la croyance en une quelconque rédemption n'était pas ancrée dans les esprits avant cette période[18].

Rome, et surtout par le vide créé par la disparition du Temple de Jérusalem en 70. *Avant*, on peut considérer le judaïsme dans *une certaine* pluralité. *Après*, on doit envisager le judaïsme dans *une certaine* unicité. Le passage de l'une à l'autre forme ne s'est évidemment pas réalisé en un seul jour ni en une seule année, mais en l'espace de plusieurs décennies et de plusieurs générations ».

[17] Cf. R.A. Pritz, *Nazarene Jewish Christianity from the End of the New Testament Period until its Disappearance in the Fourth Century*, Jérusalem, Magnes Press, 1992, p. 101 : « With Yavne began the consolidation of Judaism. In the Post-70 crisis, there was no place for the diversity which had so characterised the later Second Temple period ». Voir également S. Safrai, « Le pluralisme dans le judaïsme durant la période de Yabneh », *Déot* 48 (1980), p. 166–170 [en hébreu].

[18] Cf. E.E. Urbach, *Les Sages du Talmud. Conceptions et croyances des maîtres du Talmud*, Paris, 1996, p. 671–672. Notons que la croyance en la résurrection des morts semble remonter à une ancienne tradition déjà présente en 2 Maccabées. Sur la question d'une possible influence doctrinale provenant de religion perse sur la croyance en la résurrection

R. Yohanan ben Zakkaï est souvent perçu comme le fondateur du judaïsme rabbinique. C'est sous ses auspices qu'est inaugurée la période de Yabneh, la pierre angulaire de cette nouvelle forme de judaïsme. L'approche de cet homme est éminemment pragmatique. Parmi les premiers à regarder la ruine de Jérusalem en face, il envisage la restructuration qui doit s'ensuivre. En témoigne ce passage qui lui est attribué :

> Un jour, Rabban Yohanan ben Zakkaï faisait route depuis Jérusalem accompagné par R. Yeoshua lorsqu'il voit le sanctuaire en ruine. Quelle calamité pour nous, s'exclama R. Yeoshua, que ce lieu où les péchés d'Israël étaient expiés, soit aujourd'hui en ruine ! Rabban Yohanan ben Zakkaï lui dit : 'Mon fils, ne t'afflige pas. *Nous avons un moyen d'expiation qui lui est équivalent et c'est la pratique de la bienfaisance selon les mots : 'Car c'est l'amour qui m'est agréable et non les sacrifices' (Os, 6, 6).*[19]

D'autres passages de la Mishna témoignent d'une volonté de réforme socio-religieuse de la part de Rabban Yohanan ben Zakkaï. Ces réformes furent élaborées à l'aide de *taqanot* dont le but était de reconstituer la société juive privée de son Temple et de créer une *mémoire collective* qui permette de se souvenir du Temple sans pratiquer son culte.

Dans la fièvre qui suivit la destruction du Second Temple de Jérusalem, des voix se firent entendre pour prolonger un deuil que rien ne pouvait interrompre. Dans l'esprit de certaines personnes, le deuil relatif à l'effondrement du Temple ne put trouver aucune consolation. C'est pour lutter contre une telle approche que Rabban Yohanan ben Zakkaï et ses disciples développèrent une forme de neutralisation du messianisme. Cette

---

des morts dans la pensée monothéiste, voir la monographie de F. König, *Zarathustras Jenseitsvorstellungen und das A.T.*, Vienne, Herder, 1964. Ajoutons que le célèbre passage de *m. Sanhédrin* 10, 1 où on exclut de l'accession au monde futur « ceux qui nient la résurrection des morts » semble être antérieur à R. Aqiba auquel il est communément attribué. Cette croyance pourrait remonter à une ancienne tradition peut-être d'époque maccabéenne. Ce passage est certainement le fruit d'une polémique avec les groupes sectaires qui n'acceptaient pas l'idée de résurrection du corps, il témoigne non pas de l'apparition de cette croyance mais plutôt du combat pour l'imposer. En effet, quand Josèphe évoque cette croyance, c'est pour l'attribuer aux pharisiens et associer la croyance en la survie de l'âme aux esséniens (*Guerre des Juifs* II, 8, 11 ; *Antiquités juives* XVIII, 1, 3). Voir sur ce dernier point l'ouvrage de É. Puech, *La croyance des esséniens en la vie future : immortalité, résurrection, vie éternelle ? Histoire d'une croyance dans le judaïsme ancien*, Paris, Gabalda, 1993. Ajoutons à cela que le non moins célèbre passage de *Sota* 9, 15 attribué à R. Pinhas ben Yaïr (milieu du IIe siècle) : « L'esprit de sainteté conduit à la résurrection des morts ». Il est communément admis comme un ajout au texte mishnique. Voir notamment sur cette question l'ouvrage classique de J.N. Epstein, *Introduction à la Mishna*, Jérusalem, Magnes Press, 1964, p. 976 [en hébreu].

[19] Cf. *Abot de Rabbi Nathan* A 4 (éd. S. Schechter, p. 11).

conception neutralise l'idée de rédemption au point de constituer une sorte de contre messianisme.

C'est certainement dans cette optique que doit être compris cet éloquent passage :

> Depuis que le Temple a été détruit, les séparés se sont multipliés en Israël. Ils ne consommaient pas de viande et ne buvaient pas de vin. R. Yeoshua leur dit : « Mes enfants, pourquoi ne consommez-vous pas de viande ? » Ils lui répondirent : « Mangerions-nous de la viande alors que le sacrifice quotidien était effectué sur l'autel et qu'il est maintenant annulé ? » Il leur dit : « Pourquoi ne buvez-vous pas de vin ? » Ils lui répondirent : « Boirions-nous du vin alors que le vin était livré pour des libations sur l'autel et qu'il est maintenant annulé ? » Il leur dit : « Ainsi, ne devrions-nous pas nous abstenir également de figues et de raisins car les prémices en étaient apportés lors de la fête de clôture (fête des Semaines). Nous devrions également nous abstenir de pain car deux pains étaient apportés (au Temple) ainsi que des pains de proposition. Nous devrions également nous abstenir d'eau car les libations d'eau étaient effectuées (dans le Temple) lors de la fête de Sukkoth ». Ils se turent. Il leur dit : « On ne peut pas éviter de s'affliger du tout car le décret a déjà été édicté mais s'affliger plus que de raison est également impossible, ainsi les Sages ont dit : 'On recouvrera sa maison avec de la chaux mais on prendra soin de laisser un petit emplacement sans chaux en souvenir (de la destruction du Temple) de Jérusalem.'[20]

On peut comprendre combien une telle approche était vitale au lendemain des effroyables luttes de la révolte juive contre Rome en l'an 66. C'est donc en premier lieu une volonté de retour au calme et de pragmatisme politique qui ressortent des textes de cette époque. Notons *a contrario* que le désir ardent d'entreprendre la reconstruction du Temple doublé d'une profonde affliction servirent assurément de levier aux ennemis de Rome les plus radicaux. C'est donc une démarche inverse que développa R. Yohanan ben Zakkaï. En témoigne ces passages :

> Si des jeunes gens viennent te dire : « Allons reconstruire le Temple », ne les écoute pas. Mais si des vieillards viennent te dire : « Allons renverser le Temple », écoute-les, parce que les constructions des jeunes sont destruction, et la destruction des gens âgés est construction.

---

[20] *Tosefta, Sota* 15, 11–13 (éd. ZUCKERMANDEL, p. 322). Ce passage qui apparaît sous une forme parallèle plus tardive dans la version babylonienne de *Baba Batra* 6ob montre de manière éloquente l'attitude de certains Sages face à la désolation que représentait l'effondrement du Temple. Il convient de noter que cette perspective reconstructrice s'accompagna de la conviction que la reconstruction du Temple était imminente.

Et ce passage encore plus significatif :

> Si tu as une plante dans la main et qu'on vient te dire que le Messie est là ;
> plante d'abord ta plante et ensuite tu iras l'accueillir.[21]

Ce sont notamment ces passages qui doivent être compris en tant que *neutralisation* de l'idée messianique. On peut imaginer que l'engouement et la ferveur des « jeunes » à vouloir reconstruire le Temple au prix d'incessantes luttes armées n'emportait pas l'adhésion de R. Yohanan ben Zakkaï. L'ambition de ce Sage étant la restructuration de la société juive après la crise de 70, il fallait absolument éviter toute forme de débordement politique. Une étude des décrets religieux qui lui sont attribués mettent en évidence le pragmatisme qui caractérise ce personnage ; ils sont à situer entre deux axes distincts : la volonté de voir le Temple être reconstruit et la confrontation avec la réalité du moment. Cette réalité ressort de façon prégnante dans les passages relatifs à R. Yohanan ben Zakkaï et montre que l'on savait que la reconstruction du Temple n'allait pas être imminente[22]. L'heure était donc à la reconstruction nationale, dès lors celle-ci prima sur les attentes messianiques. C'est dans cet état d'esprit qu'il y a lieu de contextualiser les propos de R. Yohanan ben Zakkaï sur l'avènement du Messie. On peut d'ailleurs ajouter à cela que ses doctrines sur les concepts mystiques comme « l'œuvre du Char » sont sobres et pondérées. Il n'y est aucunement question de réflexions ésotériques et encore moins de spéculations messianiques[23]. Ce n'est qu'à la veille de sa mort qu'un propos énigmatique peut-être de coloration messianique est

---

[21] Cf. *Abot de Rabbi Nathan* B 31 (éd. S. Schechter p. 67).

[22] Voir sur le personnage et ses décrets les deux monographies que lui a consacré J. Neusner, *A Life of Yohanan ben Zakkai: Ca. 1–80 C.E.*, Leyde, Brill, 1962 et dans une optique non plus biographique mais attachée au développement ultérieur des traditions textuelles : Id., *Development of a Legend: Studies on the traditions concerning Yohanan ben Zakkai*, Leyde, Brill, 1970. Pour une autre approche méthodologique, voir les études classiques de Gedaliahu Alon, « Le déplacement de R. Yohanan ben Zakai jusqu'à Yabneh » et « Le patriarcat de R. Yohanan ben Zakai » toutes deux republiées *post mortem* dans les *Essais d'histoire juive à l'époque du Second Temple et à l'époque talmudique*, t. 1, Tel-Aviv, Hakibutz Hameuhad Publishing House, 1957, respectivement p. 219–252 et p. 253–273 [en hébreu]. Pour une reconsidération des thèses d'Alon, on consultera l'étude de son disciple S. Safrai, « Nouvelles perspectives sur la question du statut et des actes de R. Yohanan ben Zakai après la destruction du Temple », dans *In Memoriam Gedaliahu Alon. Essais d'histoire juive et de philologie*, M. Dorman, S. Safrai, M. Stern (éd.), Tel-Aviv, Hakibutz Hameuhad Publishing House, p. 203–226 [en hébreu].

[23] Cf. E.E. Urbach, « Traditions sur la doctrine ésotérique à l'époque des Tannaïm », dans *Études sur la mystique et la religion présentées à Gershom Scholem*, Jérusalem, Magnes Press, 1968, p. 1–28 [en hébreu].

rapporté en son nom. Notons que cet aphorisme est rapporté par R. Jacob bar Idi au nom de R. Yeoshua ben Levi, tous deux *amoraim* palestiniens de la fin du IIIe siècle. Ainsi, il est dit que R. Yohanan ben Zakkaï sentant la mort approcher déclara : « Nettoyez la maison à cause de l'impureté et préparez un trône pour Ézékias, roi de Juda »[24]. On notera que son comportement louable valut à ce roi une place privilégiée dans la Bible, ce que la littérature talmudique corrobore en lui attribuant un certain nombre de prophéties messianiques[25].

Une même tendance rationalisante se retrouve une génération plus tard parmi les plus proches disciples de R. Yohanan ben Zakkaï, R. Éliézer ben Hyrcanus et R. Yeoshua ben Hanania, sous la forme :

> R. Éliézer dit : « S'ils se repentissent, ils seront rédimés. Dans le cas contraire, ils ne le seront pas. » R. Yeoshua lui dit : « S'ils ne se repentent pas, ne seront-ils pas rédimés ? » Non, mais Dieu leur enverra un roi dont les décrets seront aussi cruels que ceux de Haman. Ainsi, ils se repentiront et [Dieu] les ramènera dans le droit chemin.[26]

---

[24] Cf. *y. Sota* 9, 17, 24*c* ; *y. Aboda Zara* 3, 1, 42*c* où il est mentionné le propos de R. Éliézer, son disciple : « et préparez un trône pour R. Yohanan ben Zakkaï ». Dans la version de *Abot de Rabbi Nathan* A 25 (éd. S. SCHECHTER, p. 40) la mort de R. Yohanan ben Zakkaï apparaît sous un autre angle ; dans la version babylonienne de *Berakhot* 28*b* ainsi que dans le manuscrit d'Oxford de *Abot de Rabbi Nathan*, le texte porte : « pour Ézéchias, roi de Juda qui vient ». Nous reviendrons ultérieurement sur ce passage. Voir J. NEUSNER, *A Life of Yohanan ben Zakkai: Ca. 1–80 C.E., op. cit.*, p. 172sq.

[25] Par exemple *Sanhédrin* 94*a–b*. On doit cependant reconnaître avec Joseph DAN, *Histoire du mysticisme et de l'ésotérisme juif*, t. 2, Jérusalem, Zalman Shazar Press, 2008, p. 450–454 et spécialement p. 452 [en hébreu] qu'il est difficile de savoir précisément pourquoi ce roi en particulier a rassemblé les élans messianiques.

[26] Cf. *Sanhédrin* 97*b*–98*a*. E.E. URBACH, *Les Sages du Talmud. Conceptions et croyances des maîtres du Talmud, op. cit.*, p. 976 n. 63, montre qu'une erreur de copiste fut introduite dans la variante palestinienne de *y. Taanit* 1, 1, 63*d*, ce qui ramène le propos sur le roi cruel à R. Éliézer et non à R. Yeoshua. Notons que la relation entre rédemption et repentance se retrouve en *Sanhédrin* 98*a* à propos de la rencontre légendaire entre R. Yeoshua ben Levi (fin du IIIe siècle) et le prophète Élie devant la grotte de R. Simeon bar Yohaï (IIe siècle) :
> (R. Yeoshua ben Levi demande au prophète Élie) : 'Ai-je une part dans le monde futur ? Si le Maître (Dieu) le désire.' R. Yeoshua ben Levi dit : 'J'ai vu deux (hommes, moi-même et le prophète Élie) et j'ai entendu la voix de trois (lui-même, le prophète Élie et la présence divine).' Il dit (au prophète Élie) : 'A quel moment le Messie viendra-t-il ?' 'Va et demande-le lui.' 'Où se trouve-t-il ?' 'Aux portes de Rome.' 'Comment le reconnaîtrai-je ?' 'Il est assis parmi les pauvres qui souffrent. Ils enlèvent leurs pansements et les nouent en une fois. Lui, les enlèvent et les nouent l'un après l'autre. Il disait (le Messie) : de peur qu'ils m'appellent, je ne pourrai m'attarder.' Il (R. Yeoshua ben Levi) se rendit chez lui (le Messie) et lui dit : 'Paix à toi maître !' Il lui répondit : 'Paix à toi, fils de Levi !' Il lui dit : 'Quant le maître viendra-t-il ?' 'Aujourd'hui.' Il (R. Yeoshua ben Levi) revint vers le prophète Élie et ce dernier lui dit : 'Que t'a-t-il dit ?' Il lui répondit (R. Yeoshua ben Levi au prophète Élie) : 'Paix à toi, fils de Lévi !' 'Il t'a ainsi promis à toi et ton père une place dans le monde futur'. R. Yeoshua

On remarquera que l'objet de la rédemption et le processus permettant son avènement ne sont pas définis. On peut, cependant, remarquer que ce passage ne véhicule aucune connotation eschatologique ou apocalyptique. C'est une corrélation entre *repentir* collectif et *rédemption* qui est de rigueur. Selon Urbach, les conceptions messianiques des *tannaim* expriment des notions terrestres et sont souvent d'ordre pratique, il peut s'agir de rédemption religieuse et nationale à visée restauratrice, de l'affranchissement du joug des nations, du renouvellement de la souveraineté politique, du retour de la royauté davidique, de la construction d'un nouveau Temple à Jérusalem…[27] C'est donc encore une fois une rédemption politique qui n'est pas de l'ordre d'un bouleversement du cycle de la nature ou d'une quelconque autre utopie dont il est question. L'approche est restauratrice et rationaliste.

Selon Dan, ce passage ne véhicule pas une connotation messianique *stricto sensu*, mais évoque plutôt les vicissitudes de la vie religieuse et la relation entre l'homme et le divin[28]. Il convient de noter également que les concepts de *fin des jours* ou de *temps de la fin* n'apparaissent pas dans la phraséologie de R. Éliézer. Pour ce dernier, la rédemption ne peut être liée à une quelconque condition ; elle s'élabore *per se* et constitue une donnée inaltérable de l'histoire humaine. En revanche, selon R. Yeoshua, son condisciple, la rédemption doit nécessairement être fonction du repentir de ceux qui en bénéficient, elle en constitue même une condition *sine qua non*. On retrouve cette même approche chez R. Yosse le Galiléen, *tanah* du IIe siècle, qui déclare : « Grande est la repentance car elle rapproche la rédemption, ainsi qu'il est dit 'Et un rédempteur viendra de Sion' (…) »[29].

On doit remarquer que les traditions textuelles qui rapportent les controverses messianiques entre R. Éliézer et R. Yeoshua entendent l'idée de rédemption sans précision de circonstances et de concepts. Il n'est nullement fait référence à l'expression « jours du Messie » (*yemot ha-mashiaḥ*)

---

ben Levi lui dit : 'Il m'a menti car il m'a dit qu'il viendrait aujourd'hui et il n'est pas venu.' Le prophète Élie lui dit : 'Il a voulu te dire Aujourd'hui si vous écoutez ma voix (Ps 95, 7).' On retrouve cette approche entre repentance et délivrance messianique également dans les sources palestiniennes, notamment en *y. Taanit* 1, 1, 64*a* Lorsque R. Aha dit au nom de R. Tanhum ben R. Hiya : « Si Israël se repentait, ne fut-ce qu'un jour, le fils de David viendrait immédiatement ».

[27] Cf. E.E. URBACH, *Les Sages du Talmud. Conceptions et croyances des maîtres du Talmud, op. cit.*, p. 688–689.

[28] Cf. J. DAN, *Histoire du mysticisme et de l'ésotérisme juif, op. cit.*, p. 455–457.

[29] Cf. *Yoma* 86*b*.

ou encore à celle d' « avènement du Messie » (*biat ha-mashiaḥ*). De plus, la généalogie davidique rapportée dans nombre de textes ultérieurs n'est pas encore d'actualité. La définition du concept de rédemption (*geoula*) n'inclut pas encore les concepts de résurrection des morts ou encore le concept de « temps futur à venir » (*leatid laboh*) tellement récurrent dans la littérature talmudique plus tardive.

On peut donc dire que pour la période de Yabneh, depuis 70 et jusqu'à l'insurrection de Bar-Kokhba, les conceptions messianiques sont déterminées par des croyances en des réalités concrètes, non utopiques et dégagées de toute approche apocalyptique ou eschatologique[30].

Les conceptions messianiques à l'époque de Bar-Kokhba (132–135)

Le personnage de Shimon Bar-Kokhba comme dirigeant de l'insurrection juive éponyme, la deuxième contre Rome, a été considéré sous divers angles[31]. Toutefois, la dimension messianique de Bar-Kokhba, bien que soulignée à maintes reprises, n'est toujours pas définie précisément. Bar-Kokhba avait-il lui-même ce qu'il est convenu de nommer dans le champ de la sociologie des religions une « conscience messianique » ? Était-il un « Messie prétendu » ou un « Messie prétendant » ? S'il doit toutefois être

---

[30] L'absence de références messianiques dans le corpus de la Mishna a amené certains critiques à considérer radicalement que les conceptions messianiques étaient inexistantes dans le monde juif des deux premiers siècles de l'ère courante. On peut consulter à ce titre J. Neusner, *Messiah in Context: Israel's History and Destiny in Formative Judaism*, Philadelphie, Fortress Press, 1984. On lira avec intérêt les remarques de C.A. Evans, « Mishna and Messiah 'in Context': Some Comments on Jacob Neusner's Proposals », *JBL* 112 (1993), p. 267–289 et la réponse de J. Neusner, « The Mishna in Philosophical Context and out of Canonical Bounds », *JBL* 112 (1993), p. 291–304. Comme le fait cependant remarquer S.D. Fraade, « Jacob Neusner as Reader of the Mishna, Tosefta, and Halakhic Midrashim », *Henoch* 31 (2009), p. 270 : « However, the presence or absence of a particular idea or set of ideas on the Mishna (or any other text) may simply be a function of its genre, that is, the rhetorical forms and purposes of its particular production ». On acquiescera également aux analyses de R. Goldenberg, « Is 'The Talmud' a Document », dans *The Synoptic Problem in Rabbinic Literature*, S.J.D. Cohen (éd.), Providence RI, Brown Judaic Studies, 2000, p. 6–7 : « One must first develop some theory of the Mishna that explains why such ideas would have been expressed if they were already circulating. This cannot always be done: the Mishna in particular is so terse and spare that the reader should never be surprised when a certain topic somehow fails to appear in its pages ».
[31] Cf. M. Mor, *La révolte de Bar-Kokhba, étendue et effets*, Jérusalem, Yad ben Zvi Press, 1991, [en hébreu]. Ce chapitre s'inspire de notre étude : « La figure messianique de Bar-Kokhba. Nouvelles perspectives », *Henoch* 28 (2006), p. 103–123.

considéré comme figure messianique, qui lui conféra ce titre ?[32] En outre, quelles réalités ce titre recouvre-t-il ? Autrement exprimé, quelles sont les caractéristiques qui définissent sa figure messianique ?

L'analyse du caractère messianique de Bar-Kokhba doit débuter par l'examen des relations entretenues par ce dernier avec R. Aqiba, éminent Sage du premier quart du IIe siècle. Ainsi, on citera le célèbre passage du Talmud de Jérusalem, *Taanioth* 4, 8, 68*d* :

> Rabbi Shimon ben Yohaï enseignait : Aqiba, mon maître, interprétait [le verset] 'Une étoile se lève de Jacob (Nb 24, 17) sous la forme 'Kozba se lève de Jacob'. Lorsque R. Aqiba voyait Bar-Kokhba, il disait : « Voici le roi-Messie. » R. Yohanan ben Torta lui répondait : « Aqiba, l'herbe aura poussé entre tes mâchoires et le fils de David ne sera pas encore venu ».[33]

Ce court passage du Talmud de Jérusalem nous renseigne sur la perception qu'avait R. Aqiba de Bar-Kokhba : il le considérait comme une figure messianique. Notons que c'est la seule occurrence de toute la littérature talmudique sur le regard de R. Aqiba à l'égard de Bar-Kokhba[34]. R. Aqiba se heurte à l'incisive réaction de R. Yohanan ben Torta qui lui signifie

---

[32] Sur les catégories que recouvrent ces concepts, voir R.A. HORSLEY, *Sociology and the Jesus Movement*, New York, Crossroad, 1989. Sur les catégories de « Messie prétendu » ou de « Messie prétendant » propres à la sociologie des religions et à propos du caractère messianique de Jésus, voir C. GRAPPE, « Jésus : Messie prétendu ou Messie prétendant ? Entre les catégories de messianité revendiquée et de messianité prétendue, la figure du Jésus historique envisagée à partir d'une comparaison avec celles d'autres personnages de son temps », dans *Jésus de Nazareth. Nouvelles approches d'une énigme, op. cit.*, p. 269–291.

[33] Cette phrase de R. Yohanan ben Torta est libellée sous une forme négative dans tous les manuscrits du Talmud de Jérusalem à l'exception de celui de Leyde. La présente traduction s'inspire de P. GRELOT, *L'espérance juive à l'heure de Jésus*, Paris, Desclée, 1994, p. 293, bien qu'elle soit fortement retouchée. Voir la version parallèle de ce passage dans le Midrash *Eykha Rabba* 2, 4 (éd. S. BUBER, p. 51a) qui ne présente pas de différences notables.

[34] Dans ces travaux sur les relations entre R. Aqiba et Bar-Kokhba, Peter Schäfer a considéré qu'il fallait corriger « R. Aqiba » en « R. Yehuda ha-Nassi ». La formule « R. Aqiba » serait une addition plus tardive alors que R. Yehuda ha-Nassi, à la fin du IIe siècle, serait le véritable auteur de l'interprétation scripturaire de Nb 24, 17. De plus, Schäfer estime que l'expression « mon maître » ne peut être relative à R. Aqiba mais convient davantage à R. Yehuda ha-Nassi. R. Aqiba ayant été emprisonné et finalement martyrisé par les instances romaines, selon ce critique, il parut judicieux aux rédacteurs plus tardifs de ce passage du Talmud de Jérusalem de mettre dans sa bouche cette interprétation messianique de Nb 24, 17. Voir P. SCHÄFER, « R. Aqiva und Bar-Kokhba », dans *Studien zur Geschichte und Theologie des Rabbinischen Judentums*, Leyde, Brill, 1978, p. 101–119 ; Id., *Der Bar-Kokhba Aufstand: Studien zum zweiten jüdischen Krieg gegen Rom*, Tübingen, Mohr Siebeck, 1981, p. 168sq ; Id., « Bar Kokhba and the Rabbis », dans *The Bar Kokhba War Reconsidered. New Perspectives on the Second Jewish Revolt against Rome*, P. SCHÄFER (éd.), Tübingen, Mohr Siebeck, 2003, p. 1–22 et spécialement p. 3–4. Toutefois, comme le fait remarquer

qu'il sera depuis bien longtemps mort et enterré avant que n'apparaisse le Messie fils de David. Un autre passage talmudique, plus tardif et moins fiable historiquement, témoigne également de la messianité de Bar-Kokhba. Dans ce texte, c'est Bar-Kokhba lui-même qui se présente en tant que Messie. Ainsi, en *Sanhédrin* 93*b*, on peut lire :

> Bar-Kokhba a régné durant deux ans et demi. Il dit aux Sages : « Je suis le Messie. » Ils lui dirent : « A propos du Messie, il est écrit qu'il sent et juge. Voyons si tu sens et juges. » Lorsqu'ils virent qu'il ne peut sentir et juger, ils le tuèrent.[35]

Ce passage énigmatique présente Bar-Kokhba s'autoproclamant Messie. La formule aussi étrange que lapidaire « sentir et juger » doit être comprise comme une référence à la capacité de juger équitablement et avec probité morale. Le fait de « sentir » signifie dans la terminologie talmudique l'aptitude à percevoir quasi instinctivement le sens d'une affaire ou d'un litige et de les juger avec équité. Cette expression est en fait une exégèse d'Is 11, 3–4 qui traite de la personne du Messie en parlant du « rameau qui sort de la souche de Jessé » et du « rejeton qui poussera de ses racines »[36].

Sonder la dimension messianique de Bar-Kokhba est capital pour comprendre la perception du personnage dans les sources littéraires à notre disposition. Le questionnement doit être scindé en deux parties distinctes. Reconnaître les caractéristiques messianiques du personnage : 1) selon les textes juifs et chrétiens 2) selon R. Aqiba. Traitons à présent de la première catégorie.

Il convient d'emblée de rappeler qu'à la fin du Ier siècle, voire au début du IIe siècle, les conceptions messianiques ne sont nullement homogènes. Les désignations fluctuent souvent en fonction du groupe et des littératures dans lesquels elles apparaissent. Selon les milieux concernés, des traits messianiques ou eschatologiques sont activés[37]. Ainsi, les caractéristiques

---

J. Schwartz dans sa recension (*Zion* 70 (2005), p. 111 n. 8), la volonté de Schäfer d'extraire R. Aqiba du contexte de *Taanioth* 4, 8, 68*d*, n'est pas convaincante.

[35] Une variante tardive de ce passage se trouve mentionnée en Yalquth Shimoni, 1 Samuel, 125, cependant la dernière phrase n'apparaît pas. On doit remarquer que ce texte du Talmud de Babylone est à manier avec de grandes précautions. De plus, il est difficile d'affirmer qu'il témoigne d'une quelconque historicité. En effet, son aspect aggadique et légendaire ne semble pas évoquer une réalité historique.

[36] Selon P. Schäfer, « Bar Kokhba and the Rabbis », *op. cit.*, p. 5, cette exégèse est tardive et a été introduite dans le passage talmudique car elle convenait à son contexte messianique.

[37] Cf. L.I. Levine, « Les conceptions messianiques à la fin de la période du Second Temple », dans *Messianisme et eschatologie*, Z. Baras (éd.), Jérusalem, 1989, Zalman Shazar

relatives au Messie sont loin d'être aussi claires que l'expression *ben David* semble l'exprimer. L'ascendance royale ne représente pas non plus un élément dirimant pour être reconnu Messie. Notons par exemple, que l'expression *ben David* ne possède qu'une seule occurrence dans les Psaumes de Salomon 17, 21[38] et qu'elle est absente des textes de Qumrân[39]. De ce point de vue, les thèmes messianiques sont quasiment absents du corpus de la Mishna[40]. La première attestation d'une sentence sur le Messie est attribuée à R. Éliézer ben Hyrcanus de la fin du Ier siècle, début du IIe siècle, qui fut, entre autres, le maître de R. Aqiba ben Joseph[41].

L. Vana part du constat que seuls les évangiles de Matthieu et de Luc rattachent la généalogie de Jésus à David, contrairement aux évangiles de Marc et de Jean qui ne mentionnent pas cette généalogie. Ainsi, tout dépend de l'intention des évangélistes, par exemple l'évangile selon

---

Press, p. 135–152 [en hébreu] ; M. HADAS-LEBEL, *Jérusalem contre Rome*, Paris, Cerf, 1990, p. 423–452.

[38] Cf. A. DUPONT-SOMMER, M. PHILONENKO (éd.), *La Bible. Écrits intertestamentaires*, Bibliothèque de La Pléiade, Paris, Gallimard, 1987, p. 987. Dans ce passage, il est question du rétablissement de la royauté davidique qui suppose l'intervention divine du fait de l'usurpation hasmonéenne. L'idée est que le Roi-Messie doit libérer le peuple de l'oppression de la maison hasmonéenne et rétablir le trône de David. Ce psaume est l'écho de Is 9, 1–10 qui déjà prônait le rétablissement de la royauté davidique.

[39] On trouve en revanche l'expression *ṣemaḥ David* (« rejeton de David »). Voir par exemple É. PUECH, *La croyance des esséniens en la vie future : immortalité, résurrection, vie éternelle ? Histoire d'une croyance dans le judaïsme ancien, op. cit.*, t. 2, p. 588–589.

[40] J. KLAUSNER, *L'idée messianique en Israël depuis le début jusqu'à la clôture de la Mishna, op. cit.*, p. 249–260, estime que la rareté des sources messianiques dans la Mishna s'explique par les circonstances historiques de l'époque. Aussi longtemps que le Temple existe et que la Judée garde son autonomie politique, les pharisiens ne voient pas d'importance à la restauration de l'idéal messianique des prophètes. Le dire de *Sanhédrin* 99a : « [Les enfants d'Israël] n'ont pas de Messie car ils l'ont déjà consommé à l'époque d'Ézéchias » est communément attribué à R. Hillel (IIIe siècle) et non à Hillel l'Ancien (Ier siècle). Voir sur ce passage J.-M. VAN CANGH, « 'Fils de David' dans les Évangiles synoptiques », dans *Figures de David à travers la Bible. XVIIe congrès de l'ACFEB (Lille, 1er–5 septembre 1997)*, L. DESROUSSEAUX, J. VERMEYLEN (éd.), Paris, Cerf, 1999, p. 350–351, qui l'attribue cependant à Hillel l'Ancien. Pour une étude de ce passage, cf. M. HADAS-LEBEL, « Il n'y a pas de Messie pour Israël car on l'a déjà consommé au temps d'Ézéchias (TB *Sanhédrin* 99a) », *REJ* 159 (2000), p. 357–367.

[41] Cf. J.-M. VAN CANGH, « 'Fils de David' dans les Évangiles synoptiques », dans *Figures de David à travers la Bible, op. cit.*, p. 350. D'autres maîtres de la génération de R. Éliézer ben Hyrcanus, comme R. Gamaliel II ou R. Josué ben Qismah (*Sanhédrin* 97a–98a), parlent du « fils de David qui vient ». Selon van Cangh, ce thème joint à celui de la « génération mauvaise » et à l'opposition au sein d'une même famille (*Sota* 9, 15 et Mt 12, 39 ; 16, 4 ; Lc 11, 29), est un thème commun à Jésus et aux autres pharisiens et il pourrait remonter à une source commune.

Matthieu serait un évangile judéo-chrétien[42], ce qui ne permet pas de conclure à une filiation effective[43].

La messianité de Bar-Kokhba est indéniablement conditionnée par la légitimité du personnage. On sait que ce dernier a mené le peuple à un combat sans merci et d'une rare violence. Ainsi, la question de savoir qui le nomma à la tête de l'insurrection sans que cela n'entraîne d'opposition, doit être examinée. D'après les sources talmudiques, un personnage ne peut devenir dirigeant que s'il possède d'illustres ascendants, de grands moyens financiers, mais aussi la sagesse[44]. Or, d'après les témoignages que nous possédons, force est de constater que Bar-Kokhba ne peut se prévaloir d'aucun des trois.

Une autre démarche consiste à décrypter le nom du héros selon la toponymie. Si l'on part de l'hypothèse que le véritable nom du chef de la révolte n'est pas littéralement Bar-Kokhba, mais Bar-Koseba[45], il devient possible d'identifier *Khirbet* Kosiba comme sa localité natale[46]. *Khirbet* Kosiba est située à deux kilomètres au sud de *Ein* Arub, à proximité de laquelle a été découverte une grotte servant de refuge durant la révolte. Dans le périmètre se trouve Kiriat Arabia qui est un des camps d'insurgés mentionnés

---

[42] Voir sur le dossier du Matthieu hébraïco-araméen d'origine judéo-chrétienne, D. JAFFÉ, *Le judaïsme et l'avènement du christianisme. Orthodoxie et hétérodoxie dans la littérature talmudique, Ier–IIe siècle,* Paris, Cerf, 2005, p. 159–163. À propos de la figure de Jésus, cf. W. WREDE, « Jesus als Davidssohn », dans *Vorträge und Studien*, Tübingen, Mohr Siebeck, 1907, p. 144–177, qui considère que le Messie n'appartient pas à la maison de David et ne doit pas nécessairement lui appartenir. Pour un avis contraire, voir J.A. FITZMYER, « La tradition du Fils de David en regard de Mt 22, 41–46 et des écrits parallèles », *Concilium* 20 (1966), p. 67–78.

[43] Cf. L. VANA, « Histoire et historiographie chez les Pères de l'Église et les Sages du Talmud », *REJ* 162 (2003), p. 28–29.

[44] Quand R. Éléazar ben Azaria fut choisi pour devenir le chef de l'académie de Yabneh, le texte de *Berakhot* 27b dit : « car il est Sage, riche et de la dixième génération depuis Ezra ».

[45] On doit souligner que la signature sur les lettres de Bar-Kokhba est Koseba. La version de Kozeba que l'on trouve dans la littérature talmudique est peut-être la prononciation en usage à l'époque. Il est également envisageable qu'en plus du surnom de Bar-Kokhba (fils de l'étoile), qui symbolise l'aspect messianique du personnage, il reçut le surnom de Bar Kozeba dont l'étymologie est *koseb* qui signifie « mentir » et qui marquerait le sentiment entretenu à son égard à l'issue de sa défaite contre les armées romaines. Voir P. BENOIT, J.T. MILIK, R. DE VAUX, *Les grottes de Murabba'at*, DJD 2, Oxford, Clarendon Press, 1961, p. 124–131, 160–161 ; Y. YADIN, *Bar-Kokhba*, Jérusalem, Maariv, 1971, p. 29 [en hébreu] ; M.D. HERR, « Les causes da la révolte de Bar-Kokhba », *Zion* 43 (1978), p. 2 [en hébreu].

[46] Cf. M. COKHABI (éd.), *La Judée, la Samarie et le Golan – Compte-rendu archéologique de l'année 1968*, Jérusalem, Carta, 1972, p. 28, 50–51 [en hébreu].

dans les lettres de Bar-Kokhba[47]. Dans ce contexte archéologique, on doit à présent mentionner ce passage de *Lamentations (Eykha) Rabba* 1, 51[48] :

> Événement concernant un homme qui labourait [son champ]. Une de ses vaches se mit à meugler et un Arabe passa à ses côtés. Il lui dit : « Qui es-tu ? » Il lui dit : « Je suis un Juif ». Il lui dit : « Décharge ton bœuf et défais ta charrue ». Il lui dit : « Pourquoi ? » Il lui répondit : « Car le Temple des Juifs a été détruit ». Il lui dit : « D'où le sais-tu ? » « Du meuglement de ton bœuf ». (Le taureau ou bœuf) meugla une nouvelle fois. Il lui dit : « Charge ton bœuf et attelle ta charrue car le libérateur (Messie) des Juifs vient de naître. » Il lui dit : « Quel est son nom ? » Il lui répondit : « Son nom est Menaḥem ». « Et quel est le nom de son père ? » Il lui répondit : « Ézéchias ». « Et où se trouve-t-il ? » « Dans la cité de Araba de Beth Leḥem en Judée ».

Sans s'attarder sur les différents problèmes textuels que recèle ce passage, on doit constater qu'il situe le lieu de naissance du Messie dans un endroit du nom de Araba, dans la région de Beth Leḥem. Il est possible d'identifier « Araba » à « Kiriat Arabia » des lettres de Bar-Kokhba[49]. Que Bar-Kokhba soit né non loin de *Ein* Arub, qui se situe dans la région de Beth Leḥem, n'est pas fortuit. En effet, Beth Leḥem est d'une part la ville du roi David et d'autre part, c'est dans cette région qu'ont eu lieu les combats lors de la révolte. Tout ceci ne peut qu'affirmer l'idée de voir en Bar-Kokhba une figure messianique.

On doit également remarquer que la période de Bar-Kokhba s'inscrit dans la droite ligne de la période de Yabneh qui ouvrait une ère de reconstruction. Le souci de normalisation socio-religieuse des Sages de Yabneh visait à rebâtir un judaïsme capable de résister aux mutations engendrées par l'effondrement du Temple. Cette réorganisation de la société juive, sous l'égide des Sages et en réunissant le peuple autour d'une même *halakhah*, s'est effectuée selon des considérations très pragmatiques.

La nostalgie de la reconstruction du Temple, centre de toute l'attention à cette période, n'enlève en rien les idées concrètes de redynamisation de la vie juive. Une des grandes figures de ce processus de reconstitution est R. Aqiba, un proche de Bar-Kokhba qui reçut l'enseignement des plus

---

[47] Cf. Y. Yadin, *Les grottes du désert de Judée, op. cit.*, p. 61–62 ; Id., *Bar-Kokhba, op. cit.*, p. 130 ; Y. Tsafrir, « Les grottes de l'époque de Bar-Kokhba à proximité de Ein Arub », *Qadmoniot* 8 (1975), p. 24–27 [en hébreu].

[48] Texte parallèle en *y. Berakhot* 2, 1, 5a.

[49] Cf. S. Klein, « Histoire du fermage en terre d'Israël », dans *Connaissances de la société sur les fouilles de la terre d'Israël et de ses antiquités* 3 (1934/1935), p. 109–111 [en hébreu] ; Id., *Sefer ha-yishuv*, Jérusalem, Bialik, 1938, p. 11 [en hébreu].

grands maîtres de l'époque de Yabneh. Les diverses causes de la révolte de Bar-Kokhba, que se soient la fondation de la cité romaine d'Aelia Capitolina en lieu et place de Jérusalem, l'érection d'un temple païen dédié à Jupiter Capitolin ou encore l'interdiction de la circoncision montrent à l'évidence que les tensions qui poussèrent à la révolte étaient d'ordre pratique et visaient à extirper la présence de Rome de la terre d'Israël. Si toutefois, élans messianiques il y eut, ils furent exclusivement terrestres, à visée militaire et de portée nationale. Comme le fait très judicieusement remarquer Aharon Oppenheimer, les éléments apocalyptiques ou métaphysiques en sont totalement absents. Seules les considérations terrestres et non utopiques ont droit de cité à l'époque de cette révolte[50]. Dans cette même perspective, Israël ben Shalom souligne que la volonté d'expulser les Romains de la terre d'Israël a germé après la destruction du Second Temple en 70. Le combat pour recouvrer la souveraineté juive sur la Judée est une conviction politique aux fortes colorations religieuses qui a entraîné la Grande Révolte juive contre Rome en 66 et a accompagné le peuple durant des décennies pour finalement aboutir à l'insurrection de Bar-Kokhba. C'est donc d'une même idéologie politique dont il s'agit durant près de 70 ans[51].

R. Aqiba fondait sa perception de Bar-Kokhba comme messie sur les prouesses militaires de ce dernier. En effet, les sources témoignent de la force proprement colossale qui animait ce personnage. Cette force légendaire se retrouve dans un passage du Midrash *Lamentations (Eykha) Rabba* 2, 4 :

> Et que faisait Bar-Kokhba ? Il mettait des pierres de baliste sur un de ses genoux et les lançait en tuant plusieurs personnes. C'est la raison pour laquelle R. Aqiba disait [qu'il était le roi Messie][52].

---

[50] Cf. A. OPPENHEIMER, « Le messianisme de Bar-Kokhba », dans *Messianisme et Eschatologie, op. cit.*, p. 160–162.

[51] Cf. I. BEN SHALOM, « Processus et idéologie de l'époque de Yabneh comme facteur indirect dans la révolte de Bar-Kokhba », dans *La révolte de Bar-Kokhba. Nouvelle approche*, A. OPPENHEIMER, U. RAPPAPORT (éd.), Jérusalem, 1984, Yad ben Zvi Press, p. 1–12 [en hébreu]. Selon ce critique, la direction des Sages de l'époque de Yabneh reprend, sans en être vraiment consciente, des schémas mentaux et des idéologies de groupes pharisiens aux convictions radicales. Ces groupes étaient proches des milieux de l'école de Shammaï et leurs idées se retrouvent de façon substantielle durant la révolte de Bar-Kokhba. Les causes de cette insurrection, telle la fondation du Temple en l'honneur de Jupiter Capitolin, ne sont pour ben Shalom, qu'un vecteur dont les fondements sont à rechercher bien plus antérieurement, avec la chute du Temple, en 70.

[52] Cf. *Lamentations (Eykha) Rabba* 2, 4 (éd. S. BUBER, p. 51a) ; Yalquth Shimoni, *Deutéronome*, 946. Voir également Midrash Zutah sur *Lamentations* 1, 10 (éd. S. BUBER, p. 54) ; Pesiqta Rabbati 29/30 (éd. M. ISH-SHALOM, p. 140).

Ces sources confirment l'idée de bravoure et de grande puissance phy-sique caractéristiques de Bar-Kokhba et mettent en évidence ses aptitu-des militaires hors du commun. En tant que guerrier combattant contre l'oppression romaine, il ne fait aucun doute que R. Aqiba a vu en lui un chef militaire menant une lutte farouche pour le bien de la nation contre le pouvoir qui l'asservissait.

Selon notre approche, R. Aqiba considérait Shimon Bar-Kokhba comme un libérateur national, un combattant livrant une lutte sans merci contre l'envahisseur étranger qui opprimait les Juifs et souillait la terre d'Israël. La conception messianique de R. Aqiba n'est rien d'autre que nationale, elle comporte uniquement des éléments politiques à visées libératrices. R. Aqiba n'envisageait donc nullement un quelconque rédempteur apo-calyptique ou eschatologique. Il convient donc de proposer un tout autre paradigme pour caractériser le messianisme de Bar-Kokhba.

C'est bien un roi Messie politique et national extirpant la présence romaine de la terre d'Israël que R. Aqiba acclamait et non un rédempteur bouleversant l'ordre naturel en imposant de nouvelles normes religieuses[53]. Considérées sous cet angle, nombre de données relatives au chef des insurgés deviennent plus compréhensibles[54].

Bar-Kokhba était vraisemblablement un Juif scrupuleux dans l'obser-vance des commandements religieux[55]. Les lettres écrites de sa main et retrouvées dans les célèbres grottes qui servaient de refuge aux séditieux montrent à l'évidence une pratique minutieuse de certains préceptes religieux. C'est notamment le cas pour les lois relatives aux différents

---

[53] Il semblerait que R. Eleazar ha-Modaï, contemporain de R. Aqiba, se soit opposé à ce dernier. Certains textes qui lui sont attribués témoignent d'une grande commisération envers les païens (*Cantique Rabba* 2, 1 ; Midrash sur Psaumes 1, 20). Voir pour une approche similaire au nom de R. Yohanan, *Sanhédrin* 98b.

[54] Notons que nombre de critiques n'ont pas pris cet élément paradigmatique en consi-dération dans leur analyse de la figure messianique de Bar-Kokhba. Ainsi, les conclusions sont souvent de l'ordre de la dichotomie entre et s'expriment sous l'expression de la messianité ou de la non-messianité de Bar-Kokhba. On peut citer à titre d'exemple, S. ALEKSANDROV, « The Role of Aqiba in the Bar-Kokhba Rebellion », *REJ* 132 (1973), p. 65–77 et spécialement p. 74 qui déclare : « All these legendary tales show that the people saw in Bar-Kokhba an epic hero, an organizer of an army, but scarcely a messiah ». Cette assertion pèche par défaut car elle ne prend pas l'élément politique de la définition messianique tel qu'il apparaît chez R. Aqiba.

[55] Les lettres écrites de sa main mentionnent un souci prononcé de l'observance du sabbat et des lois de *Sheviith* (année de jachère). Sur la pratique religieuse de Bar-Kokhba, voir l'étude d'A. OPPENHEIMER, « Bar-Kokhba et l'accomplissement des préceptes reli-gieux », dans *La révolte de Bar-Kokhba. Nouvelle approche, op. cit.*, p. 140–146.

prélèvements (*maasroth*) auxquels on doit se livrer sur la terre d'Israël et pour lesquels Bar-Kokhba se montrait particulièrement strict[56].

L'autre précepte religieux sur lequel R. Aqiba se montrait particulièrement pointilleux en ces temps de guerre était lié à la fête de *Sukkoth* et au *lulav* (branche de palmier) que l'on doit brandir et agiter lors d'une des principales cérémonies relatives à cette fête. Dans certains documents écrits par Bar-Kokhba lui-même, il est fait mention d'une volonté expresse d'obtenir les quatre espèces végétales nécessaires pour la fête de *Sukkoth* et notamment le *lulav* (branche de palmier). En dehors de l'aspect proprement religieux de cette pratique, on peut peut-être y discerner une démarche politique. En effet, dans un passage intéressant du deuxième livre des Maccabées 10, 1–8, il est fait référence à la purification du Temple durant laquelle on célébrait huit jours de fêtes « en souvenir de la fête des Tentes » avec les quatre espèces de *Sukkoth*. Force est donc de constater qu'il s'agit bien là d'une victoire militaire qui est célébrée. Or, cette victoire militaire – qui est à proprement parler un événement politico-national – est célébrée à l'aide des quatre espèces de *Sukkoth*. Le fait de brandir et d'agiter le *lulav* et les autres espèces végétales relatives à la fête de *Sukkoth* symbolise donc une victoire sur l'oppresseur. Cette célébration militaire où l'ennemi est chassé, est perçue du point de vue des mentalités juives de l'Antiquité, comme un événement messianique à caractère politico-national[57]. À la lumière de ces propos, on peut donc

---

[56] Il est intéressant de noter que ce précepte, bien que n'ayant plus d'actualité après la destruction du Second Temple, était malgré tout préservé par les Sages de l'époque de Yabneh et même doté d'une importance capitale. Cet aspect fut mis en relief dans l'étude d'A. OPPENHEIMER, « Le prélèvement du *maaser rishon* dans la réalité d'après la destruction du Second Temple », *Sinaï* 83 (1978), p. 268–273 [en hébreu]. Cette observance conférait un sentiment d'unité pour les juifs palestiniens et permettait la fixation des frontières. Si l'on accepte la thèse de P. BENOIT, J.T. MILIK, R. DE VAUX, *Les grottes de Murabba'at*, *op. cit.*, p. 126, et de Y. YADIN, *Les recherches après Bar-Kokhba*, Jérusalem, Maariv, 1971, [en hébreu], selon laquelle ces prélèvements étaient apportés à Hérodion qui était un grand centre administratif et économique ainsi qu'un lieu connu pour son fermage, on peut dire que ce procédé était une novation propre à la direction de Bar-Kokhba. Cet apport de prélèvement à Hérodion n'est pas sans rappeler la pratique en cours durant la période du Second Temple où ces mêmes prélèvements étaient apportés à Jérusalem, également grand centre administratif et sacerdotal de l'époque. On peut aussi supposer avec A. OPPENHEIMER, « Les prélèvements du *maaser rishon* en tant que précepte concret à l'époque du Second Temple », dans *Hommage à Benjamin de Vries*, Jérusalem, Tel-Aviv University Press, 1969, p. 70–83 [en hébreu], que les rois hasmonéens profitant de leur statut sacerdotal et ayant le monopole des prélèvements en faisaient un usage politique. Dans cette perspective, on peut conjecturer que Bar-Kokhba utilisait aussi les prélèvements destinés aux prêtres à des fins politiques.

[57] Pour affirmer cette approche, voir 1 Maccabées 13, 51, où est relaté l'événement de la conquête de la citadelle de Jérusalem par Simon alors que les Juifs triomphateurs y

supposer que Bar-Kokhba faisait des quatre espèces de la fête de *Sukkoth* un usage rituel mais peut-être aussi – au vu du caractère politico-national de ces végétaux – un usage politique[58].

Selon A. Oppenheimer, les décrets romains contre la pratique du rituel juif n'étaient pas dirigés contre les préceptes religieux en général, mais contre les observances véhiculant un quelconque caractère national[59]. On peut en effet remarquer que l'observance du sabbat ou des fêtes n'est pas interdite en tant que telle. Dans cette lignée, il devient possible de dire que l'usage des quatre espèces relatives à la fête de *Sukkoth* ne posait pas de problème aux autorités romaines en tant que précepte rituel, mais plutôt en tant que manifestation militaire à caractère politique[60]. Bien

---

font leur entrée avec des palmes, cf. les remarques d'U. Rappaport, *I Maccabées. Introduction, traduction et commentaire*, Jérusalem, Yad Yitsḥaḳ Ben-Tsevi, 2004, p. 307 note 51 [en hébreu]. Selon cette même approche, on peut citer le célèbre passage de l'Évangile selon Jean 12, 13, dans lequel Jésus entre à Jérusalem tel le Messie et est acclamé avec des rameaux et des palmes. Notons que le Midrash *Lévitique Rabba* 30, 2 (éd. M. Margulies, p. 694–695) confirme cette idée sous la forme : « Et on ne sait pas qui est le vainqueur jusqu'à ce qu'il brandisse une branche de palmier. Là on sait qu'il est le vainqueur ». Voir sur cette notion, S. Krauss, *La Perse et Rome dans le Talmud et le Midrash*, Jérusalem, Mossad ha-Rav Kook, 1948, p. 220 [en hébreu] ; D. Sperber, « Études sur les pièces de Bar-Kokhba », *Sinaï* 55 (1964), p. 37–41 [en hébreu].

58 Peut-être doit-on lire dans cette perspective les motifs représentant les quatre espèces sur les pièces de l'époque de la révolte. Voir sur la numismatique de cette période, J. Meshorer, *Pièces juives de l'époque du Second Temple*, Tel-Aviv, Am ha-Sefer, 1966 [en hébreu] ; A. Kindler, « Pièces de la guerre de Bar-Kokhba », dans *La révolte de Bar-Kokhba*, Thèmes d'histoire du peuple juif 10, Jérusalem, Zalman Shazar Press, 1980, p. 159–177 [en hébreu].

59 Cf. A. Oppenheimer, « Bar-Kokhba et l'accomplissement des préceptes religieux », dans *La révolte de Bar-Kokhba*, *op. cit.*, p. 145. Voir également M.D. Herr, « Persecutions and Martyrdom in Hadrian's Days », *Scripta Hierosolymitana* 23 (1972), p. 85–125 ; S. Lieberman, « Persécutions contre la religion juive », dans *Salo Wittmayer Baron: Jubilee volume on the occasion of his eightieth birthday*, S. Lieberman (éd.), Jérusalem, American Academy for Jewish Research, 1975, p. 213–234 [en hébreu] ; P. Schäfer, *Der Bar-Kokhba Aufstand: Studien zum zweiten jüdischen Krieg gegen Rom, op. cit.*, p. 207–208 ; M. Hadas-Lebel, *Jérusalem contre Rome, op. cit.*, p. 174–182, qui fait le point sur les pratiques interdites dans les différentes sources talmudiques.

60 Un passage de la Mekhilta de Rabbi Ismaël, *Behodesh* 6 (éd. H.S. Horovitz, I.A. Rabin, p. 227) mentionne au nom de R. Nathan :
'Pour ceux qui aiment et qui observent tes commandements' (Ex 20, 6). Il s'agit d'Israël qui réside en terre d'Israël et donne sa vie pour les commandements. Pourquoi suis-je tué ? Car j'ai circoncis mon fils. Pourquoi suis-je brûlé ? Car j'ai lu la Torah. Pourquoi suis-je crucifié ? Car j'ai consommé du pain azyme (durant la fête de Pesaḥ). Pourquoi suis-je frappé de cent coups de verge ? Car j'ai agité le lulav.
Ce passage mentionne entre autres le commandement du *lulav* déjà évoqué, la circoncision perçue par les païens comme une pratique barbare, la lecture de la *Torah* qui évoque le rassemblement communautaire et la possibilité de fomenter une insurrection, et enfin la consommation du pain azyme durant la Pâque juive. Ce dernier point est intéressant en ce qu'il peut également être interprété en tant que pratique au caractère politique

entendu, le fait que Bar-Kokhba se soit montré scrupuleux dans l'observance de cette pratique ne put que renforcer la vision messianique qu'en
avait R. Aqiba[61].

Une autre source à prendre en considération dans l'étude de la figure
historique de Bar-Kokhba se trouve chez les Pères de l'Église. En effet, le
personnage de Bar-Kokhba est non seulement mentionné dans certains
passages de la littérature patristique, mais on lui impute également des
prétentions messianiques. Ainsi, dans son *Histoire ecclésiastique* IV, 6, 2,
Eusèbe de Césarée déclare[62] :

> Un homme du nom de Barchochébas était alors à la tête des Juifs : ce nom
> signifie étoile. Pour le reste, il était un voleur et un meurtrier, mais par son
> nom il en imposait à des esclaves, comme s'il était une lumière venue du ciel
> pour eux et miraculeusement destiné à les éclairer dans leurs malheurs.

Il est à remarquer que ce court passage fait référence au nom de Bar-Kokhba
et à sa signification « étoile ». Il est donc au fait de ses implications messianiques. Il connaît également l'exégèse messianique du verset de Nb 24,
17, « Un astre s'élance de Jacob, un sceptre se lève, issu d'Israël », refor-
mulé « comme s'il était une lumière venue du ciel pour eux et miraculeusement destiné à les éclairer dans leurs malheurs ». La venue du ciel et de
l'éclairage est mue par un élément d'immédiateté qui peut être compris

---

manifeste. Dans la Mishna *Pesaḥim* 6, 6, R. Aqiba est en désaccord avec R. Tarfon et clame
qu'il faut conclure la *aggadah de Pesaḥ* (récit de la sortie d'Égypte durant la Pâque juive)
par les mots :
> Dieu, notre Dieu et Dieu de nos pères, (que nous puissions parvenir) aux autres fêtes
> et aux autres pèlerinages qui viennent vers nous dans la paix, nous sommes heu-
> reux de l'édification de ta ville (Jérusalem) et de ton service (dans le Temple), ainsi
> nous mangerons le sacrifice de l'Agneau pascal (…). Béni sois-tu Seigneur qui sauve
> Israël.

Il est fort intéressant de constater que R. Aqiba – ce même R. Aqiba qui voyait en
Bar-Kokhba un roi Messie libérateur de la Judée – ne se satisfait pas de la délivrance historique de la sortie d'Égypte mais souhaite une délivrance messianique qui comporte l'édi-
fication du Temple et le rétablissement de son culte. Si l'on accepte avec A. OPPENHEIMER,
« Bar-Kokhba et l'accomplissement des préceptes religieux », dans *La révolte de Bar-Kokhba*,
op. cit., p. 146, de dater ce passage antérieurement à la révolte de Bar-Kokhba, il devient
possible de dire que R. Aqiba n'entrevoyait pas la rédemption comme un événement futur
et utopique mais bien comme une circonstance tangible, aux caractéristiques politiques et
nationales bien actuelles, exprimées par la révolte menée par Shimon Bar-Kokhba.

[61] On pourrait aussi ajouter à cela le fait que R. Aqiba présente des approches très
nationalistes et se montre souvent radical dans ses conceptions envers Rome et les païens.
Voir sur ce point D. JAFFÉ, *Le judaïsme et l'avènement du christianisme, op. cit.*, p. 165–166.

[62] Cf. Eusèbe de Césarée, *Histoire ecclésiastique* IV, 6, 2 (trad. G. BARDY), Sources chrétiennes 31, Paris, Cerf, 2001, p. 165.

comme une libération soudaine ou imminente, ce qui corroborerait l'idée de délivrance politique au moyen d'une guerre[63].

Dans un passage de la *Grande Apologie* (1, 31) de Justin (Martyr) de Néapolis, il est question du martyre que Bar-Kokhba faisait subir aux chrétiens devant leur refus de renier et de blasphémer Jésus-Christ. À la lumière de nos connaissances des méthodes très radicales qu'employait le chef de la révolte contre ses opposants, tout laisse à penser qu'il combattait également les chrétiens qui lui refusaient allégeance. Bien entendu, les raisons pour lesquelles les chrétiens ont refusé de participer à la révolte sont évidentes. C'est essentiellement à cause du caractère messianique de cette insurrection et de son dirigeant, qui ne pouvaient convenir aux chrétiens du fait que le Messie était, selon eux, déjà révélé[64]. Ce ne sont donc pas à des problèmes liés à la pratique religieuse ou à des éléments doctrinaux d'ordre théologique –comme Justin semble l'insinuer – qu'il faut imputer le manque de mobilisation des chrétiens. La raison en est plutôt l'imbrication indissociable entre les ambitions politiques et messianiques de la révolte[65].

On ne peut comprendre le regard de R. Aqiba sur Bar-Kokhba et sa qualification de roi-Messie sans s'interroger sur la conception même du messianisme selon le maître. Soulignons à ce propos, qu'il existe fort peu de témoignages sur les conceptions messianiques de R. Aqiba.

---

[63] Nous suivons pour cette analyse P. SCHÄFER, *Histoire des juifs dans l'Antiquité*, Paris, Cerf, 1989, p. 177, qui remarque judicieusement que le ton général de la description de Bar-Kokhba est négatif : c'est un voleur qui dupe ses adeptes (des esclaves) avec ses revendications messianiques. Cette forme de schéma se retrouve dans d'autres mouvements messianiques où les adeptes sont considérés comme un groupe de brigands et de hors-la-loi, voir par exemple chez Josèphe à propos de la grande révolte juive contre Rome.

[64] Sur ce point, cf. L.H. SCHIFFMAN, *Who was a Jew? Rabbinic and Halakhic Perspectives on the Jewish-Christian Schism*, Hoboken, Ktav Publ., 1985, p. 75–77.

[65] Voir E. SCHÜRER, *The History of the Jewish People in the Age of Jesus-Christ (175 B.C.–A.D. 135)*, révisé par M. BLACK, G. VERMES, F. MILLAR, t. 1, Édimbourg, T&T Clark, 1973, p. 544–545, qui analyse également la réaction chrétienne selon cette perspective. Les propos de L. VANA, « Histoire et historiographie chez les Pères de l'Église et les Sages du Talmud », *op. cit.*, p. 29, selon lesquels : « Il ne fait aucun doute que si les juifs avaient considéré Bar Koseba comme messie, les Pères de l'Église n'auraient pas manqué d'utiliser cet argument dans la polémique judéo-chrétienne en reprochant aux juifs de n'avoir pas reconnu le Christ et d'avoir soutenu un faux messie », ne sont aucunement recevables. Il convient plutôt de se ranger à l'opinion de Joshua Efron, « La guerre de Bar-Kokhba à la lumière de la tradition talmudique judéenne contre la tradition babylonienne », dans *La révolte de Bar-Kohba. Nouvelle approche, op. cit.*, p. 54, qui explique le point de vue des Pères de l'Église sur Bar-Kokhba en présentant une typologie selon laquelle le messie juif est terrestre, violent et belliqueux alors que le messie chrétien est spirituel, céleste, universel et pacifiste. Ce schéma répond à une plus grande vraisemblance historique et correspond de surcroît aux éléments de la polémique entre juifs et chrétiens à cette époque.

Selon Ephraïm E. Urbach, R. Aqiba considérait la rédemption de la nation juive comme un processus interne et atteignable à une date historique[66]. Il voyait dans le triomphe de Bar-Kokhba la réalisation de Ag 2, 7 : « Je mettrai en mouvement tous les peuples, pour qu'affluent [ici] les biens les plus précieux de tous ces peuples, et ainsi je remplirai cette maison de splendeur, dit Dieu » ou encore l'accomplissement de la prophétie de Zacharie 8, 4 : « Des vieux et des vieilles s'assiéront encore sur les places de Jérusalem, chacun son bâton à la main, vu leur grand âge »[67].

R. Aqiba n'associait pas la restauration des dix tribus d'Israël et leur réimplantation en terre d'Israël à la rédemption[68], pas plus qu'il ne réservait de place particulière au prophète Élie ou à la concrétisation des visions concernant « le jour de Dieu ». On ne trouve par non plus dans l'approche de ce Sage de relations avec une quelconque spéculation mystique sur l'œuvre de la cosmogonie, des mondes supérieurs ou du mystère divin[69]. On doit enfin remarquer que chez R. Aqiba, les événements d'ordre catastrophique qui bouleversent le cycle de la nature sont relégués aux temps à venir. Ainsi, il enseigne en *Eduyot* 2, 10 : « Le jugement de Gog et Magog dans les temps à venir durera douze mois, le jugement des mécréants dans la géhenne durera douze mois »[70]. Il convient enfin de

---

[66] Cf. E.E. URBACH, *Croyances et conceptions des Sages du Talmud, op. cit.*, p. 692–693.

[67] Dans la même perspective, voir les passages de *Makkot* 24a et *Ekha Rabbati* 5, 18. E.E. URBACH, *Croyances et conceptions des Sages du Talmud, op. cit.*, p. 693 n. 76, rapporte la *Baraïta* de *Hagiga* 14a et de *Sanhédrin* 38b en remarquant qu'elle n'est pas en accord avec la conception messianique de R. Aqiba qu'il essaie de présenter.

[68] Cf. *Sifra Behuqotaï* 8 (éd. A.H. WEISS p. 112a) ; *Sanhédrin* 110b. D. CASTELLI, *Il Messia secondo gli Ebrei*, Florence, Successori Le Monnier, 1874, p. 253, a supposé que ce jugement sévère porté sur les dix tribus avait un fondement empirique et provenait de la déception rencontrée par R. Aqiba lors de ses nombreux voyages – censés avoir eu comme objectif l'enrôlement des foules juives dans la lutte contre Rome – face aux populations qui restèrent peu enclines à se mobiliser dans cette aventure. Voir également sur ce point, J. HEINEMANN, *Aggadot ve-toledotehen*, Jérusalem, Keter, 1974, p. 108 [en hébreu], qui affirme – à juste titre selon notre opinion – que R. Aqiba concevait la rédemption messianique selon des fondements terrestres et nationaux éloignés de toutes spéculations surnaturelles et utopiques. Sur la question, voir aussi les remarques également en ce sens de P. SCHÄFER, « Rabbi Aqiva and Bar Kokhba », dans *Approaches to Ancient Judaism*, t. 2, W.S. GREEN (éd.), Ann Arbor, Scholars Press, 1980, p. 113–130 et spécialement p. 119–120.

[69] Il est intéressant de constater que ceci est le cas, bien que R. Aqiba s'investissait dans l'étude mystique de ces thèmes. Voir sur cette question E.E. URBACH, « Traditions sur la doctrine ésotérique à l'époque des Tannaïm », dans *Études sur la mystique et la religion présentées à Gershom Scholem, op. cit.*, p. 11–12.

[70] Cf. J. KLAUSNER, *L'idée messianique en Israël depuis le début jusqu'à la clôture de la Mishna, op. cit.*, p. 253–254, qui voit dans ce passage une relation de R. Aqiba à la révolte de Bar-Kokhba. Il se rapproche aussi de la thèse selon laquelle les conceptions messianiques de R. Aqiba étaient politico-nationales et non utopiques.

noter que l'approche de R. Aqiba se fonde sur une rédemption proche dans le temps, ce qui ne peut qu'affermir l'idée de voir en Bar-Kokhba un roi Messie politico-national[71].

Les conceptions messianiques durant l'époque talmudique (IIIe–Ve siècle)

À l'issue de l'insurrection avortée de Bar-Kokhba et des conséquences dramatiques qu'elle engendra, le messianisme se modifia radicalement. Les textes témoignent d'une transition depuis des espérances messianiques concrètes et réalistes jusqu'à des espérances chargées d'éléments utopiques. Ces nouvelles conceptions trouvent leur socle dans les ruines de l'histoire et la faillite de l'espoir messianique manifesté à travers Bar-Kokhba. C'est dans ce contexte que l'on doit lire, par exemple, ce passage extrait du Talmud de Babylone *Sanhédrin* 97*a* :

> Nos maîtres ont enseigné : « Le septénaire à la fin duquel le fils de David viendra, la première année sera accomplie le verset : 'Et je ferai pleuvoir sur une cité et ne pas pleuvoir sur une autre cité'. Durant la deuxième, les flèches de la famine seront lancées ; durant la troisième, il y aura une grande famine : hommes, femmes, enfants, personnes pieuses, hommes d'actions mourront et la *Torah* sera oubliée par ceux qui l'étudient. Durant la quatrième, il y aura une abondance partielle ; la cinquième, l'abondance sera grande, les gens mangeront, boiront et seront dans l'allégresse et la *Torah* sera restaurée pour ceux qui l'étudient. Durant la sixième, il y aura des voix (célestes) ; durant la septième, des guerres, et à la fin de la septième année, le fils de David viendra ».

Il est fort intéressant de mettre en parallèle ces propos avec ceux de certains chapitres de l'*Apocalypse de Baruch* syriaque où apparaît une vision avec l'ouverture des cieux et l'annonce de la « consommation des temps »[72]. Certains passages spéculent sur la durée de l'existence du monde et en proposent un découpage par séquences de deux mille ans chacune[73].

---

[71] Cf. *Sanhédrin* 97*b*. C'est également l'avis de P. SCHÄFER, « Rabbi Aqiva and Bar Kokhba », *op. cit.*, p. 124, qui ajoute judicieusement que R. Aqiba percevait la révolte comme un mouvement messianique.

[72] Par exemple *Apocalypse de Baruch* syriaque 24 sur les divisions des temps en douze parties.

[73] On peut citer, à titre d'exemple, *Sanhédrin* 97*a* et *Aboda Zara* 9*a* où l'on peut lire : Un *tanah* de l'école d'Élie enseigne que l'existence du monde sera de six mille ans ; deux mille ans de désolation, deux mille ans de *Torah* et deux mille ans pour les jours du Messie (*yemot ha-mashiaḥ*).

Dans un ouvrage récent, Joseph Dan se livre à une étude des mouvements
messianiques parmi les Juifs de l'Antiquité et parvient à la conclusion que

---

Ajoutons que ce passage ne possède aucun parallèle sous cette forme dans la littérature
palestinienne (Talmud de Jérusalem, midrash halakhah…) On trouve aussi dans l'*Épître
de Barnabé* 15, 4 une formulation similaire sous la forme :

> Faites attention, mes enfants, au sens de la phrase : 'Il acheva en six jours'. Cela veut
> dire que le Seigneur amènera l'univers à son terme en six mille ans. Car un jour pour
> lui signifie mille ans. Il me l'atteste lui-même quand il dit : 'Voici, un jour du Seigneur
> sera comme mille ans' (Ps 90, 4). Ainsi, mes enfants, c'est 'en six jours', en six mille
> ans, que l'univers parviendra à son terme.

(Cité d'après P. PRIGENT, *Épître de Barnabé*, Sources Chrétiennes 172, Paris, Cerf, 1971,
p. 185). La semaine de six mille ans est également attestée dans l'eschatologie samaritaine,
chez Irénée de Lyon (*Contre les hérésies* 5.28.3), Hippolyte (*Commentaire sur Daniel* 4, 23)
et Bardésane (cf. F. NAU, *Bardesane l'astrologue. Le livre des lois des pays*, Paris, 1899, p.
57), voir P. PRIGENT, *Épître de Barnabé, op. cit.*, p. 185 note 3. Notons que J. DANIÉLOU, « La
typologie millénariste de la semaine dans le christianisme primitif », *VC* 2 (1948), p. 1–16,
considère que cette spéculation sur le compte des années est de provenance judéo-hellé-
nistique et qu'elle a des ramifications au sein du judéo-christianisme syrien. Elle est à distinguer des approches millénaristes asiates. Le motif du septénaire dont la sept millième
année sera emplie de bonheur et verra le règne du Christ et des justes se trouve dans le
livre VII des *Institutions divines* de Lactance. Le *Livre des secrets* d'Hénoch en 1 Hénoch 33,
1 selon R.H. CHARLES, *The Apocrypha and Pseudepigrapha of the Old Testament in English*,
2, Oxford, Clarendon Press, 1973, p. 451. Dans une des versions slaves, reprend également
le concept de septénaire sous la forme :

> Et je désignerai le huitième jour, aussi, de sorte que le huitième jour serait le premier
> créé après mon œuvre et que les sept premiers retournent à la forme du septième
> millénaire, et qu'au commencement du huitième millénaire il y aurait un temps où
> l'on ne compte plus, infini, sans année, ni mois, ni semaines, ni jours, ni heures.

(Cité selon P. GIGNOUX, « Hexaéméron et Millénarisme : Quelques motifs de comparaison
entre Mazdéisme et Judaïsme », *Irano-Judaica* 2 (1990), p. 80). Certains critiques ont subo-
doré une influence de la chronologie apocalyptique iranienne sur ce passage talmudique,
voir à ce propos E. BÖKLEN, *Die Verswandschaft der jüdischen christlichen mit der pärsischen
Eschatologie*, Göttingen, Vandenhoeck and Ruprecht, 1902, p. 81–84 ; A. VON GALL, *Basilea
tou theou. Eine religionsgeschichtliche Studie zur vorkirchlichen Eschatologie*, Heidelberg,
C. Winter, 1926, p. 122 ; 275 ; P. VOLZ, *Die Eschatologie der jüdischen Gemeinde im neutes-
tamentlichen Zeitalter, nach den Quellen der rabbinischen, apokalyptischen und apokryphen
Literatur dargestellt*, Tübingen, Mohr Siebeck, 1934, p. 143. On doit en effet reconnaître
que cette *baraïta* peut être assimilée au résumé de la cosmogonie iranienne telle que
nous la trouvons chez Plutarque, *De Iside et Osiride* 46–47. On consultera également avec
profit G. WIDENGREN, *Stand und Aufgaben der iranischen Religionsgeschichte*, Leyde, Brill,
1955, t. 1 p. 39sq et t. 2 p. 107sq et du même auteur, *Les religions d'Iran*, Paris, Payot, 1968,
p. 233 qui considère dans cet ouvrage qu'il est malaisé de déterminer la relation entre le
motif des sept mille ans et les autres chronologies iraniennes. On trouve dans les traditions
mazdéennes, un schéma en neuf mille ou en douze mille ans. Le premier est souvent rapproché de la doctrine manichéenne des trois temps (cf. notamment J. DUCHESNE-GUILLEMAIN,
La religion de l'Iran ancien, Paris, PUF, 1962, p. 318 et H.-C. PUECH, *Le Manichéisme. son
fondateur, sa doctrine*, Paris, Civilisations du Sud, 1949, p. 157 note 284). Nous sommes
grandement redevables à P. GIGNOUX, « Hexaéméron et Millénarisme », *op. cit.*, pour ces
références. Ces facteurs sont effectivement loin d'être faciles à déceler, comme le remar-
quait l'un des grands spécialistes de ces deux traditions religieuses, S. SHAKED, « Iranian
Influence on Judaism: First Century B.C.E. to Second Century C.E. », dans *The Cambridge*

ce passage témoigne d'une réalité dénuée de toute logique, une réalité dans laquelle l'ordre du monde est totalement renversé[74].

À l'époque des premiers *amoraim* (IIIe siècle), c'est une tendance clairement chargée d'utopie qui prévaut. C'est encore aux événements de l'histoire et à leurs incidences dans le monde juif qu'il faut recourir pour saisir ces mutations. À cet égard, on peut pointer différents facteurs qui, sans aucun doute, laissèrent leur empreinte dans le monde juif :

1) Le déclin de l'empire romain
2) Les guerres de Rome contre les Perses
3) La dégradation de la situation économique
4) Les critiques dirigées contre les institutions administratives, le patriarcat et les tribunaux

Comme l'ont montré certains historiens, à partir du début du IIIe siècle, des événements dramatiques rythment la vie des communautés juives. Outre les vicissitudes de la vie politique babylonienne, on peut mentionner à ce titre l'invasion et la destruction de la ville de Neardeah en l'an 259 ou 260. Les guerres entre Romains et Perses et leurs conséquences sur les Juifs babyloniens contribuèrent à créer des espérances messianiques déterminantes. Les drames qu'apportèrent ces guerres et qui accablèrent les communautés juives furent très vite interprétés comme la guerre apocalyptique de Gog et Magog[75]. Comme l'écrit Israël Lévi : « Les alternances de triomphes et de défaites des Romains et des Parthes, qui remplissent l'histoire de cette période, ont dû frapper fortement l'esprit des Juifs de Babylonie et de Palestine et leur faire concevoir l'espérance en l'arrivée de la fin, de la délivrance »[76].

History of Judaism, W.D. DAVIES, L. FINKELSTEIN (éd.), Cambridge, Cambridge University Press, 1984, p. 321 : « The complexity, lack of coherence, and apparent contradictions in the eschatological schemes, both in Iran and in Judaism, are quite considerable ».

[74] Cf. J. DAN, *Histoire du mysticisme et de l'ésotérisme juif, op. cit.*, p. 440–441 [en hébreu].

[75] Voir les analyses de S. FUNK, *Die Juden in Babylonien*, t. 1, Berlin, M. Poppelauer, 1902, p. 75. Moshe Baer va jusqu'à supposer une corrélation entre les propos de Rav Yehuda, frère de Rav Salah, et le contexte historique juif babylonien. Cela sachant que ce Sage a vécu à Neardeah durant la première partie du IVe siècle. Voir son article en hébreu, M. BAER, « Quelques idées sur R. Yehuda frère de R. Salah le Pieux », *Sinai* 48 (1961), p. 299–301.

[76] Cf. I. LÉVI, « Apocalypses dans le Talmud », *REJ* 1 (1880), p. 109. C'est peut-être d'ailleurs avec cet éclairage qu'il faut lire ce propos de *Sanhédrin* 98a exprimant un dialogue légendaire entre le roi Sapor et l'*amora* babylonien Samuel (IIIe siècle) :

C'est certainement dans ce contexte que l'on doit comprendre ce passage midrashique, *Cantique Rabba* 8, 10, attribué à R. Shimon bar Yohaï, « si tu vois un cheval perse attaché à des pierres tombales en terre d'Israël, escompte la venue du messie », ou encore au nom de R. Éléazar ben R. Abuna, « si tu vois les royaumes se faire la guerre, escompte la venue du messie »[77]. C'est aussi dans ce contexte que l'on doit entrevoir les passages suivants extraits de *Sanhédrin* 98a :

> Le fils de David ne viendra pas avant que les deux dynasties d'Israël ne soient éteintes.

Il s'agit vraisemblablement de l'exilarchat de Babylonie et de l'ethnarchie en Israël. Ou encore :

> Le fils de David ne viendra pas avant que les juges et les surveillants de l'ordre ne disparaissent d'Israël.
> Si vous voyez une génération qui donne des signes de déclin régulier, attendez-vous à voir (le Messie).
> Le fils de David n'apparaîtra que dans une génération totalement pervertie.

Dans les textes talmudiques attribués à des figures de cette même époque, principalement le IIIe siècle, on trouve un phénomène nouveau qui connaîtra un succès durable : celui des calculateurs des temps messianiques. Ainsi, on lit dans ce même traité de *Sanhédrin* 97b :

> Élie a dit à Rav Yehudah, frère de Rav Salah le Pieux : « Le monde ne durera pas moins de quatre-vingt cinq jubilés et le fils de David apparaîtra durant le dernier jubilé ». Rav Yehuda demanda : « Au début du jubilé ou à la fin ? » Il répondit : « Je l'ignore ». « Sera-t-il achevé ou non ? » « Je l'ignore ».

Bien entendu, ce qui doit retenir l'attention réside précisément dans l'ignorance attribuée aux protagonistes de ce passage. C'est à n'en pas douter le message ultime qu'ont voulu transmettre les rédacteurs de ce texte à savoir que toute spéculation sur l'avènement messianique apparaît comme vaine, et ce, même si les évènements concrets semblent se prêter à ce genre de calcul[78]. La réaction de certains maîtres talmudiques devant

---

> Le roi Sapor dit à Samuel : Vous dites que le Messie viendra, monté sur un âne, eh bien ! Je vais lui envoyer un cheval étincelant que je possède ! En possèdes-tu un qui ait mille couleurs ?

[77] Cf. *Yoma* 10a ; *Genèse Rabba* 41, 4 (éd. J. Theodor ; C. Albeck, p. 409). Dans ce même esprit, voir le propos de R. Yosse ben Qisma en *Sanhédrin* 98a–b.

[78] Cf. I. Lévi, « Apocalypses dans le Talmud », *op. cit.*, p. 108–114 ; M. Bear, « Quelques idées sur R. Yehuda frère de R. Salah le Pieux », *op. cit.*, p. 299–301. Notons qu'un autre passage attribué à Rav Yehudah, frère de Rav Salah le Pieux, se rapporte aussi à des

le phénomène des calculateurs de la fin est sans ambiguïté. Ainsi, R. Yona-
than, déclare en *Sanhédrin* 97*b*, sur le ton véhément fréquemment utilisé
par les Sages du Talmud :

> Que soient mâchés les os de ceux qui calculent la fin (l'avènement messiani-
> que) car ils disent 'le compte (est parvenu à son terme) et il n'est pas venu
> (le Messie), c'est qu'il ne viendra pas.'

Ces spéculations ont d'ailleurs engendré des réactions diverses et souvent
antagonistes, ainsi Rabba n'hésite pas à formuler son opinion de façon
quelque peu inattendue :

> « Qu'il vienne, mais puissè-je ne pas le voir » en parlant du dévoilement
> messianique et Rav Yossef de lui rétorquer : « Qu'il vienne et puissè-je m'as-
> seoir à l'ombre du crottin de son âne ».[79]

Il est intéressant de noter que cet *amora* babylonien, Rav Yossef est mentionné dans un passage énigmatique de *Sanhédrin* 97*b* où l'on retrouve
une supputation sur les « jours du Messie » :

> Rav Hanan bar Tahlifa envoya dire à Rav Yossef : « J'ai rencontré un homme
> qui a en sa possession un rouleau écrit en caractères assyriens et en langue
> sacrée. Je lui ai demandé : 'Où l'as-tu obtenu ?' Il m'a dit : 'Je me suis loué
> à l'armée romaine et l'ai trouvé (ce rouleau) dans les archives de l'armée
> romaine[80].' Il y est écrit : Quatre mille deux cent quatre-vingt onze ans après
> la création du monde, le monde sera orphelin. (Il y adviendra) des guerres
> de monstres marins, des guerres de Gog et Magog et le reste constituera
> les jours du Messie. Dieu ne renouvellera son monde qu'à l'issue de sept
> mille ans ».

---

spéculations messianiques et met en relation un dialogue avec le prophète Élie. Ce passage
apparaît en *Yoma* 19*b* :

> Élie dit à Rav Yehudah, frère de Rav Salah le Pieux : 'Vous prétendez que le Messie ne
> viendra pas et cependant aujourd'hui, jour de Kippur, il a été commis de nombreux
> crimes'.

Selon la lecture qu'en propose Israël Lévi, il y a lieu de comprendre ce passage en tant
qu'expression des sentiments de Rav Yehudah, frère de Rav Salah, formulés par le prophète Élie.

[79] Cf. *Sanhédrin* 98*b*. Sur ce passage, voir les remarques de J. DAN, *Histoire du mysticisme et de l'ésotérisme juif, op. cit.*, p. 448–450.

[80] La version, « Je me suis loué dans l'armée assyrienne et je l'ai trouvé dans les archives perses », apparaît dans certaines éditions imprimées. Toutes les versions issues des
manuscrits ainsi que l'*editio princeps* glosent : « Je me suis loué à l'armée romaine et l'ai
trouvé (ce rouleau) dans les archives de l'armée romaine ». Selon E.E. URBACH, *Croyances
et conceptions des Sages du Talmud, op. cit.*, p. 701, ce serait Marcus Marinus Brixianus,
correcteur de l'imprimerie de Bâle (1578–1581), qui effaça le mot *Romi* (Rome) dans chaque
occurrence où apparaissait les termes « Babylone » ou « Aram ». Il semblerait que dans ce
passage, il ait opté pour le terme « Perse ».

De même que pour le passage sur « le septénaire à la fin duquel le fils de David viendra » mentionné plus haut, on peut postuler une influence iranienne pour ce passage. Aurions-nous donc les marques d'une pensée eschatologique iranienne ? En dehors de cela, notons que ce texte n'apporte aucun élément que l'on ne retrouve dans d'autres littératures[81].

---

[81] Cf. A. von Gall, *Basilea tou theou, op. cit.*, p. 426 qui mentionne l'*Apocalypse de Baruch* syriaque 29, 4 sur le Léviathan de l'ère messianique.

LE MESSIE JUDÉO-CHRÉTIEN ET LES RABBINS : ÉTUDE DE QUELQUES MOTIFS

José Costa

Avant la destruction du Temple de Jérusalem en 70 de notre ère, le judaïsme est constitué d'une grande diversité de courants. Il n'est donc pas surprenant qu'à la même époque les conceptions messianiques soient elles aussi variées[1]. Après 70, la documentation littéraire juive consiste essentiellement en des recueils de la tradition rabbinique. Les traditions messianiques que contiennent ces recueils sont très nombreuses et elles manifestent également une grande variété[2]. Nous proposons, cependant, de regrouper l'essentiel de ces traditions autour de trois notions fondamentales : le Messie souverain, le Messie souffrant et le Messie transcendant.

Dans la première conception, le Messie est un roi, issu de la lignée de David (Is 11, 1). Son règne, « les jours du Messie », verra la prospérité du peuple d'Israël. Descendant de David, le Messie en sera un véritable équivalent, un « autre David », réunissant en sa personne les qualités de juge, de guerrier et de maître en matière de *Torah*[3]. Les rabbins étendent souvent son autorité à l'ensemble du monde, en s'appuyant sur Gn 49, 10, Is 11, 10 et Dn 2, 35.44. Cette souveraineté, le Messie l'acquiert par un impressionnant déploiement de forces. Il est semblable à un rocher fulgurant qui abat la montagne pourtant imposante des royautés terrestres

---

[1] Voir P. Piovanelli, « Les figures des leaders "qui doivent venir". Genèse et théorisation du messianisme juif à l'époque du second Temple », dans *Messianismes. Variations sur une figure juive*, J.-C. Attias, P. Gisel, L. Kaennel (éd.), Genève, Labor et Fides, 2000, p. 31–58, voir notamment les notes 1 à 4 pour un aperçu bibliographique. Comme le note P. Piovanelli lui-même, la bibliographie sur le messianisme du second Temple est en plein développement, notamment dans le domaine des études qumrâniennes.

[2] Pour un aperçu d'ensemble des conceptions messianiques du judaïsme rabbinique ancien, voir E. Urbach, *Les sages d'Israël. Conceptions et croyances des maîtres du Talmud*, Paris, Cerf, 1996 (1979), p. 669–711 ; *Messianism in the Talmudic Era*, L. Landmann (éd.), New York, Ktav, 1979 ; M. Idel, *Mystiques messianiques, de la kabbale au hassidisme, XIIIe–XIXe siècle*, Paris, Calmann-Lévy, 2005 (1998), p. 72–79.

[3] Sur l'expression « autre David », voir *b. Sanhédrin* 98b. Sur le Messie comme maître en matière de *Torah*, voir *Be-reshit Rabba* 98, 9.

(Dn 2, 44–45). Les ennemis terrorisés s'enfuient devant lui. Les tentatives de résistance des nations sont vouées à l'échec[4].

Loin d'insister sur la puissance du Messie et son caractère souverain, certaines traditions soulignent, au contraire, sa faiblesse et les souffrances qu'il endure. Cette idée d'un Messie souffrant s'enracine d'abord dans la figure du premier libérateur d'Israël, Moïse, qui était prêt à donner sa vie en guise d'offrande expiatoire pour la faute du veau d'or, commise par le peuple (Ex 32, 32)[5]. Elle s'appuie également sur plusieurs chapitres d'Isaïe qui mettent en scène une figure énigmatique, le serviteur de l'Éternel (Is 42–55), qui prend volontairement sur lui toutes sortes de souffrances pour obtenir le salut des pécheurs. Le *Targum* voit dans cette figure « mon serviteur le Messie »[6]. Selon une idée très répandue, puisqu'elle nous provient des Sages en général, le Messie sera un lépreux issu de la famille ou de l'école de Rabbi Yehuda *ha-nasi*[7] ou alors, le Messie est bien lépreux, mais il se trouve actuellement aux portes de Rome au milieu des autres lépreux. Il défait et refait inlassablement ses bandages, attendant son heure[8]. L'une des descriptions les plus saisissantes du Messie souffrant se trouve dans la *Pesiqta Rabbati*. Comparé à un veau, le Messie sera soumis à un joug en fer et réduit au silence. Il a accepté de subir toutes ces souffrances parce qu'elles seront brèves (une semaine) et parce que Dieu s'est engagé à ressusciter et à sauver tous les morts, y compris les avortons et les générations humaines qu'il n'a pas créées après avoir eu le projet de le faire[9].

Le Messie souffrant est, par définition, perçu comme profondément humain. Il en est de même pour une partie des traditions concernant le Messie victorieux et royal qui n'est, dans le fond, qu'un nouveau David issu de la lignée de l'ancien. Cette conception du Messie n'était manifestement pas partagée par tous les rabbins pour qui le Messie est la « pierre qui foudroie la statue et devient une grande montagne » (Dn 2, 35), qui suscite l'effroi de ses adversaires, domine tous les peuples et commande même aux forces de la nature (Ps 89, 26)[10]. Tout cela manifeste des

---

[4] Sur la souveraineté mondiale du Messie et l'interprétation messianique de Dn 2, 44–45, voir par exemple *Pirqey de Rabbi Eliezer* 11. Sur le déploiement de forces dont sont victimes ses ennemis, voir *Pesiqta Rabbati* 36.

[5] Sur Moïse comme serviteur souffrant, voir *b. Soṭah* 14a.

[6] *Targum Jonathan* sur Is 52, 13.

[7] *b. Sanhédrin* 98b.

[8] *b. Sanhédrin* 98a.

[9] *Pesiqta Rabbati* 36.

[10] *Ibid.*

pouvoirs surnaturels qui font de lui bien plus qu'un être humain, même si l'on prend en considération les miracles accomplis par les prophètes. Le Ps 72, 17 montre que le Messie jouit d'une quasi-éternité : « avant que le soleil ne soit », il était déjà là et « son nom » sera « pour toujours ». Semblable en cela à l'Adam cosmique des origines (dont la taille était aussi grande que celle du monde), sa valeur égale celle du monde entier : selon Rabbi Yoḥanan, c'est pour le Messie seul que le monde a été créé[11]. Il a une action miraculeuse, une origine surnaturelle mais aussi une connaissance surhumaine du sens de la *Torah*. Au moment de sa venue, il révèle ses secrets, éclaircit ses passages obscurs et rectifie les erreurs d'interprétation. Son savoir n'est pas de ce monde et dépasse celui des prophètes et des rabbins réunis[12].

Le tableau que nous venons de brosser à grands traits permet de résumer de manière commode et rationnelle une masse importante de traditions. Néanmoins, il n'est en aucune manière une présentation satisfaisante de l'ensemble du discours rabbinique sur le Messie. Les trois conceptions messianiques précitées sont susceptibles d'être combinées les unes aux autres et ne sont pas toujours distinctes dans les textes. L'historien doit, par ailleurs, tenter de situer chacune de ces conceptions dans le temps et voir si elles ne sont pas liées dans une certaine mesure à des contextes précis. Cette tâche n'est pas aisée, puisque les documents censés remonter à l'époque des *tanna'im*, les rabbins les plus anciens (40–200), contiennent assez peu de matériaux messianiques et que les *midrashim* aggadiques, qui en présentent le plus, ont souvent des dates de compilation finale assez tardives[13]. Il faut aussi se garder de l'équation : « documentation rabbinique = judaïsme rabbinique = judaïsme tout court ». Certes, les rabbins sont probablement les héritiers du judaïsme pharisien, mais ils ont préservé dans leurs écrits, parfois avec des altérations significatives, des matériaux provenant d'autres courants du judaïsme[14]. Quant au fait déjà cité que la documentation rabbinique devient majoritaire après 70, il n'implique nullement que le judaïsme rabbinique est prépondérant, voire qu'il est le seul judaïsme existant.

---

[11] *b. Sanhédrin* 98*b*.
[12] *Be-reshit Rabba* 98, 9.
[13] Sur l'époque tannaïtique, voir J. NEUSNER, « Mishna and Messiah », dans *Judaisms and their Messiahs at the Turn of Christian Era*, J. NEUSNER, W.S. GREEN, E.S. FRERICHS (éd.), Cambridge, Cambridge University Press, 1987, p. 265–282.
[14] Voir sur ce point, l'ouvrage majeur d'E. GOODENOUGH, *Jewish Symbols in the Greco-Roman Period*, 13 vol., Princeton, Princeton University Press, 1953–1968.

Pour la période postérieure à 70, S.C. Mimouni a conçu un modèle qui distingue trois judaïsmes : le judaïsme rabbinique, le judaïsme chrétien et un troisième groupe plus difficile à cerner et à nommer. Ce troisième groupe, fortement hellénisé et associé de très près à la synagogue, peut être appelé le judaïsme synagogal[15]. Il est tentant d'associer chacun de ces judaïsmes aux trois conceptions du messianisme que nous avons décrites plus haut à l'intérieur de la littérature rabbinique. Le judaïsme rabbinique insisterait surtout sur le Messie souverain, le judéo-christianisme sur le Messie souffrant, et le judaïsme synagogal sur le Messie transcendant, cette transcendance relevant essentiellement de la mystique.

La suite de notre propos concerne les rapports entre le judaïsme rabbinique et les autres judaïsmes sur la question du Messie, en insistant sur les conceptions judéo-chrétiennes. Un texte, tiré du *Midrash Ekha Rabba* (Ve siècle, abrégé EK), jouera un rôle central dans cette comparaison :

> Voici qu'est [arrivée] l'histoire [suivante à] un homme qui était en train de labourer [son champ]. Une vache s'est mise à meugler. Un Arabe passa à côté de lui. Il lui demanda : « Qu'es-tu ? » Il lui répondit : « Je suis un juif. » Il lui dit [alors] : « Détache ton bœuf et détache ta charrue. » Il lui demanda : « Pourquoi ? » Il lui répondit : « C'est parce que leur Temple a été détruit. » Il lui demanda : « D'où [l'] as-tu su ? » Il lui répondit : « Je l'ai su par le meuglement de ton bœuf. » Alors qu'il était [encore] occupé [à converser] avec lui, [la vache] meugla une autre fois. Il lui dit : « Attache ta vache, attache ta charrue, car le libérateur des juifs est né. » Il lui demanda : « Et quel est son nom ? [Il lui répondit :] « Menaḥem est son nom. » « Et son père, quel est son nom ? » Il lui répondit : « Ḥizqiyya [= Ézéchias]. » Il lui demanda : « Et où demeurent-ils ? Il lui répondit : À Birat 'Arba de Bethléem [en] Judée. Cet homme vendit ses bœufs, il vendit sa charrue et il s'est mis à vendre des vêtements de feutre pour les enfants. Il entra dans une ville et sortit vers une [autre] ville. Il entra dans une province et sortit vers une [autre] province, jusqu'à ce qu'il arrivât là-bas. Toutes les femmes vinrent lui acheter [ses vêtements] mais une femme, la mère de cet enfant, ne lui acheta [rien]. Il lui demanda : « Pourquoi n'achètes-tu pas des vêtements de feutre pour les enfants ? » Elle lui répondit : « Le destin (ḥasheh) est mauvais pour mon enfant. » Il lui demanda : « Pourquoi ? » Elle lui répondit : « Car à la suite de sa [naissance], le Temple a été détruit. » Il lui dit [alors] : « Nous pouvons avoir confiance dans le souverain de l'univers, car à la suite de sa [naissance], le Temple a été détruit et à la suite de sa [naissance], il sera reconstruit. » Il lui dit [aussi] : « Tu vas prendre [quelques-uns] de ces vêtements de feutre

---

[15] S.C. Mimouni, *Le judaïsme ancien du VIe siècle avant notre ère au IIIe siècle de notre ère : des prêtres aux rabbins*, Paris, PUF, 2012, p. 475–478 et 529–563.

pour ton enfant et après [quelques] jours, je viendrai dans ta maison et je prendrai ton paiement [pour les vêtements]. » Elle prit [les vêtements] et partit. Après [quelques] jours, cet homme se dit : « Je vais aller voir ce que fait cet enfant. » Il vint auprès d'elle [et] il lui dit : « Cet enfant, que fait-il ? » Elle lui répondit : « Ne t'avais-je pas dit que son destin était mauvais ? Même à la suite de sa [naissance], le [mauvais] sort que lui prédisait la divination [l'attendait] (*afillu 'al rigleh naḥasheh*) et après le moment [où tu es parti], des vents et des tempêtes sont venus, l'ont pris et sont partis [avec lui]. » Il lui dit [alors] : « Ne t'avais-je pas dit qu'à la suite de sa [naissance], le Temple a été détruit et à la suite de sa [naissance], il sera reconstruit ? » Rabbi Abun a dit : « En quoi ai-je besoin d'apprendre [cela] d'un Arabe ? N'y a-t-il pas un verset explicite [qui l'enseigne], ainsi qu'il est écrit : 'Et le Liban tombera par [la main du] puissant' (Is 10, 34) et il est écrit après cela : 'Et un rameau sortira de la souche de Jessé, une branche poussera à partir de ses racines' (Is 11, 1) » ?[16]

Ce texte a fait l'objet d'un grand nombre de commentaires, notamment au sujet de la relation qu'il est susceptible d'entretenir avec les traditions du Nouveau Testament. Les parentés entre EK et les récits des évangiles sur la naissance de Jésus, celui des mages comme celui des bergers sont évidentes. On retrouve à chaque fois la ville de Bethléem, l'errance, la pauvreté de la mère, les dons faits à l'enfant Messie et les signes qui l'entourent, naturels ou surnaturels. D'autres aspects d'EK rappellent plutôt le chapitre 12 de l'Apocalypse de Jean, en particulier l'enlèvement de l'enfant Messie.

Les commentateurs s'entendent en revanche moins sur les relations qui existent entre ces différentes sources et ils ne valorisent pas toujours le même corpus de référence dans leur comparaison : les récits évangéliques, Apocalypse 12, 4 Esdras IX–XI, le *Sefer Zerubabel* (*Midreshe ge'ulla*, Y. Even-Shmuel, éd., p. 71–88) ou encore les *Oracles d'Hystaspe*. G. Hasan-Rokem estime qu'EK et les textes évangéliques reposent sur un récit commun, plus ancien, relevant de la littérature populaire[17]. H. Gunkel voit dans EK une version partiellement effacée d'Apocalypse 12[18]. I. Lévi émet l'hypothèse d'une tradition apocalyptique, qui aurait inspiré directement 4 Esdras IX–XI et Apocalypse 12. EK serait une adaptation de cette tradition apocalyptique, sous la forme d'un conte populaire. Le *Sefer Zerubabel*

16 *Ekha Rabba* 1, 51, ms Munich 229: 1.
17 G. Hasan-Rokem, *Web of Life. Folklore and Midrash in Rabbinical Literature*, Stanford, Stanford University Press, 2000, p. 152–160.
18 H. Gunkel, *Schöpfung und Chaos*, Göttingen, Vandenhoeck & Ruprecht, 1895, p. 198–200.

aurait été influencé par 4 Esdras IX–XI et à un moindre degré par EK[19]. C. Werman voit dans les *Oracles d'Hystaspe*, un texte apocalyptique conservé en langue grecque, la source d'Apocalypse 11–13. La partie des *Oracles* qui correspondrait à Apocalypse 12 est absente de la version que l'on possède, mais elle aurait été préservée dans le texte d'EK. Le texte des *Oracles* aurait également influencé le *Sefer Zerubbabel*[20]. La dernière interprétation en date d'EK est certainement celle de M. Himmelfarb, qui voit dans EK et son parallèle dans le *Talmud Yerushalmi* (par la suite TY), deux adaptations d'une histoire populaire juive, elle-même inspirée des récits évangéliques[21]. L'adaptation d'EK est plutôt favorable à cette histoire populaire, alors que TY lui est nettement hostile[22].

Dans la suite de notre article, nous partons du texte d'EK de manière à comparer le Messie judéo-chrétien et celui des rabbins sur trois questions différentes : le lien entre le messianisme et la divination ou l'astrologie, le nom du Messie et les conditions miraculeuses de sa naissance.

Messianisme et divination

Les commentateurs modernes du Nouveau Testament ont bien compris que les mages sont des astrologues et qu'une certaine conception de l'astrologie est bien à l'arrière-plan du récit de Mt 2, 1–12. Ils divergent, en revanche, sur la nature exacte de cette conception. Certains commentateurs estiment que l'histoire des mages ne peut pas provenir du judaïsme, puisque celui-ci est fondamentalement hostile à l'astrologie. Il s'agit donc d'une tradition païenne, certainement issue des milieux pagano-chrétiens et dont les parallèles les plus convaincants se trouvent dans la littérature grecque ou hellénistique. D'autres commentateurs admettent que le récit

---

[19] I. LÉVI, « Le ravissement du Messie à sa naissance », dans *Le Ravissement du Messie à sa naissance et autres essais*, Paris, Louvain, Peeters, 1994, p. 228–241. L'article est paru à l'origine dans la *REJ* 74 (1922), p. 113–126.

[20] C. WERMAN, « A Messiah in Heaven? A Re-evaluation of Jewish and Christian Apocalyptic », étude consultée sur le web : http://www.cs.huji.ac.il/~werman/cana/ma.pdf. Dernière consultation, le 25 mai 2013.

[21] *y. Berakhot* 2, 4.

[22] M. HIMMELFARB, « The Mother of the Messiah in the Talmud Yerushalmi and Sefer Zerubbabel », dans *The Talmud Yerushalmi and Graeco-Roman Culture*, t. 3, P. SCHÄFER (éd.), Tübingen, 2002, p. 369–389. Pour être plus précis, M. Himmelfarb semble considérer EK comme une retouche de TY dans un sens plus conforme à l'histoire juive populaire de départ (*ibid.*, p. 380).

des mages est d'origine juive et qu'il a un caractère polémique à l'égard de l'astrologie[23].

Aucune de ces deux lectures ne nous semble justifiée. La première part d'un a priori contestable : le judaïsme manifesterait un rejet total de l'astrologie. Si l'on considère le judaïsme rabbinique qui n'est probablement pas le plus ouvert à l'égard de l'astrologie, cette dernière est certes associée aux nations, mais elle n'est en aucune manière interdite. Elle a même aux yeux des rabbins une valeur scientifique[24]. D'autres formes de judaïsme ont manifestement été plus loin que les rabbins dans la valorisation de l'astrologie. E. Goodenough parlait, par exemple, d'un judaïsme astral qui serait à l'arrière-plan de certaines des réalisations de l'art juif antique[25]. La première lecture commet aussi une confusion entre la culture hellénistique et le paganisme, en négligeant le fait que le judaïsme lui aussi a été hellénisé, même si tous les courants qui le constituent ne l'ont pas été au même degré. Cette hellénisation est à l'évidence bien présente dans le courant judéo-chrétien qui a produit les écrits néo-testamentaires. La deuxième lecture soutient une thèse qui n'est pas compatible avec le contenu même de Mt 2, 1–12. En effet, ce récit n'est pas hostile à l'astrologie et les mages sont des figures positives.

On pourrait objecter à l'avantage de la deuxième lecture que la polémique juive à l'égard de l'astrologie n'est pas si absente que cela du passage de Mt 2, 1–12. Les mages, arrivés à Jérusalem en suivant l'étoile, sont ensuite incapables de poursuivre leur chemin. C'est la révélation prophétique, en l'occurrence le verset de Mi 5, 1, qui leur indique le lieu précis où va naître le Messie : la ville de Bethléem. Le récit des mages présente une analogie frappante avec la tradition midrashique, selon laquelle les astrologues avaient annoncé à pharaon la naissance imminente de Moïse,

---

[23] On trouvera ces deux lectures dans les commentaires suivants de l'Évangile de Matthieu : W.D. DAVIES, D.C. ALLISON, ICC. *Matthew*, t. 1, Édimbourg, T&T Clark, 1988, p. 228–230 ; D.A. HAGNER, *World Biblical Commentary 33A, Matthew 1–13*, Dallas, Word Books Publisher, 1993, p. 25–27 ; C.S. KEENER, *A Commentary on the Gospel of Matthew*, Cambridge, Eerdmans, 1999, p. 98–101 ; U. LUZ, *Matthew 1–7*, Minneapolis, Fortress Press, 2007, p. 104–114.

[24] Sur la relation entre rabbins et astrologie, voir L. WÄCHTER, « Astrologie und Schicksalsglaube im rabbinischen Judentum », *Kairos* 11 (1969), p. 181–200 ; J.H. CHARLESWORTH, « Jewish Astrology in the Talmud, Pseudepigrapha, the Dead Sea Scrolls and Early Palestinian Synagogues », *HTR* 70 (1977), p. 183–200 ; J. RUBENSTEIN, « Talmudic Astrology: Bavli Shabbat, 156a-b », *HUCA* 78 (2007), p. 109–148 (qui prend en compte des parallèles iraniens).

[25] E. GOODENOUGH, *Jewish Symbols in the Greco-Roman Period*, edited and abridged by J. NEUSNER, Princeton, Princeton University Press, 1992, p. 116–173.

le sauveur d'Israël, sans pouvoir préciser s'il allait naître d'une mère égyptienne ou d'une mère juive[26]. Il serait même tentant de voir dans cette tradition midrashique sur la naissance de Moïse le modèle qui a servi à concevoir l'histoire « astrologique » des mages. En fait, la tradition apparaît dans deux recueils midrashiques plutôt tardifs et les versions les plus anciennes du *Talmud Babli* et du *Targum Yerushalmi* ne mentionnent pas les astrologues[27]. La version du *Talmud Babli*, qui commente Is 8, 19, critique les devins et les magiciens en général, qui voient ou prévoient (*ṣofim*) et ne savent pas ce qu'ils voient. Ils avaient vu que Moïse serait frappé par l'eau mais ils ont mal interprété cette vision. Il est donc plutôt question d'une vision mal interprétée (c'est-à-dire Moïse frappé par l'eau) que d'une prédiction astrologique imprécise (c'est-à-dire la naissance imminente de Moïse d'une mère mal identifiée). De toute manière, dans les deux textes (Mt 2, 1–12 et la tradition sur la naissance de Moïse), même s'il manque de précision, le savoir astrologique est fondamentalement fiable, ce qui limite considérablement la crédibilité d'une éventuelle polémique.

On propose donc une troisième lecture qui permet de sortir des apories précédentes. Cette lecture est fondée sur l'idée que l'astrologie est partie intégrante de l'un des savoirs les plus importants dans l'antiquité, celui de la divination. Il devient alors possible de rapprocher le texte de Mt 2, 1–12 de celui d'EK. Nous avons déjà rappelé plus haut que certains commentateurs ont rapproché le récit d'EK de celui des mages, mais ce rapprochement ne se fait jamais sur la question de la divination. Les commentateurs d'EK ont presque tous négligé que le texte accordait une place essentielle à la divination et il n'est donc pas surprenant que les commentateurs du Nouveau Testament intéressés par la dimension astrologique du récit des mages ne se soient pas intéressés au texte d'EK. En fait, Mt 2, 1–12 comme EK ont une conception positive de la divination et tous deux estiment qu'elle est susceptible d'apporter des informations sur la venue du Messie. Dans ces deux textes, la divination a donc une dimension eschatologique.

Dans Mt 2, 1–12, la divination est de type astrologique : les mages suivent l'étoile pour trouver l'endroit où va naître le Messie. Cette divination comporte une certaine marge d'imprécision. Dans EK, la divination est

---

[26] *Shemot Rabba* 1, 18 et Midrash Tanḥuma *Wa-yaqhel* 4.

[27] *b. Soṭa* 12*b* et *Targum Yerushalmi* sur Ex 1, 15. La version la plus ancienne de l'histoire qui se trouve dans les *Antiquités juives* de Flavius Josèphe (II, 9, 2) évoque « un des scribes sacrés » (*tôn hierogrammateôn tis*), parmi les Égyptiens aptes à prédire le futur.

celle de l'Arabe qui interprète les meuglements de la vache d'un paysan juif. Les informations qu'il tire des cris de l'animal surprennent par leur ampleur et leur précision. L'Arabe apprend en effet au paysan juif que le Temple a été détruit, que le Messie est né et il lui fournit le nom du Messie ainsi que le lieu précis où il réside. Toutes ces informations se révèlent parfaitement fiables et la seule critique que le texte émette à l'égard de cette divination est très indirecte : selon Rabbi Abun, on aurait pu tirer les mêmes informations de l'interprétation des versets d'Is 10, 34 et Is 11, 1. Cette dernière affirmation n'est d'ailleurs guère exacte, puisque la juxta-position des deux versets, considérée comme signifiante, ne nous apprend qu'une seule chose : la naissance du Messie ou sa manifestation aura lieu juste après la destruction du Temple ; le second Temple selon Rabbi Abun, le verset étant par définition plus flou. Ce *midrash* ne permet donc pas de connaître le nom du Messie et son lieu de résidence.

En fait, le rapport d'EK à la divination est plus complexe que celui de Mt 2, 1–12 à l'astrologie, puisque la deuxième partie d'EK, où intervient la mère du Messie, fait aussi référence à la divination, peut-être sous sa modalité astrologique, mais cette fois pour en montrer le caractère totalement erroné. Il est probable que cette dualité d'EK reflète des tensions importantes chez les rabbins sur cette question. Le texte d'EK n'est d'ailleurs pas le seul du corpus rabbinique à articuler la divination et le messianisme[28]. Il est possible enfin que cette articulation ne soit pas uni-quement présente chez les rabbins et dans le Nouveau Testament, mais qu'elle se déploie aussi dans certains textes de Qumrân, même si la chose reste assez controversée[29].

Un dernier point a posé problème aux commentateurs de Mt 2, 1–12, qui se sont intéressés à la dimension astrologique du texte : le récit des

---

[28] Sur ces deux points, voir notre étude « Messianisme et divination : *Ekha Rabba*, 1, 51 et Talmud Babli, *Ḥullin*, 63a », dans *Magie et divination dans les cultures de l'Orient. Actes du colloque organisé par l'Institut du Proche-Orient Ancien du Collège de France, la Société Asiatique et le CNRS (UMR 7192) les 19 et 20 juin 2008 Paris – Collège de France*, J.M. DURAND, A. JACQUET (éd.), Paris, Maisonneuve, 2010, p. 123–145.

[29] Voir A. LANGE, « The Essene Position on Magic and Divination », dans *Legal Texts and Legal Issues: Proceedings of the Second Meeting of the International Organization for Qumran Studies, Cambridge 1995, published in Honour of Joseph Baumgarten*, M. BERNSTEIN, F. GARCÍA MARTÍNEZ, J. KAMPEN (éd.), Leyde, Brill, 1997, p. 406–407 et F. SCHMIDT, « "Recherche son thème de géniture dans le mystère de ce qui doit être". Astrologie et prédestination à Qoumrân », dans *Qoumrân et le judaïsme du tournant de notre ère. Actes de la Table Ronde, Collège de France, 16 novembre 2004*, A. LEMAIRE et S.C. MIMOUNI (éd.), Paris-Louvain, Peeters, 2006, p. 59–60.

mages a-t-il un rapport avec le verset de Nb 24, 17 ? Ce verset fait partie
des oracles de Balaam : « Je le vois, mais pas maintenant. Je le contemple,
mais il n'est pas proche. Un astre s'est frayé un chemin à partir de Jacob.
Un bâton s'est levé à partir d'Israël et a frappé les extrémités de Moab ... »
Le sens originel du verset est passablement obscur. Il n'est commenté que
huit fois dans la littérature rabbinique ancienne, cinq de ces interprétations ayant un caractère eschatologique. Parmi ces interprétations eschatologiques, trois mentionnent explicitement le Messie et l'identifient avec
l'astre dont parle le verset, les deux autres restant plus allusives en évo-
quant le temps de la libération ou celui de la victoire sur Ésaü[30]. L'interprétation eschatologique-messianique du verset est d'ailleurs loin d'être
propre aux rabbins, puisqu'elle est également attestée à Qumrân[31].

Plusieurs commentateurs ont soutenu que la lecture messianique de
Nb 24, 17 était un élément essentiel à la compréhension du récit des mages.
Ces commentateurs se heurtent cependant à deux difficultés. D'abord, le
verset n'est pas explicitement cité dans le récit. Ensuite, dans les interprétations qumrâniennes et rabbiniques de Nb 24, 17, l'astre mentionné dans
le verset est purement et simplement identifié avec le Messie, alors que
dans Mt 2, 1–12, l'astre est vraiment un astre et il est distinct du Messie[32].
En fait, ces deux difficultés ne sont pas insurmontables.

La première difficulté est aisément levée par les acquis mêmes de la
recherche néo-testamentaire : les références bibliques implicites dans le
Nouveau Testament sont beaucoup plus nombreuses que les références
explicites[33]. La deuxième difficulté n'a plus lieu d'être, si l'on part du
principe que Mt 2, 1–12 est fondé sur une interprétation messianique de
Nb 24, 17, mais une interprétation qui articule le savoir astrologique et
le messianisme, ce qui suppose que l'astre n'est pas uniquement un

---

[30] Les trois traditions qui mentionnent le Messie sont *y. Ta'anit* 4, 5 ; *Ekha Rabba* 2,
4 ; Midrash Taṇḥuma, éd. S. Buber, *Debarim*, p. 3a. Les deux traditions qui évoquent
le temps de la libération et la victoire sur Ésaü sont *Shemot Rabba* 30, 24 et *Debarim
Rabba* 1, 20.

[31] Voir sur ce point la longue note de G. Dorival dans *La Bible d'Alexandrie. Les
Nombres*, Paris, Cerf, 1994, p. 451–452. La lecture messianique est aussi générale dans les
Targumim.

[32] Sur ces deux difficultés, voir W.D. Davies et D.C. Allison, *Matthew, op. cit.*, p. 230–
235 ; D.A. Hagner, *Matthew 1–13, op. cit.*, p. 25 ; C.S. Keener, *A Commentary on the Gospel
of Matthew, op. cit.*, p. 101–102, n. 83 ; U. Luz, *Matthew 1–7, op. cit.*, p. 105.

[33] Voir R.M. Price, « New Testament Narrative as Old Testament Midrash », dans
Encyclopaedia of Midrash, t. 1, J. Neusner, A.J. Avery Peck (éd.), Leyde, Brill, 2005,
p. 534–574.

symbole, mais qu'il est le signe qui montre le chemin permettant d'arriver auprès du Messie.

Le verset de Nb 24, 17 est en effet très redondant : « Un astre s'est frayé un chemin à partir de Jacob. Un bâton s'est levé à partir d'Israël. » Si l'astre se confond avec le Messie, on ne voit pas très bien ce qu'apporte la première partie du verset par rapport à la deuxième, où le bâton fait référence lui aussi au Messie. Il est possible que Mt 2, 1–12 ait compris le verset ainsi : « l'astre est un chemin (*derekh*, « chemin » et non *darakh*, « se frayer un chemin ») vers celui qui provient de Jacob (= le Messie) ». Il a peut-être aussi pris en compte le début du verset : « Je le vois, mais pas maintenant. Je le contemple, mais il n'est pas proche », où le complément d'objet « le » ferait allusion à l'étoile et non au Messie.

La vision que les mages ont de l'étoile a lieu en effet en deux temps : ils la voient d'abord en Orient, puis elle apparaît à nouveau quand ils sortent de Jérusalem, pour les mener vers l'endroit où se trouve l'enfant. Cette interprétation suppose, cependant, d'intervertir l'ordre des deux affirmations initiales du verset : « je le contemple » (l'astre) « mais il n'est pas proche », les mages sont effet en Orient, loin de l'endroit où se trouve le Messie, « je le vois » (l'astre qui est à nouveau l'objet d'une vision) « mais pas maintenant » ; les mages ne sont pas immédiatement confrontés à l'enfant, puisqu'ils doivent accomplir la distance qui sépare Jérusalem de Bethléem.

La prise en compte de Nb 24, 17 est ainsi susceptible d'éclairer un point problématique du récit de Mt 2, 1–12. Dans un premier temps et jusqu'à leur arrivée à Jérusalem, les mages sont guidés par l'étoile, mais ils ne savent pas ensuite quelle route ils doivent prendre, ce qui suppose la disparition de l'étoile qui les avait guidés jusqu'alors. C'est la consultation des Écritures qui permet de localiser la naissance du Messie dans la ville de Bethléem. Hérode transmet cette information aux mages qui se remettent en route. Normalement, cette indication aurait dû suffire pour leur permettre de trouver l'enfant et pourtant c'est encore l'étoile qui leur permet d'accomplir la dernière partie du trajet. Pourquoi cette réapparition de l'étoile, alors que les mages savent maintenant où réside l'enfant ? On peut toujours objecter que l'étoile est un moyen d'orientation plus précis, puisqu'elle s'arrête exactement au-dessus de l'endroit où se trouve l'enfant. Il est possible, cependant, que cette deuxième apparition de l'étoile s'explique par la scansion double du début de Nb 24, 17 : « Je le vois, mais pas maintenant. Je le contemple, mais il n'est pas proche ».

Le nom du Messie

Le Messie judéo-chrétien a une dimension individuelle très marquée. La partie la plus importante du Nouveau Testament consiste, en effet, dans les quatre évangiles, qui ne se contentent pas de rapporter les enseignements de Jésus, mais qui donnent un récit plus ou moins complet de son existence. Les actions miraculeuses de Jésus sont aussi importantes que ses paroles. Paroles comme actions sont toujours situées dans un contexte et dans un cadre narratif. Sur un plan théologique et tout particulièrement dans les écrits johanniques, c'est la foi dans le Messie et l'attachement à sa personne qui mènent vers le salut[34].

Par contraste, les autres traditions juives, antérieures au judéo-christianisme ou postérieures comme les traditions rabbiniques, évoquent un Messie dont la figure et la personnalité sont moins soulignées, un Messie beaucoup plus impersonnel, qui se confond souvent avec sa fonction. Certains textes relèvent d'un messianisme sans Messie, puisqu'ils sont bel et bien eschatologiques sans mentionner pour autant une figure eschatologique[35].

Le texte d'EK, qui est partie intégrante du judaïsme rabbinique, a cependant une perspective différente. D'abord, il fournit un récit de la naissance du Messie, comme le font les évangiles. Il est de plus inséré dans une séquence plus large, qui porte sur le nom du Messie. Or, un Messie auquel on donne un nom est a priori plus personnel qu'un Messie anonyme[36] :

> « Car s'est éloigné de moi le consolateur [Menaḥem] qui me rendrait à la vie » (Lm 1, 16). Quel est le nom du roi Messie ? Rabbi Abba bar Kahana a dit : « YHWH est son nom, ainsi qu'il est dit : 'Tel est le nom avec lequel on l'appellera : YHWH est notre justice' (Jr 23, 6), car Rabbi Lévi a dit : 'Heureuse la ville dont le nom est comme celui de son roi et le nom de son roi comme le nom de son Dieu. Heureuse la ville dont le nom est comme celui de son roi, car il est écrit : 'Le nom de la ville à partir de ce jour sera : YHWH est là' (Éz 48, 35) et le nom de son roi comme le nom de son Dieu, ainsi qu'il

---

[34] Voir Jn 14, 6 : « Je suis le chemin, la vérité et la vie. »

[35] Voir D. FLUSSER, « Messiah », dans *Encyclopaedia Judaica*, t. 11, Jérusalem, Keter, 1971, p. 1408 sur le judaïsme du second Temple (« However for ancient Judaism the idea of eschatological salvation was more important than the concept of Messiah (…) but a personal Messiah is lacking ») et G.J. BLIDSTEIN, *ibid.*, p. 1411 sur le judaïsme rabbinique ancien : « the relative sobriety of the earlier sources contrasts markedly with the portrait drawn in the apocalyptic literature ».

[36] E. URBACH, *Les sages d'Israël, op. cit.*, p. 704, établit un lien explicite entre cette quête rabbinique du nom du Messie et le fait que « les chrétiens donnaient au Messie un nom personnel ».

est dit : 'Tel est le nom avec lequel on l'appellera : YHWH est notre justice. (Jr 23, 6)' » Rabbi Yehoshua' ben Lévi a dit : « Ṣemaḥ est son nom, ainsi qu'il est dit : 'Voici un homme, Ṣemaḥ est son nom et à partir de lui, il germera.' (Za 6, 12) » Rabbi Yudan a dit au nom de Rabbi Aybu : « Menaḥem est son nom, car il est écrit : 'Car s'est éloigné de moi Menaḥem qui me rendrait à la vie.' (Lm 1, 16) » (…)[37] Ceux de l'école de Rabbi Shila disent : « Shilo est le nom du Messie, ainsi qu'il est dit : 'Jusqu'à ce que vienne Shilo.' (Gn 49, 10) » Il est écrit : SHLH[38]. Ceux de l'école de Rabbi Ḥanina disent : « Ḥanina est son nom, ainsi qu'il est dit : 'Je vous emporterai de cette terre dans une terre que vous et vos pères ne connaissez pas et là, vous servirez d'autres dieux jour et nuit, car je ne vous donnerai pas Ḥanina.' (Jr 16, 13) » Ceux de l'école de Rabbi Yannay disent : « Yinnon est son nom, ainsi qu'il est écrit : 'Que son nom soit pour toujours. Avant que le soleil [ne soit créé], son nom était [déjà] Yinnon' (Ps 72, 17). » Rabbi Biba Senogorya[39] : « Nehira est son nom, ainsi qu'il est dit : 'Et la lumière (nehora) demeure avec lui' (Dn 2, 22). » Il est écrit : NHYR'. Rabbi Yehuda be-rabbi Simon a dit au nom de Rabbi Shemu'el bar Yiṣḥaq : « Ce roi Messie, s'il est parmi les vivants, David est son nom, s'il est parmi les morts, David est son nom. » Rabbi Tanḥuma a dit : « Je [te] dis sa justification scripturaire : 'Il fait grandir les saluts de son roi et manifeste sa bienveillance envers son Messie, [pour David et sa descendance]' (Ps 18, 51). » Il n'est pas écrit ici : « pour David », mais « pour David et sa descendance ».[40]

Cette séquence a un parallèle dans le *Talmud Babli* (TB dans la suite) :

Rab a dit : « Le monde n'a été créé que pour David. » Shemu'el a dit : « Pour Moïse. » Rabbi Yoḥanan a dit : « Pour le Messie. » Quel est son nom ? Ceux de l'école de Rabbi Shila disent : « Shilo est son nom, ainsi qu'il est dit : 'Jusqu'à ce que vienne Shilo' (Gn 49, 10). » Ceux de l'école de Rabbi Yannay disent : « Yinnon est son nom, ainsi qu'il est dit : 'Que son nom soit pour toujours. Avant que le soleil [ne soit créé], son nom était [déjà] Yinnon' (Ps 72, 17). » Ceux de l'école de Rabbi Ḥanina disent : « Ḥanina est son nom, ainsi qu'il est dit : 'Je vous emporterai de cette terre dans une terre que vous et vos pères ne connaissez pas et là vous servirez d'autres dieux jour et nuit, car je ne vous donnerai pas Ḥanina.' (Jr 16, 13) » Certains disent : « Son nom est Menaḥem, fils de Ḥizqiyya [= Ézéchias], ainsi qu'il est dit : 'Car s'est éloigné de moi Menaḥem qui me rendrait à la vie.' (Lm 1, 16) » Les Sages disent : « Son nom est lépreux de l'école [ou de la famille] de Rabbi, ainsi qu'il est dit : 'Or il portait nos maladies et il supportait nos souffrances alors que

---

[37] Le texte enchaîne avec le récit de la naissance du Messie.
[38] Le nom Shilo est écrit ici sans *yod*. Le texte massorétique comporte pourtant bien le *yod*. Selon le commentateur *Mattenot Kehunna*, le *derash* porte sur la fin du nom où l'on a un *hé* et non un *waw*. Cela permet de vocaliser Shila et donc d'obtenir le nom du rabbin concerné.
[39] *Ekha Rabba*, éd. S. BUBER, *op. cit.*, p. 45b propose de lire Abba Serungayya.
[40] *Ekha Rabba* 1, 51, ms Munich 229: 1.

nous pensions qu'il était atteint, frappé par Dieu et humilié.' (Is 53, 4) » Rab Naḥman a dit : « S'il fait partie des vivants, il est comme moi, ainsi qu'il est dit : 'Son chef sera issu de lui et son souverain sortira de son sein.' (Jr 30, 21) » Rab a dit : « S'il fait partie des vivants, il est comme notre saint maître. S'il fait partie des morts, il est comme Daniel, l'homme des prédilections [divines]. » Rab Yehuda a dit [au nom de Rab][41] : « Dans le futur, le saint, béni soit-il, établira pour [les enfants d'] Israël un autre David, ainsi qu'il est dit : 'Et ils serviront le Seigneur leur Dieu et David leur roi que j'établirai pour eux.' (Jr 30, 9) » Il n'est pas dit : « qui s'est dressé » (*asher qam*)[42] mais « que j'établirai » (*asher aqim*). Rab Pappa a dit à Abbayye : « Et pourtant il est écrit : 'Et David mon serviteur sera leur prince pour toujours.' (Éz 37, 25) » [Il lui rétorqua :] « C'est comme l'empereur et le vice-empereur ».[43]

Le tableau suivant permet de comparer les deux versions. Nous avons aussi tenu compte de la version de *y. Berakhot* 2, 4, qui suit d'assez près celle d'EK :

EK	TY	TB
Quel est le nom du roi Messie ?	Les Sages : s'il est parmi les vivants, son nom est David, s'il est parmi les morts, son nom est David	Quel est son nom ?
Rabbi Abba bar Kahana : son nom est YHWH (Jr 23, 6)	Rabbi Tanḥuma : la preuve est dans le Ps 18, 51	(Ceux) de l'école de Rabbi Shila : son nom est Shilo (Gn 49, 10)
Rabbi Lévi : il est bon que la ville soit appelée comme son roi (Éz 48, 35) et le roi comme son Dieu (Jr 23, 6)		(Ceux) de l'école de Rabbi Yannay : son nom est Yinnon (Ps 72, 17)
Rabbi Yehoshua' ben Lévi : son nom est Ṣemaḥ (Za 6, 12)	Rabbi Yehoshua' ben Lévi : son nom est Ṣemaḥ	(Ceux) de l'école de Rabbi Ḥanina : son nom est Ḥanina (Jr 16, 13)
Rabbi Aybu : son nom est Menaḥem (Lm 1, 16)	Rabbi Yudan bereh de-Rabbi Aybu : son nom est Menaḥem	Certains disent : son nom est Menaḥem fils de Ḥizqiyya (= Ézéchias) (Lm 1, 16)

---

[41] Précision de l'édition de Vilna.
[42] Édition de Vilna : « qu'il a établi » (*asher heqim*).
[43] *b. Sanhédrin* 98*b*, ms Jérusalem, *yad ha-rab* Herzog (yéménite).

Table (*cont.*)

EK	TY	TB
Histoire de la naissance du Messie qui vient à l'appui de l'opinion de Rabbi Aybu	Rabbi Ḥanina bereh de-rabbi Abbahu : les deux avis précédents ne sont pas contradictoires, car les deux noms ont la même valeur chiffrée	Les Sages : son nom est lépreux de l'école de Rabbi (Is 53, 4)
(Ceux) de l'école de Rabbi Shila : son nom est Shilo (Gn 49, 10)	Histoire de la naissance du Messie qui vient à l'appui de l'opinion de Rabbi Yudan bereh de-Rabbi Aybu	Rab Naḥman : s'il est parmi les vivants, il est comme moi (Jr 30, 21)
Car il est écrit SHLH (et non SHLW)		Rab : s'il est parmi les vivants, il est comme Rabbi, s'il est parmi les morts, il est comme Daniel
(Ceux) de l'école de Rabbi Ḥanina : son nom est Ḥanina (Jr 16, 13)		Rab : le Messie sera un autre David (Éz 37, 25) Débat entre Rab Pappa et Abbayye à ce sujet.
(Ceux) de l'école de Rabbi Yannay : son nom est Yinnon (Ps 72, 17)		
Rabbi Biba Senogorya : son nom est Nehira (Dn 2, 22)		
Car il est écrit : NHYR' (le *qeri* est : NHWR')		
Rabbi Shemu'el bar Yiṣḥaq : s'il est parmi les vivants, son nom est David, s'il est parmi les morts, son nom est David		
Rabbi Tanḥuma : la preuve est dans le Ps 18, 51, il n'est pas écrit « pour David », mais « pour David et sa descendance »		

TY et EK ont un noyau commun constitué des éléments suivants :

1. Deux noms messianiques : Ṣemaḥ et Menaḥem
2. Le récit de la naissance du Messie qui vient soutenir l'opinion selon laquelle son nom est Menaḥem
3. L'alternative « s'il est parmi les vivants/s'il est parmi les morts », où le Messie s'appelle à chaque fois David.

Comme nous l'avons déjà signalé, le fait de donner un nom au Messie et de raconter sa naissance rapproche EK-TY des évangiles, mais le troisième élément commun aux deux versions mérite également d'être cité dans ce contexte. L'alternative envisagée suppose que le Messie est un homme du passé, déjà mort ou qu'il est un homme du présent, encore vivant, en l'occurrence le David de l'époque royale ou un autre David. Elle exclut donc la troisième possibilité, celle qui est spontanément identifiée comme la conception juive du Messie, celle d'un Messie qui n'est pas encore né, qui est encore totalement à venir. L'alternative proposée est donc plus proche de la conception judéo-chrétienne du Messie que de celle que l'on prête habituellement aux rabbins.

Au niveau des différences entre les deux versions, TY identifie Ṣemaḥ et Menaḥem qui ont la même valeur chiffrée ce que ne fait pas EK[44]. Celui-ci donne l'impression d'être une version augmentée du texte de TY, puisqu'il comprend d'autres noms messianiques : YHWH, Shilo, Ḥanina, Yinnon et Nehira. Là où EK manifeste une pluralité abondante et irréductible, TY ne cite que deux noms qu'il réduit même à un seul. Le fait que chaque école tend à nommer le Messie selon le nom de son maître est bien connu. Certains des noms cités par EK ont cependant une portée plus grande. Le nom Yinnon suppose un Messie qui préexiste à la création du monde, comme celui des *Paraboles d'Hénoch*[45]. L'identification du Messie à la lumière ou encore le fait qu'il porte le nom même de Dieu (YHWH) fait penser au « judaïsme mystique » d'E. Goodenough qui conçoit la divinité et son logos médiateur en termes de lumière et qui donne un statut divin au médiateur lui-même[46].

---

[44] En fait, d'autres versions d'*Ekha Rabba* contiennent aussi cette identification, voir *Ekha Rabba*, éd. S. BUBER, *op. cit.*, p. 45a, n. 450.

[45] 1 Hénoch 48, 1–7.

[46] E. GOODENOUGH, *By Light, Light. The Mystic Gospel of Hellenistic Judaism*, New Haven, Yale University Press, 1935.

Plusieurs noms que cite EK et qui sont absents de TY (Shilo, Ḥanina, Yinnon) sont cités dans la version de TB. Celui-ci commence par une question semblable à celle d'EK : « Quel est le nom du roi Messie ? (EK) ou « Quel est son nom ? » (TB). EK et TB ne concordent cependant pas complètement sur les noms messianiques : YHWH, Ṣemaḥ et Nehira sont absents de TB et EK ne cite pas « le lépreux de l'école de Rabbi ». L'alternative « s'il est parmi les morts/s'il est parmi les vivants » ainsi que le nom David sont présents dans les deux textes, mais pas de la même manière. Dans EK, les deux motifs sont articulés : que l'on choisisse l'une ou l'autre des branches de l'alternative, le Messie s'appelle David. Dans TB, les deux motifs sont traités à la suite l'un de l'autre, mais sans articulation explicite. L'alternative « s'il est parmi les morts/s'il est parmi les vivants » est appliquée à Daniel (pour les morts) et à Rabbi (pour les vivants). Le texte enchaîne alors avec l'idée que le Messie sera un « autre David ». Il faut peut-être comprendre qu'il ne sera pas le David mort (puis ressuscité), mais un autre David actuellement vivant, ce qui serait une manière de favoriser l'une des branches de l'alternative, proposée dans EK. C'est ainsi que raisonne le commentateur de TY, *Mar'e ha-panim*, mais la chose ne va pas nécessairement de soi. L'alternative et le motif de David sont d'ailleurs attribués à des rabbins babyloniens dans TB (Rab Naḥman, Rab), alors qu'EK les associe à des rabbins palestiniens.

La formulation de l'alternative diffère d'ailleurs dans TB et dans les versions palestiniennes :

> EK : Ce roi Messie, s'il est parmi les vivants, David est son nom, s'il est parmi les morts, David est son nom.
> TB : S'il fait partie des vivants, il est comme moi (…). S'il fait partie des vivants, il est comme notre saint maître (…). S'il fait partie des morts, il est comme Daniel.

EK traite toujours de la question du nom du Messie, ce qui n'est apparemment pas le cas de TB. EK identifie directement le Messie au David biblique ou à un autre David, vivant dans le présent. TB fait des comparaisons : le Messie serait *comme* Daniel, *comme* Rabbi Yehuda *ha-nasi* ou comme Rab Naḥman. Deux autres traditions d'EK semblent enfin absentes de TB : celle qui attribue le même nom au Messie et à la Jérusalem future (YHWH) et celle qui rapporte la naissance du Messie, dont nous parlons depuis le début de l'article.

Comment comprendre la relation entre les trois recueils que nous venons de citer : TY, EK et TB ? Les dates de rédaction des trois recueils sont les suivantes : fin du IVe siècle pour TY, Ve siècle pour EK et fin du

Ve siècle pour TB. On admet généralement que les parallèles entre TY et
EK s'expliquent par une source commune, que TB n'a pas utilisé EK et
qu'EK n'a pas non plus utilisé TB. TB n'aurait pas eu de rôle au moment
de la rédaction d'EK, mais il aurait exercé son influence au moment de la
transmission du texte[47].

Si l'on suit les dates de rédaction, TY serait la version la plus ancienne,
ce que sa brièveté semble confirmer. La version d'EK constituerait essentiellement une version augmentée de TY, avec un nombre plus important
de noms divins[48]. TB serait la troisième étape de cette histoire. Il se fonde
sur la version d'EK, comme en témoigne clairement la question : « quel est
le nom du Messie ? » et un nombre significatif de noms messianiques en
commun avec EK, mais il a rejeté certains éléments d'EK : les noms messianiques YHWH et Nehira ainsi que l'histoire de la naissance du Messie.
Il a également retravaillé l'alternative mort/vivant en la coupant de David
et en utilisant des comparaisons, le tout placé dans la bouche de rabbins
babyloniens.

Dans cette hypothèse, il reste à expliquer les choix de TB. On pourrait
y voir une volonté d'écarter des traditions messianiques trop proches des
autres judaïsmes, c'est-à-dire des judaïsmes non rabbiniques. Le nom araméen Nehira, « lumière » (?), fait penser au judaïsme hellénisé et mystique d'E. Goodenough. La tradition sur la naissance du Messie fait penser
au judéo-christianisme. Le nom YHWH attribué au Messie, s'il exprime
des tendances bithéistes, peut relever à la fois du judaïsme hellénisé et
du judéo-christianisme. TB aurait enfin atténué le caractère trop direct
et trop univoque de la tradition par lequel se clôt le texte d'EK (« Ce roi
Messie, s'il est parmi les vivants, David est son nom (…) »), en proposant
d'autres « figures » messianiques, dont certaines sont rabbiniques (Daniel,
Rabbi Yehuda *ha-nasi*, Rab Naḥman) et surtout par un refus d'identifier
simplement ces figures avec le Messie lui-même.

Plusieurs éléments montrent cependant que cette première hypothèse
de lecture n'est pas parfaitement satisfaisante. TB n'hésite pas à proposer comme nom messianique : « lépreux de l'école de Rabbi » et cette
interprétation, attribuée aux Sages en général, donc pourvue d'un grand
poids, est directement fondée sur Is 53, 4, qui pourtant ne parle que de
« maladies » et pas de lèpre en particulier. TB accorde donc une grande

---

[47] Sur tous ces points, voir G. STEMBERGER, *Einleitung in Talmud und Midrasch*, Munich,
C.H. Beck, 1992, p. 281.

[48] EK aurait aussi retouché l'histoire de la naissance du Messie citée dans TY, voir
M. HIMMELFARB, « The Mother of the Messiah », *op. cit.*, p. 380.

importance à une figure messianique souffrante, ce qui n'est guère compatible avec l'idée qu'il a effacé tout ce qui dans EK pouvait faire référence au christianisme[49]. On peut également douter de cette « correction » en regardant de plus près le cas des deux traditions supplémentaires censées avoir été omises par TB, celle qui donne le nom YHWH au Messie et à Jérusalem et celle qui raconte la naissance du Messie.

Pour la première, elle est certes absente de la *sugya* de TB sur le nom du Messie, mais elle est citée dans une autre séquence eschatologique de TB, dans le traité *Baba Batra* :

> Et Rabba a (également) dit au nom de Rabbi Yoḥanan : « Dans le futur, les justes seront appelés du nom du Lieu, ainsi qu'il est dit : '(Ramène mes fils du lointain...) toute (personne) qui est appelée par mon nom, (pour ma gloire je l'ai créée, je l'ai formée et je l'ai même faite).' (Is 43, 7) » Rabbi Shemu'el bar Naḥmani a dit au nom de Rabbi Yoḥanan : « Trois (entités) seront appelées du nom du saint, béni soit-il et les voici : les justes, le Messie et Jérusalem. Les justes, c'est ce que nous avons (déjà) dit, le Messie, ainsi qu'il est écrit : 'Tel est le nom avec lequel on l'appellera : YHWH est notre justice' (Jr 23, 6), Jérusalem, ainsi qu'il est écrit : 'Le nom de la ville à partir de ce jour sera : YHWH est là.' (Éz 48, 35) » Ne lis pas « là » (*shamma*) mais « son nom » (*shemah*). Rabbi Eleazar a dit : « Dans le futur, on dira devant les justes : 'Saint' chaque jour, comme on le dit devant le saint, béni soit-il, ainsi qu'il est dit : 'Le reste sera à Sion et les survivants à Jérusalem. Sera appelé saint (quiconque est inscrit pour la vie à Jérusalem)' (Is 4, 3) ».[50]

Non seulement TB attribue le nom YHWH à la ville de Jérusalem et au Messie comme dans EK, mais il l'attribue également aux justes. On peut même dire que l'idée la plus soulignée par TB dans l'extrait est la ressemblance entre Dieu et les justes dans le monde futur. Selon M. Idel, ce texte doit être comparé à ceux qui dans la littérature mystique voient dans l'ange Métatron un véritable fils de Dieu, sur un double plan que M. Idel appelle morphonominal (le plan de la forme corporelle mais aussi celui du nom). Il envisage une sorte de démocratisation du statut morphonominal de Métatron, étendu à tous les justes, dans le monde futur et peut-être dès à présent[51].

---

[49] Sur cette orientation du TB, voir l'étude de M. PICKUP, « The Emergence of the Suffering Messiah in Rabbinic Literature », dans *Approaches to Ancient Judaism*, New Series, vol. 11, J. NEUSNER (éd.), Philadelphie, Scholars Press, 1997, p. 143–162.

[50] *b. Baba Batra* 75*b*, ms Hambourg 165.

[51] M. IDEL, *Sonship and Jewish Mysticism*, Londres, New York, Continuum, 2007, p. 114–116.

Le récit de la naissance du Messie, cité dans EK, est certes tout autant absent du traité *Sanhédrin* que du reste du *Talmud Babli*. Deux éléments invitent cependant à avoir un constat plus nuancé. Le premier élément concerne l'un des noms messianiques mentionnés dans les trois versions, celui de Menaḥem. Dans EK et TY, il s'agit de Menaḥem sans précision, alors que TB cite Menaḥem fils de Ḥizqiyya (= Ézéchias), exactement comme le récit de la naissance du Messie. Il est, par ailleurs, frappant de voir que la *sugya* de TB sur le nom du Messie (*b. Sanhédrin* 98*b*) est précédée par le récit de la rencontre entre Rabbi Yehoshuaʿ ben Lévi et le Messie (*b. Sanhédrin* 98*a*). Même si ce n'est pas une juxtaposition immédiate, il est difficile de ne pas voir un lien entre ce récit, qui met en scène un Messie lépreux et le « lépreux de l'école de Rabbi » dont il est question dans la *sugya* sur les noms messianiques. Or, le récit du Talmud Babli, *Sanhédrin* 98*a* présente des traits similaires à celui d'EK. Dans les deux cas, le Messie est considéré comme étant déjà dans ce monde (naissance dans EK, déjà adulte dans TB) et susceptible d'être l'objet d'une rencontre (avec un paysan juif dans EK, avec un rabbin dans TB). Il est temporairement placé dans un lieu, avant de se manifester comme Messie (le ciel, où il est vraisemblablement emporté par des vents violents dans EK, la porte de Rome dans TB). On a donc dans EK comme dans TB une même structure constituée de deux éléments fondamentaux :

1. une séquence sur le nom du Messie
2. un récit mettant en scène un Messie déjà présent en ce monde.

Dans ces deux strates, TB valorise un Messie souffrant, ce que ne fait pas EK, si l'on excepte qu'il naît dans un temps de troubles (l'époque de la destruction du Second Temple) et que sa mère lui prédit un sort funeste (dans TY, elle souhaite sa mort).

La naissance miraculeuse du Messie

L'un des passages les plus connus des évangiles est celui où l'Évangile de Matthieu interprète Is 7, 14 de manière messianique :

> Tout ceci arriva, afin que soit accomplie la parole dite par le Seigneur par l'intermédiaire du prophète : « Voici que la vierge sera enceinte[52] et enfantera

---

[52] Littéralement « portera dans le ventre ».

un fils et ils appelleront son nom : Emmanuel » (Is 7, 14), ce qui est traduit : « Dieu avec nous ».[53]

Il est également bien connu qu'on ne trouve aucun équivalent de cette interprétation dans le judaïsme antérieur ou postérieur. Tryphon, l'interlocuteur de Justin Martyr, soutient par exemple que l'Emmanuel d'Is 7, 14 est Ézéchias, thèse que l'on retrouve aussi dans certaines traditions rabbiniques[54]. Les adversaires juifs des chrétiens, d'obédience rabbinique ou pas, ont d'ailleurs soutenu, assez tôt semble-t-il, la thèse de la naissance adultérine de Jésus[55].

Ce tableau mérite d'être nuancé sur deux points. Le premier, sur lequel nous insistons peu, concerne la figure de la mère du Messie, dans *4 Esdras* 9–11, EK, TY et le *Sefer Zerubabel*. Comme nous l'avons déjà signalé plus haut, les relations que ces textes entretiennent entre eux ainsi qu'avec les traditions néo-testamentaires ont fait l'objet de nombreux débats et il en est de même du cas plus précis de la mère du Messie[56]. Disons, pour faire bref, que cette figure n'est pas totalement absente du judaïsme non chrétien et qu'elle ne revêt pas nécessairement une dimension polémique ou négative. Si la mère du Messie veut le tuer dans TY, elle a une attitude beaucoup moins radicale dans EK, même si elle commet dans les deux cas la même erreur d'interprétation concernant le sort futur de son enfant.

Le deuxième point concerne la relation éventuelle qu'entretient la lecture matthéenne d'Is 7, 14 avec les autres formes contemporaines d'exégèse juive. Dans un article récent, nous avons soutenu que cette interprétation est apparentée au *midrash* des rabbins de l'Antiquité[57]. L'application des procédés herméneutiques du *midrash* à la séquence d'Is 7, 10–16 permet de la détacher de son contexte immédiat et de lui attribuer un sens messianique. Nous allons maintenant comparer la démarche de l'évangéliste avec celle du *pesher* qumrânien, qui diffère assez peu ici de celle du *midrash* rabbinique.

---

[53] Mt 1, 22–23. Nous avons traduit le texte à partir de Nestle/Aland, *Novum Testamentum Graece*, Stuttgart, Deutsche Bibelgesellschaft, 1993, p. 2–3.

[54] *Pros Tryphona Ioudaion dialogos* 43, 8 ; 67, 1 ; 71, 3 et Justin Martyr, *Dialogue avec Tryphon*, t.1, éd. P. Bobichon, Fribourg, Academic Press, 2003, p. 293, 365 et 381 ; *Ba-midbar Rabba* 14, 2 ; *Shemot Rabba* 18, 5.

[55] Voir Origène, *Contre Celse* I, 28 et, entre autres, *b. Shabbat* 104*b*.

[56] Nous renvoyons à toutes les études citées dans l'introduction de l'article, notamment celles de G. Hasan-Rokem et de M. Himmelfarb.

[57] J. Costa, « The Matthean Reading of Isaiah 7.14 and the *Midrash* of Ancient Rabbis », dans *Infancy Gospels: Stories and Identities*, C. Clivaz *et al.*, éd., Tübingen, Mohr Siebeck, 2011, p. 116–136.

Que l'interprétation d'Is 7, 14 par Matthieu n'est pas arbitraire et qu'elle suit des mécanismes intellectuels propres à la tradition juive sont des faits reconnus par certains commentateurs modernes. D.A. Hagner voit dans le texte de Matthieu un exemple de *pesher*, c'est-à-dire d'exégèse actualisante. Le *pesher* consiste à reconnaître dans un verset une allusion à des événements contemporains de l'exégète. Il a une dimension eschatologique marquée. La prophétie d'Isaïe est comprise comme possédant deux niveaux : un premier niveau qui s'est réalisé à l'époque d'Achaz, un deuxième niveau qui n'a été compris que bien plus tard, parce qu'il annonçait des événements à plus long terme et ne pouvait être reconnu tant que les événements en question ne s'étaient pas réalisés[58]. J.D.W. Watts souligne l'existence d'une tradition herméneutique juive permettant de séparer les versets de leur contexte et de leur donner un autre sens. Ce nouveau sens peut être compris par l'interprète inspiré à l'instar du *pesher* qumrânien[59]. D.A. Hagner reconnaît que le sens profond du texte peut être dégagé si l'on est attentif à certains indices : le nom « Dieu avec nous » qui ne peut pas désigner un roi ordinaire, aussi puissant et vertueux soit-il, et le contexte plus large du verset (Is 2, 9 et 11) qui contraste la bénédiction des justes et le jugement des méchants[60].

Dans les commentaires de D.A. Hagner et de J.D.W. Watts, le renvoi au *pesher* reste quelque peu général. Il nous semble possible de sortir de cette généralité en comparant l'interprétation matthéenne d'Is 7, 14 avec un fragment qumrânien, 4Q 177 appelé généralement 4QCatena A :

> 1. (…) les arrogants qui [… dans l'épreuve purificatrice qui] vient sur les hommes de la com[munauté] 2. [comme il est écrit dans le livre d'Isaïe le] prophète : « Mange cette année du gra[in tombé[61] et dans la deuxième année ce qui reste du grain tombé » *vacat* et ce qu'il di]t : « [c]e grain tombé » (…)[62]

<hr />

[58] D.A. HAGNER, *Matthew 1–13, op. cit.*, p. 20.

[59] J.D.W. WATTS, *World Biblical Commentary 24, Isaiah 1–33*, Waco, Word Books, 1985, p. 103–104.

[60] D.A. HAGNER, *Matthew 1–13, op. cit.*, p. 20.

[61] Dans la littérature halakhique, le terme *safiaḥ* désigne une plante qui pousse pendant l'année sabbatique à partir des graines semées l'année précédente.

[62] Nous avons traduit le texte à partir de l'édition de F. GARCÍA MARTÍNEZ et E.J.C. TIGCHELAAR, *The Dead Sea Scrolls. Study Edition*, t. 1, Leyde, Brill, 1997, p. 362 (colonne I correspondant aux fragments 5, 6 et 8). Pour une présentation du texte et des enjeux de 4QCatena A, voir A. STEUDEL, *Der Midrasch zur Eschatologie aus der Qumrangemeinde (4Q MidrEschat^{a,b})*, STDJ 13, Leyde, Brill, 1994, p. 57–124.

Le verset cité et commenté dans ce *pesher* est celui d'Is 37, 30. Is 37 traite de l'invasion du royaume de Juda par Sennachérib. Ézéchias adresse une prière à Dieu pour être sauvé de cette invasion et la réponse de Dieu est positive. Dieu fournit (alors) un signe à Ézéchias, c'est-à-dire une garantie qu'il sera bien sauvé du roi qui le menace. Le signe est justement décrit dans le verset d'Is 37, 30 : malgré les destructions opérées par l'armée d'invasion, il sera possible de se nourrir avec les grains tombés.

Is 7 et 37 comportent plusieurs éléments en commun. À chaque fois, un roi de Juda est confronté à une grave menace et Dieu lui promet qu'il sera sauvé. Dans les deux cas, cette promesse de salut est accompagnée par un signe que Dieu donne de lui-même, sans qu'il lui soit demandé. Le signe est dénué de dimension miraculeuse apparente et il porte sur la nourriture. Les deux passages sont peu commentés dans la littérature rabbinique, Is 37, 30 n'étant commenté qu'une seule fois et les versets 31 et 32 aucune fois :

> La onzième année (du cycle) du jubilé, la quatrième année de la (deuxième) semaine, Sennachérib monta (à Jérusalem) et c'est ce que dit (l'Écriture) : « Et ceci sera pour toi le signe : mange cette année du grain tombé », car c'était à la moitié (de la période de préparation) de la Pâque, ils ne pouvaient pas semer et ils mangèrent les grains tombés, « et dans la deuxième année, ce qui reste du grain tombé », car les armées avaient coupé les arbres, « et dans la troisième année, ils ont semé et récolté… », (cela) enseigne qu'il ne restait dans la semaine qu'une année.[63]

Ce *midrash* est inclus dans un recueil à caractère historique, le *Seder 'olam Rabba*. Conformément à d'autres *midrashim* selon lesquels Sennachérib s'est attaqué à trois reprises à la ville de Jérusalem, notre texte place bel et bien les trois années dont parle Is 37, 30 à l'époque de Sennachérib[64]. Elles constituent les quatrième, cinquième et sixième années de la deuxième semaine (d'années) du cycle jubilaire. C'est pourquoi le verset ne dit pas que dans la quatrième année, ils ont semé et récolté, comme il l'a dit pour la troisième : la quatrième année du verset aurait été la septième de la deuxième semaine, donc une année de jachère où l'on ne peut semer et récolter.

Les deux passages d'Is 7, 14 et 37, 30 sont enfin l'objet d'une interprétation messianique dans le judaïsme non rabbinique. C'est le cas dans le judéo-christianisme pour Is 7, 14. L'interprétation messianique d'Is 37, 30

---

[63] *Seder 'olam Rabba* 23, éd. B. RATNER, p. 52a.
[64] Voir *Midrash Tehillim* 118, 12, éd. S. BUBER, p. 242b.

est bien celle du *pesher* qumrânien que nous avons cité. Selon lui, Is 37, 30 fait allusion à l'épreuve purificatrice qui va frapper ou est en train de frapper les gens de la communauté de Qumrân. Cette épreuve est située dans la période ultime de l'histoire (*be-aḥarit ha-yamim*)[65].

Nous avons montré dans notre article déjà cité qu'un certain nombre d'éléments rendent possible de détacher Is 7, 14 de son contexte immédiat pour lui donner un sens messianique. Trouve-t-on des éléments du même ordre dans Is 37 ? L'observation attentive (*talmud*) du texte permet d'aller dans ce sens[66]. En effet, le passage du signe est adressé à Ézéchias, alors qu'il est encadré par des textes qui parlent directement de Sennachérib voire qui s'adressent à Sennachérib lui-même. Ce changement d'auditeur (noté par Rashi dans son commentaire d'Isaïe) invite à voir dans le passage du signe une nouvelle séquence, qui ne parle plus du contexte immédiat de la guerre avec Sennachérib mais qui aborde des perspectives plus vastes. Comme dans le cas d'Is 7, 14, l'autonomie de la séquence du signe, qui permet de la détacher du contexte immédiat et de lui attribuer un sens messianique, reste relative. On peut là aussi parler d'approfondissement, le salut apporté contre Sennachérib anticipant celui attendu du Messie à la fin des temps. La notion d'approfondissement est plus pertinente encore dans le cas d'Is 37, 30 que dans celui d'Is 7, 14 car le couple Ézéchias/Sennachérib est une véritable anticipation de celui du Messie et de Gog Magog, alors qu'on ne peut en dire autant de celui formé par Achaz et ses ennemis. Les rabbins rapprochent, en effet, l'époque de Sennachérib et celle de Gog et Magog :

> « Tous les peuples m'ont entouré » (Ps 118, 10). Trois fois dans le futur, Gog et Magog monteront et tomberont à Jérusalem d'une manière semblable à celle de Sennachérib qui monta trois fois en terre d'Israël, à Jérusalem.[67]

---

[65] La jachère forcée dont parle Is 37, 30 (ainsi que le terme *safiah*) peut faire penser au jubilé, qui est interprété de manière messianique à Qumrân (voir par exemple 11Q13 Melchisédeq) et chez les rabbins (*b. Sanhédrin* 97a). Le seul commentaire d'Is 37, 30 que l'on trouve dans la littérature rabbinique et que nous avons cité plus haut évoque également le cycle jubilaire.

[66] La similitude des méthodes herméneutiques du *pesher* et du *midrash* a été plusieurs fois soulignée par les spécialistes de la littérature de Qumrân. Voir D. DIMANT, « Pesharim, Qumran », dans *ABD*, t. 5, D. FREEDMAN (éd.), New York *et al.*, Doubleday, 1992, p. 250 et S.L. BERRIN, « Pesharim », dans *Encyclopedia of the Dead Sea Scrolls*, L. SCHIFFMAN, J. VANDERKAM (éd.), Oxford, Oxford University Press, 2000, p. 645.

[67] Voir *Midrash Tehillim* 118, 12, éd. S. BUBER, p. 242b.

Quant à l'antagoniste de Sennachérib, le roi Ézéchias, il est décrit dans certaines traditions rabbiniques comme un Messie manqué[68]. Comme nous l'avons déjà signalé, dès l'Antiquité l'exégèse juive non chrétienne tend à identifier l'enfant d'Is 7, 14 avec Ézéchias. On peut voir dans cette interprétation une volonté de rejeter totalement le sens messianique du verset, en considérant que le passage du signe, comme la première partie d'Is 7, concerne bel et bien l'époque de la guerre entre Achaz et ses enne-mis, Achaz étant le père d'Ézéchias. On peut aussi voir dans cette lecture une tentative de préserver l'interprétation messianique, certainement ancienne du verset, tout en lui déniant tout rapport avec le Messie des judéo-chrétiens[69]. Is 7, 14 parlerait d'un Messie manqué ou, dans une for-mulation plus radicale, Ézéchias était le Messie et il n'y en aura pas d'autre, comme le soutient Rabbi Hillel (certainement Hillel II, 320–385) :

> Rab Giddel a dit au nom de Rabbi Yoḥanan[70] : « Dans le futur, (les enfants d')Israël jouiront des années du Messie. » Rab Yosef a dit : « C'est une évi-dence, car qui (d'autre qu'eux) aurait (le droit) d'en jouir ? Est-ce Ḥillaq et Billaq (qui en jouiraient) ? » (En fait cet enseignement de Rabbi Yoḥanan) a pour but d'exclure (l'opinion de) Rabbi Hillel qui a dit : « Il n'y aura pas de Messie pour (les enfants d')Israël, (car ils en ont déjà joui à l'époque d'Ézéchias[71]) ».[72]

On peut enfin voir dans l'identification de l'enfant avec Ézéchias le sens lit-téral du verset, commun à tous les courants du judaïsme, y compris à ceux qui ont une lecture messianique d'Is 7[73]. Il est d'autant plus facile d'inter-préter de manière messianique les différents éléments de la séquence du signe de l'Emmanuel, si, dans leur sens littéral, ils ont déjà un rapport au messianisme. Or, c'est le cas pour « l'enfant » Ézéchias qui serait une sorte de proto-Messie, qui anticipe le Messie final.

---

[68] b. Sanhédrin 94a. Sur le lien entre Ézéchias et le Messie, voir aussi b. Berakhot 28b (Rabban Yoḥanan ben Zakkay demande avant sa mort de préparer un trône pour Ézéchias) et Sanhédrin 98b (l'un des noms possibles du Messie est Menaḥem fils de Ḥizqiyya/Ézéchias).

[69] Voir le cas d'Is 9, 5, que le Targum applique au Messie, alors que l'interprétation talmudique, certainement plus tardive et réactive, associe le verset à Ézéchias (b. Sanhé-drin 94a).

[70] Dans l'édition de Vilna : « Rab ».

[71] Édition de Vilna.

[72] b. Sanhédrin 98b, ms Jérusalem, yad ha-rab Herzog (yéménite).

[73] Voir le principe rabbinique bien connu, selon lequel un verset n'échappe jamais totalement à son sens littéral (b. Shabbat 63a ; Yebamot 11b et 24a).

INDEX DES SOURCES

Bible hébraïque

Genèse	107, 129	**Josué**	
14	78, 19	1, 7–8	57
14, 3	78		
14, 17–20	162	**Juges**	50
17	56	3, 9.15	94
31, 51–53	47	9	51
37–50	52	9, 9	47
41, 40	52		
41, 42	52	**1 Samuel**	
49, 10	94, 106, 107, 109, 203, 215, 216, 217	1, 21	61
		8–12	51
49, 11	107	8, 5	56
		9, 16	47
Exode		10, 1	47
2, 15	55	16, 3	47
19, 6	165	16, 12	47
20, 6	193	24, 7	61, 94
30, 3	47	24, 11	61, 94
30, 26	47	26, 9	94
32, 32	204	26, 11	94
40, 10	47	26, 16	94
		26, 23	94
Lévitique		28, 13	37
2, 4	47		
4, 3–5	173	**2 Samuel**	
4, 3	61, 94	1, 14	94
4, 5	94	1, 16	94
4, 16	94	1, 21	94
6, 15	94	2, 4	47
		5, 3	47
Nombres		7	51, 76, 82, 85, 88
3, 3	47	7, 2–14	156
17, 16–26	168	7, 13–14	118
21, 18	115	7, 14	82
24, 17	94, 97, 106, 107, 109, 114, 185, 194, 212–213	7, 16	96
		19, 10	47
Deutéronome	50	**1 Rois**	50, 56
17, 14–20	55, 56, 57	1, 34	47
17, 15	57	1, 39	47
17, 17	56–57	5, 1	47
17, 18–20	56	11, 1–3	57
18, 18–19	111	11, 26–28	56
33	82	19, 8	65
34, 6	119	19, 15	62–64, 115
		19, 16	47, 62, 94, 106, 115

2 Rois

8, 7–15	50, 56
8, 13	62, 63
10, 32–33	64
13, 3	64
13, 5	64
13, 7	94
18, 26–27	64
22–23	77
22, 7	51
23, 3	51
24	38, 47
25, 6–7	50
25, 27–30	50
	50–53

Isaïe

1, 3	157
2	94
2, 9	224
2, 11	224
4, 3	221
7	53, 225, 227
7, 10–16	223
7, 14	49, 222–227
7, 14–17	53
8, 19	210
9	75, 82
9, 1–6	53
9, 1–10	187
9, 5	53, 227
10, 33	71
10, 34	207, 211
11	82, 85, 86, 89, 94, 98
11, 1	108, 203, 211
11, 1–5	53
11, 1–6	106–109
11, 1–9	53
11, 2	108
11, 3	186
11, 4	87, 95, 99, 108, 186
11, 5	109
11, 10	109, 203
14, 18	38
21, 5	47
37	225, 226
37, 30	225, 226
37, 31	225
37, 32	225
40–55	54, 57, 65
41, 1	67, 94
41, 8	67
42–55	204
43, 7	221

43, 11	94
44, 1	94
44, 28	65, 66
45, 1	54, 65
45, 4	67
52, 7	113, 114
52, 13	204
53, 4	216, 217, 220
61, 1	106, 112–114
61, 2	113, 114
61, 3	113
61, 8	112

Jérémie

14, 8	54
16, 13	157
23, 5	215, 216, 217
23, 6	49, 94
25, 9	49, 214, 215, 216, 221
27, 6	67
27, 12	67
28, 14	68
30, 9	68
30, 10	216
30, 21	67
33, 14–16	216, 217
33, 15	77
33, 20–21	94
43, 10	96
52	67
	50

Ézéchiel

14, 14	50, 141
28, 2	37
28, 3	76
37, 24–25	37
37, 25	57
40–48	216, 217
48, 35	57, 129
	215, 216, 221

Osée

6, 6	179
10, 12	115

Joël 121

Amos

9, 1	53

Michée

1, 4	87
5, 1	209
5, 1–5	57

Habaquq
3, 13   94

Aggée   77
2, 7   196
2, 21–23   54
2, 23   67

Zacharie   55, 59, 98
3, 1–10   54, 109
3, 8   67, 94
4, 12   116
4, 14   54
6, 11–14   54
6, 12   94, 215, 216
8, 4   196
9   77
9, 9–10   57
12, 10   55

Malachie
3, 22   112
3, 23   58
3, 24   58, 111
4, 5   117

Psaumes
1   80, 82
1, 2   82
1, 5   82
1, 20   191
2   73, 74–76, 78,
                    80–89, 95
2, 1–9   76, 80
2, 2   82, 85, 86
2, 6   82, 87
2, 7   48, 59, 82
2, 8   94
2, 9   81
2, 10–11   80
5   82
11, 1   216, 217
18   73
18, 51   215
20   73
21   73
23   48
28, 8   94
28, 9   94
45   73, 75
45, 7   48, 102
45, 8   47
72   73, 74

72, 11   76
72, 17   205, 215, 216,
                    217
82, 1   113
84, 10   94
89   74, 76, 94
89, 21   47
89, 26   74, 204
89, 27   74
89, 47–52   73
90, 4   198
95, 7   182–183
101   73
110   73, 75, 78–80
110, 1   48, 153, 161
110, 3   78
110, 4   163
118, 10   226
132   73, 76, 94
144, 1–11   73

Job   37, 96
1, 8   67
2, 3   67
31, 13   67
42, 8   67

Cantique des Cantiques   96

Qohélet   96

Lamentations
1, 10   190
1, 16   215, 216, 217

Esther
6, 10–11   52
8, 15   52
10, 3   52

Daniel   68, 98, 99
2   124
2, 22   215, 217
2, 35   203, 204
2, 44   203, 204
2, 45   204
2–6   52
2, 47   67
2, 48   52
5, 29   52
7   58, 84, 86, 87,
                    89, 97, 99
7, 14   58

9, 25	113, 114	1 Chroniques	52, 77
11	134	3, 16	53
		3, 19	53
Esdras	77	12, 29	170
1, 1–11	66		
6, 15	66	2 Chroniques	77
Néhémie	52, 77		

Nouveau Testament

Matthieu	146, 151, 152, 224	1, 35	84
1, 1–18	149, 150	1, 68–75	153
1, 20	149, 156	1, 68–79	149
1, 22–23	222–223	2, 4–5	149, 153
2, 1	156	2, 7	157
2, 1–12	208–213	2, 10–11	149, 153
2, 2	108, 156	3, 21–22	81
2, 2–6	149, 153	3, 22	59
3, 16–17	81	3, 23–38	149, 150, 152
9, 27–31	153	11, 29	187
10, 25	156	20, 41–44	153
11, 14	112		
12, 24	156	Jean	149, 153, 187
12, 39	187	1, 19–21	117
15, 21–28	153	1, 21	155
15, 22	155	6, 14–15	154
16, 4	187	7, 24	109
16, 13–20	148	7, 37–52	154
16, 17–19	166	7, 40–43	149, 154, 155
17, 10	117	10, 1–10	59
17, 12–13	112	12, 13	193
20, 29–34	153	14, 6	214
20, 30	155		
20, 31	155	Actes des apôtres	149
21, 1–17	153	1, 6	99, 149
21, 8–9	155	2, 14–30	149
21, 23–27	155	7	162
22, 41–46	153	7, 38	167
24, 24	156	11, 26	147
27, 63–64	156	13, 16–41	149
		13, 22–23	109
Marc	149, 153, 187	13, 33–34	81
1, 10–11	81	26, 28	147
9, 11	117		
12, 35–37	153	Romains	
		1, 3	148
Luc	143, 146, 151–155, 167,	8, 29	85
	172, 187	15, 12	109
1, 17	112		
1, 26	149, 153	Galates	
1, 27	153	3, 19	167
1, 32	84, 149, 153	4, 8–20	167

Éphésiens
1, 17   109
6, 14   109
6, 17   109

2 Thessaloniciens
2, 8   99, 109

2 Timothée
2, 8   148

Hébreux   78, 158–167, 171,
                               172
1, 2   166
1, 5   166
1, 8   166
1, 7–14   162
2, 10   165
2, 17   161
3, 1   161
3, 1–10, 39   159
3, 6   166
4, 14   159, 166
4, 15   162
5, 5   73, 166
5, 6   73, 161
5, 8   166
5, 10   161
6, 20   161
7, 1–28   161, 162
7, 3   163, 166
7, 11   165
7, 12   162
7, 14   161

7, 17   163
7, 24   161
7, 25   161
7, 28   165, 166
8, 1   161
8, 6   161, 166
8, 9   166
8, 11–28   162
9, 14   161
10, 1–3   160
10, 21   159, 161
10, 29   166
12, 24   166

1 Pierre
4, 14   109

Jude
6   152

Apocalypse   121, 132, 138, 141
5, 5   109, 148
6, 2   121
9, 15   136
9, 18   136
10   121
11, 3–4   116
11, 4–7   117
11–13   208
12   207, 208
12, 5   81
19, 11   109
19, 15   81
22, 16   109, 148

Littérature apocryphe

Apocalypse d'Elchasaï   144

Apocalypse d'Élie   117

Apocalypse d'Esdras   141

2 Baruch (= Apocalypse syriaque de Baruch)
                           100
24   197
29, 3   98
29, 4   202
40, 1   99

Épître de Barnabé   161
15, 4   198

4 Esdras   86, 98, 100
VI, 26   119
VII, 28   87, 88, 99, 114, 118
VII, 89   115
IX–XI   207, 223
XII, 11   87, 99
XII, 32   88, 99, 114
XIII   85, 87
XIII, 1–3   108
XIII, 25–53   119
XIII, 39   119
XIII, 52   119

Livre d'Élie   117

1 Hénoch	198
10, 12	152
45, 1–5	97
46, 1	86
48, 1–7	218
48, 2–3.6	86
48, 10	85, 86, 114
49, 1–4	86
51, 3	86
52, 4	86, 99, 114
55, 4	86
61, 8	86
62, 2	86, 99
62, 7	86
69, 29	86
1 Maccabées	58, 96
13, 51	192
14, 8–13	58
14, 41	79, 117
2 Maccabées	58, 96, 178
10, 1–8	192
7, 9–29	143
14, 46	143
Oracles Sibyllins	126, 134, 139
II, 187–189	117
III, 554	136
III, 664–668	84–85
V, 103	136
VIII	132, 135, 143
VIII, 175	136
VIII, 178–180	136
VIII, 181	136
VIII, 190–193	136
VIII, 203	136
VIII, 214–215	136
VIII, 234–239	136
XIII	134, 138
Psaumes de Salomon	77, 85, 89
2	95
17	85, 88, 96
17, 6–9	95
17, 11	95
17, 14	95, 96
17, 15	95
17, 18–19	95

17, 21–22	59
17, 21	96, 150, 187
17, 27	85, 99
17, 32	85
18	95
18, 7	85
Sacerdoce du Christ (= *Confession de Théodose*)	159, 168–171
29	169
30	169
Testaments des XII patriarches	158
Testament de Dan	
V, 10	159
Testament de Gad	
VIII, 1	159
Testament de Joseph	
XIX, 6–7 (11–12)	159
Testament de Juda	
I, 6	107
XXII, 3	107
XXII, 4	102
XXIV, 1–6	107
XXIV, 1–3	115
XXIV, 5	102
Testament de Lévi	
II, 11	159
IV, 2	84–85
VIII, 11–15	159
XVI, 3	115
XVIII	79
XVIII, 2–7	148
XVIII, 7	109
Testament de Siméon	
VII, 1–2	159
Testament de Moïse	
VI, 1	79
Siracide	77, 96
45, 11	112
48, 10	112, 117

Textes de Qumrân et apparentés

1QHª (= *Hodayot*)	
III 6–18	118
XI	82

1QM (= *Rouleau de la Guerre*)	
	97, 120
II 1	109

XI 4–9	107
XI 7	110
XV 4	109
XVI 13	109
XVII 7	84
XVIII 5	109
XIX 11	109

1QS (= *Règle de la Communauté*)
	105
I 3	111
III-IV	131
VII 15	120
VIII 12–14	144
IX 10–11	110, 116, 117, 146
IX 10–15	110
IX 11	104, 105, 120

1QSa (= *Règle de la Congrégation*)
	89
II 11–12	83, 118
II 12.19	109
II 14.20	105

1QSb
V 20–29	108
V 27–28	107

4QCatena A (= 4Q177)	224

4QEn
1, 4.10	152

4Q161 (= *Pesher d'Isaïe*)
7–10 iii 15–29	108

4Q174	82, 84, 119
1 i 10–13	118
1 i 11	82

4Q175 (= *Testimonia*)	117
1, 9–13	107
5	111

4Q246	83, 84, 89, 114, 120

4Q252	82
5, 3–7	107
6, 1–7	107

4Q258	
4a i+4b, 9	110

4Q266	
10 i 10	104, 120

4Q267
2, 12	115

4Q285
	120
7, 1–6	108
7, 5	109

4Q385
3	144

4Q397
14–21	111
10	111

4Q458
2 ii 6	102

4Q491
10 ii 13	109
11	79

4Q494
4	109

4Q521
	116
2 ii 1–2	112
2 iii 1–2	111, 112
2 iii 6	112

4Q534
1 i 10	118

4Q554a	170

4Q558
54 ii 3–4	112
54 ii 4	118

11Q13 (= *Pesher de Melchisedeq* ou 11Q*Melchisedeq*) 114, 116, 226
I 12	114
II	163
II 13	113
II 15–21	113
II 18	113

CD (= *Écrit de Damas*)
II 12	106
II 12–13	110
V 21-VI 1	111
VI 2–3	104
VI 3–4	115
VI 5	115
VI 9	115
VI 11	115

VII 15.18–19   115
VII 18–21   107, 114
XII 23-XIII 1   104, 120, 146
XIV 19   104, 120

XIX 10–11   104, 120
XX 1   104, 120
2 vii 12   130

Autres littératures judéo-hellénistiques

Aristobule
4, 5   108

Flavius Josèphe   97
Antiquités juives
II, 9, 2   210
XIII, 289   175
XIII, 311–313   70
XV, 299–304   95
XV, 373–379   70
XVIII, 1, 3   179
XVIII, 15–25   176

Autobiographie
208–210   70

Guerre des Juifs
I, 75–80   70
I, 95   70
II, 8, 11   179

II, 145   115
III, 340–408   70
III, 352   70
III, 398–404   69
VI, 312–313   70, 108

Philon d'Alexandrie   96–97
De praemiis et poenis
16   108
95   108

De Vita Contemplativa
74   165

De Vita Mosis
1, 52   108
1, 290   108

Orphica
31   108

Littérature rabbinique

Mishna
Sanhédrin
10, 1   179

Pesaḥim
6, 6   194

Tosefta
t. Sota
15, 11–13   180

Talmud de Jérusalem
y. Aboda Zara
3, 1, 42c   99, 182

y. Berakhot
2, 1, 5a   189

y. Sota
9, 15   187
9, 16, 24c   99
9, 17, 24c   182

y. Taanit
1, 1, 63d   182
1, 1, 64a   183
4, 5   212
4, 5/8   108
4, 8, 68d   100

y. Taanioth
4, 8, 68d   185, 186

Talmud de Babylone
b. Aboda Zara
9a   197

b. Baba Batra
60b   180
75b   221

b. Berakhot
2, 4   208
24a   115
27b   188
28b   99, 182, 227

b. Gittin
56   50

b. Hagiga
14*a*   196

b. Makkot
24*a*   196

b. Nedarim
32*b*   163

b. Sanhédrin
38*b*   196
93*b*   108, 186
94*a–b*   182
94*a*   227
97*a*   197, 226
97*b*   100, 197, 200, 201
97*a–99a*   100
97*a–98a*   187
97*b–98a*   182
98*a–b*   200
98*a*   182, 199, 200, 204, 222

98*b*   191, 199, 201, 203, 204,
                    205, 216, 222, 227
99*a*   187
110*b*   196

b. Shabbat
63*a*   227
104*b*   223

b. Sota
9, 15   179
12*b*   210
14*a*   204

b. Sukka
5, 21   73

b. Yebamot
11*b*   227
24*a*   227

b. Yoma
10*a*   200
19*b*   201
86*b*   183

Autres textes rabbiniques

Abot de Rabbi Nathan
A 4   179
A 13, 31   99
A 25   99, 182
B 6   70
B 31   181

Ba-midbar Rabba
14, 2   223

Behodesh
6   193

Bereshit Rabba
41, 4   200
44, 8   73
98, 9   203, 205

Cantique des Cantiques Rabba
2, 1   191
8, 10   200

Debarim Rabba
1, 20   212

Eduyot
2, 10   196

Ekha Rabba (= *Lamentations Rabba*)
                    218
1, 5   70
1, 31   70
1, 51   189, 206–207, 211
2, 2   100
2, 4   185, 190, 212
5, 18   196

Lévitique Rabba
30, 2   193

Midrash Tehillim
1, 20   191
118, 12   225, 226

Midrash Sifra   165

Midrash Tanḥuma   212
4   210

Midrash Zutah
Lamentations 1, 10   190

Pesiqta Rabbati
29/30   190
36   204

Pirqey de Rabbi Eliezer
11   204

Seder 'olam Rabba
23   225

Sefer Zerubabel   207, 208, 223

Shemot Rabba
1, 18   210
18, 5   223
30, 24   212

Sifra Behuqotaï
8   196

Yalquth Shimoni
1 Samuel 125   186
Deutéronome 946   190

Targum
Targum du Pseudo-Jonathan
                                             107
Isaïe 52, 13   204

Targum Yerushalmi
Exode 1, 15   210

Littérature chrétienne ancienne

Ambroise de Milan
De Benedictionibus Patriarcharum
III, 14, 16   158

Bardesane d'Édesse
Le livre des lois des pays   198

Clément d'Alexandrie
Le Pédagogue
1.5.6   107
1, 7   109

Stromates
5, 6   109

Clément de Rome   158
Épître aux Corinthiens (= 1 Clément)
40–44   167
43   167
44, 1   167

Commodien
Carmen de duobus populis   135

Instructiones
I.48.9–19   140

Épiphane de Salamine
Panarion
LV, 1   164

Eusèbe de Césarée
Histoire ecclésiastique
I, 7   171
III, 12   149

III, 19–20   149
VI, 6, 2   194

Hippolyte de Rome   158
Commentaire sur Daniel
4, 23   198

Irénée de Lyon
Contre les hérésies
3.9.2   108
3.9.3   109
3.17.1   109
4.10.2   107
4.33.1   109
5.28.3   198

Jules Africain   146, 152
Lettre à Aristide   171

Justin de Néapolis
Première Apologie des chrétiens
                                             134
31   108, 195
32   107, 109
54   107

Dialogue avec Tryphon
43, 8   223
49   117
52   107
67, 1   223
71, 3   223
87   109
106   108
120   107

Lactance
Institutions divines
I.6.8   125
VII   131, 136, 198
VII.14.17   133
VII.15.19   133
VII.16.5   136
VII.16.6   136, 137
VII.16.7   136, 137
VII.16.8   136, 137
VII.16.9   136
VII.16.10   136
VII.16.11   136
VII.16.14   136, 138
VII.17.1–8   138

VII.17.9   139
VII.17.10   139, 144
VII.18.11–19.2   139
VII.19.4–5   139
VII.21.3–4   140
VII.21.6   140

Lydus   143
De mensibus
II.4   135

Origène
Contre Celse
I, 28   223

Auteurs classiques

Platon
Phèdre   126

Plutarque
De Iside et Osiride   130
46–47   131, 198

Suétone
Vespasien
V, 1–2   69–70

Tacite
Histoires
V, 13   70

Théopompe   131

Varron   125

Textes égyptiens

Cintre du décret de Séthi Ier à Nauri
                              6

Discours de Ramsès III au dieu Amon
                              7

Grande Inscription dédicatoire d'Abydos
l. 48   8

Hymne à Amon (*Leyde*)   6–11

Livre de la Vache du Ciel   9

Papyrus magique Harris
4, 1   5
1, 75, 6–7   12

Stèle éléphantinienne de Sethnakht
1, 5   12
4–5   8

Textes perses

l'Ayādgār ī Jāmāspīg   138

Bundahishn   129, 139
4.27   140
33.25   138–139
34.18–19   140

Frawardīn Yasht   82

Oracles d'Hystaspe   123, 124,
                              131–135,
                              137–140, 143,
                              144, 207

Wištāsp sāst   133

Zamyād Yasht   127, 128, 141

Zand ī Wahman Yasn   122, 124,   4.45   136
                         134, 135, 143   4.54   139
4.7   139   4.55   136
4.11–15   139   4.57, 64   136
4.16   136   5.9   139
4.16, 64   136   6.4   136
4.18–19   136   6.10   138, 139
4.42–45   136   7.27   139
4.43–47   137

Textes akkadiens et sumériens

Enuma Elish   30, 31   *Mythe d'Etana*   21

Liste royale sumérienne 21   Mythe *Lugale*   30

Mythe d'Anzû   30   *Poème de Gilgamesh*   27

Textes ougaritiques

Cylindre de « fioutarna, fils de Kirta,   RS 15.143 + 15.164   43
roi de Maitani »   34, 36   RS 15.155   43
                                           RS 16.204   43
Légende d'Aqhatou   34, 36, 37   RS 17.039   43
                                           RS 24.257 (= *CAT* 1.113)   34
Mythe de Ba'alou et la mer   34, 38, 40 RS 34.126   33, 43
                                           RS 88.2012   34
Mythe de Ba'alou et la mort 34, 38, 40 RS 94.2401   34
                                           RS 94.2528   34
Poème de Kirta   34–37
                                           Stèle de Baal au foudre   34, 38–40,
RS 1.2 (= *CAT* 1.40)   43   43
RS 2.019 + *5.155* (= *CAT* 1.21)   33
RS 2.024 (= *CAT* 1.22) 33   *Testament de 'Abdimilkou*
RS 3.348 (= *CAT* 1.20) 33   (= RS 94.2168)   41–43

Textes divers

Stèle de Tel Dan   63–64